本书受到"华中科技大学学术著作青年系列丛书"出版基金的资助

华中科技大学社会学文库·青年学者系列

教育与激情

社会转型背景下
县城高中教师情感能量研究

EDUCATION AND PASSION
A Study on the Emotional Energy of High School Teachers
in County Towns amid Social Transformation

胡鹏辉 著

社会科学文献出版社
SOCIAL SCIENCES ACADEMIC PRESS (CHINA)

华中科技大学社会学文库总序

在中国恢复、重建社会学学科的历程中，华中科技大学是最早参与的高校之一，也是当年的理工科高校中唯一参与恢复、重建社会学学科的高校。如今，华中科技大学（原为华中工学院，曾更名为华中理工大学，现为华中科技大学）社会学学科已逐步走向成熟，走在了中国高校社会学院系发展的前列。

30多年前，能在一个理工科的高校建立社会学学科，源于教育学家、华中工学院老院长朱九思先生的远见卓识。

20世纪八九十年代是华中科技大学社会学学科的初建时期。1980年，在费孝通先生的领导下，中国社会学研究会在北京举办第一届社会学讲习班，朱九思院长决定选派余荣珮、刘洪安等10位同志去北京参加讲习班学习，并接见了这10位同志，明确学校将建立社会学学科，勉励大家在讲习班好好学习，回来后担起建立社会学学科的重任。这是华中科技大学恢复、重建社会学学科的开端。这一年，在老前辈社会学者刘绪贻先生、艾玮生先生的指导和领导下，在朱九思院长的大力支持下，湖北省社会学学会成立。余荣珮带领华中工学院的教师参与了湖北省社会学学会的筹备工作，参加了湖北地区社会学界的许多会议和活动。华中工学院是湖北省社会学学会的重要成员单位。

参加北京社会学讲习班的10位同志学习结束之后，朱九思院长听取了他们汇报学习情况，对开展社会学学科建设工作做出了重要指示。1981年，华中工学院成立了社会学研究室，归属当时的马列课部。我大学毕业后被分配到华中工学院，1982年元旦之后我去学校报到，被分配到社会学研究室。1983年，在朱九思院长的支持下，在王康先生的筹划下，学校决定在社会学研究室的基础上成立社会学研究所，聘请王康先生为所长、刘中庸任副所长。1985年，华中工学院决定在社会学研究所的基础上成立社会学系，聘请王康先生为系主任、刘中庸任系副主任，并在当年招收第一届社会学专业硕士研究生，同时招收了专科学生。1986年，华中工学院经申报获社会学硕士学位授予权，成为最早拥有社会学学科硕士点的十所高校之一。1988年，华中理工大学获教育部批准招收社会学专业本科生，当年招收了第一届社会学专业本科生。至此，社会学有了基本的人才培养体系，有规模的科学研究也开展起来。1997年，华中理工大学成立了社会调查研究中心；同年，社会学系成为独立的系（学校二级单位）建制；2016年5月，社会学系更名为社会学院。

在20世纪八九十年代的20年里，华中科技大学不仅确立了社会学学科的地位，而且为中国社会学学科的恢复、重建做出了重要贡献。1981年，朱九思先生批准和筹备了两件事：一是在学校举办全国社会学讲习班；二是由学校承办中国社会学会成立大会。

由朱九思先生、王康先生亲自领导和组织，中国社会学研究会、华中工学院、湖北省社会学学会联合举办的全国社会学高级讲习班在1982年3月15日开学（至6月15日结束），上课地点是华中工学院西五楼一层的阶梯教室，授课专家有林南先生、刘融先生等6位美籍华裔教授，还有丁克全先生等，学员来自全国十几个省（自治区、直辖市），共131人。数年间，这些学员中的许多人成为各省（自治区、直辖市）、市社科院社会学研究所、高校社会学系的负责人和学术骨干，有些还成为国内外的知名学者。在讲习班结束之后，华中工学院社会学研究室的教师依据授课专家提供的大纲和学员的笔记，整理、印刷了讲习班的全套讲义，共7本，近200万字，并寄至每位讲习班的学员手中。在社会学恢复、重建的初期，社会学的资料极端匮乏，这套讲义是国内最早印刷的社会学资料之一，更是内容最丰富、印刷量最大的社会学资料。之后，由朱九思院长批准，华中工学院出版社（以书代刊）出版了两期《社会学研究资料》，这也是中国社会学最早的正式出版物之一。

1982年4月，中国社会学会成立暨第一届全国学术年会在华中工学院召开，开幕式在学校西边运动场举行。费孝通先生、雷洁琼先生亲临会议，来自全国的近200位学者出席会议，其中主要是中国社会学研究会的老一辈学者、各高校社会学专业负责人、各省（自治区、直辖市）社科院负责人、各省（自治区、直辖市）社会学会筹备负责人，全国社会学高级讲习班的全体学员列席了会议。会议期间，费孝通先生到高级讲习班为学员授课。

1999年，华中理工大学承办了中国社会学恢复、重建20周年纪念暨1999年学术年会，全国各高校社会学系的负责人、各省（自治区、直辖市）社科院社会学所的负责人、各省（自治区、直辖市）社会学会的负责人大多参加了会议，特别是20年前参与社会学恢复、重建的许多前辈参加了会议，到会学者近200人。会议期间，周济校长在学校招待所二号楼会见了王康先生，对王康先生应朱九思老院长之邀请来校兼职、数年领导学校社会学学科建设表示感谢。

21世纪以来，华中科技大学社会学学科进入了更为快速发展时期。2000年，增设了社会工作本科专业并招生；2001年，获社会保障硕士点授予权并招生；2002年，成立社会保障研究所、人口研究所；2003年，建立应用心理学二级学科硕士点并招生；2005年，成立华中科技大学乡村治理研究中心；2006年，获社会学一级学科硕士点授予权、社会学二级学科博士点授予权、社会保障二级学科博士点授予权；2008年，社会学学科成为湖北省重点学科；2009年，获社会工作专业硕士点授予权；2010年，招收第一届社会工作专业硕士学生；2011年，获社会学一级学科博士点授予权；2013年，获民政部批准为国家社会工作专业人才培训基地；2014年，成立城乡文化研究中心。教师队伍由保持多年的十几人逐渐增加，至今专任教师已有30多人。

华中科技大学社会学学科的发展，历经了两三代人的努力奋斗，曾经在社会学室、所、系工作的同志近60位，老一辈的有刘中庸教授、余荣珮教授，次年长的有张碧辉教授、郭碧坚教授、王平教授，还有李少文、李振文、孟二玲、童铁山、吴中宇、陈恢忠、雷洪、范洪、朱玲怡等，他们是华中科技大学社会学学科的创建者、引路人，是华中科技大学社会学的重大贡献者。我们没有忘记曾在社会学系工作、后调离的一些教师，有徐玮、黎民、王传友、朱新秤、刘欣、赵孟营、风笑天、周长城、陈志霞等，他们在社会学系工作期间，都为社会学学科发展做出了贡献。

华中科技大学社会学学科的发展，也有其所培养的学生们的贡献。在2005年社会学博士点的申报表中，有一栏要填写20项在校学生（第一笔者）发表的代表性成果，当年填在此栏的20篇已发表论文，不仅全部都是现在的CSSCI期刊源的论文，还有4篇被《新华文摘》全文转载、7篇被《人大复印报刊资料》全文转载，更有发表在《中国人口科学》等学界公认的权威期刊上的论文。这个栏目的材料使许多评审专家对我系的学生培养打了满分，为获得博士点授予权做出了直接贡献。

华中科技大学社会学学科发展的30多年，受惠、受恩于全国社会学界的鼎力支持和帮助。费孝通先生、雷洁琼先生亲临学校指导、授课；王康先生亲自领导组建社会学研究所、社会学系，领导学科建设数年；郑杭生先生、陆学艺先生多次到学校讲学、指导学科建设；美籍华人林南教授等一大批国外学者及宋林飞教授、李强教授等，都曾多次来讲学、访问；还有近百位国内外社会学专家曾来讲学、交流。特别是在华中科技大学社会学学科创建的初期、幼年时期、艰难时期，老一辈社会学家、国内外社会学界的同人给予了我们学科建设的巨大帮助，华中科技大学的社会学后辈永远心存感谢！永远不会忘怀！

华中科技大学社会学学科在30多年中形成了优良的传统，这个传统的核心是低调奋进、不懈努力，即为了中国的社会学事业，无论条件、环境如何，无论自己的能力如何，都始终孜孜不倦、勇往直前。在一个理工科高校建立社会学学科，其"先天不足"是可想而知的，正是这种优良传统的支撑，使社会学学科逐步走向成熟、逐步壮大。"华中科技大学社会学文库"，包括目前年龄大些的教师对自己以往研究成果的汇集，但更多是教师们近年的研究成果。这套文库的编辑出版，既是对以往学科建设的回顾和总结，更是目前学科建设的新开端，不仅体现了华中科技大学社会学的优良传统和成就，也预示着学科发挥优良传统将有更大的发展。

雷 洪
2016 年 5 月

目 录

第一章　绪论 ································· 001
　第一节　研究背景与研究问题 ····················· 001
　第二节　研究意义 ······························· 008
　第三节　文献回顾 ······························· 011
　第四节　分析框架构建 ··························· 046

第二章　研究设计与研究对象 ··················· 062
　第一节　研究目标与内容 ························· 062
　第二节　研究方法 ······························· 063
　第三节　研究对象概况 ··························· 071

第三章　县中教师教育激情的现实 ··············· 082
　第一节　认知、情感与行动：教育激情的三维展示 ··· 083
　第二节　道德与伦理："良心"驱使下的坚持 ········ 101
　第三节　本章小结 ······························· 106

第四章　从志业到职业：情感体制的影响 ········· 107
　第一节　现实主义：统领社会的情感体制 ··········· 109
　第二节　应试主义与安全第一：教育领域的情感体制 ·· 130
　第三节　本章小结 ······························· 156

第五章　责任、自主性与支持：组织层面的影响 ··· 159
　第一节　过度的要求与泛化的责任 ················· 160

第二节　精细管理与弱化的自主性 …………………… 177
　　第三节　激励与组织支持的弱化 …………………… 192
　　第四节　本章小结 …………………… 209

第六章　生命历程与学生反馈：微观层面的影响 …………… 211
　　第一节　生命历程与教育激情 …………………… 213
　　第二节　学生反馈与教育激情 …………………… 235
　　第三节　本章小结 …………………… 250

第七章　教师教育激情的影响 …………………… 252
　　第一节　教师教育激情对自身的影响 …………………… 253
　　第二节　教师教育激情对学生的影响 …………………… 263
　　第三节　教师教育激情对学校教育的影响 …………………… 274
　　第四节　本章小结 …………………… 280

第八章　结论与讨论 …………………… 282
　　第一节　结论 …………………… 282
　　第二节　讨论 …………………… 284

参考文献 …………………… 297

附　录 …………………… 329

图表目录

表 2-1	访谈对象基本信息	064
表 2-2	2015~2016年安汉市各区县高考升学情况	074
表 2-3	2015~2016年安汉市省级示范中学高考升学情况	075
表 2-4	2016年安汉市市级示范中学高考升学情况	077
表 2-5	朗水中学教师的人口学特征	081
表 3-1	个人从事教师职业的直接原因	084
表 3-2	教师的角色认知	085
表 3-3	薪酬待遇满意度	088
表 3-4	职称晋升困难的压力	090
表 3-5	"教师是弱势群体"的认同度	092
表 3-6	不同教龄教师对知识更新压力的感知	096
表 3-7	对教师职业的兴趣	097
表 3-8	对子女从事教师职业的态度	099
表 4-1	安汉市2018年高中学校录取批次及人数安排	136
表 5-1	朗水中学教职工签到签退时间	181
表 5-2	朗水县教师工作考核指标	188
图 1-1	教师情感能量分析框架	061
图 2-1	2012~2018年朗水中学本科上线人数	073
图 5-1	朗水中学班主任一天的时间安排	205
图 7-1	2007~2017年朗水中学教师流动情况	260

第一章 绪论

我们应该避免把智力奉若神明;尽管智力非常强大,但是它却没有人格。它无法成为领导,只能发挥力量。

——阿尔伯特·爱因斯坦(Einstein, 1950)

第一节 研究背景与研究问题

"激情",可以说是一个熟悉的陌生词。在生活中,几乎每个人都能描绘"富有激情"是一种什么样的状态,但是,激情到底是什么,又与兴趣、动机或热情有何区别,恐怕较少有人能说出所以然。激情对于工作的重要性毋庸置疑,甚至可以说是诸多工作的必要条件,尤其是教育,作为一段建立在一系列理想基础上的希望之旅(Halpin, 2003:2),尤为强调作为教育实践者的教师要充满激情、保持希望,具有捍卫自身信仰的勇气,并在工作中关心关爱学生(戴杰思,2022:15~23)。这是因为,教育不仅仅涉及知识的传递,更涉及对学生心灵的"培育"。

从推动优质教育发展的角度来讲,教师也需要在工作中充满激情,优质高效的教育需要教师智力和情感两方面的投入。激情作为一种推动性、激励性的力量,是教育工作的关键所在(Fried, 1995)。相反,如果教师缺乏信念和激情,则可能在教育工作中疏忽和对学生"减少关心",甚至出现一些不适当的教育行为,进而对学生的身心健康造成长期性的负面影响。

一 培育心灵:教育行业需要教师的高情感投入

我国著名的现代教育学家叶圣陶先生曾有一个著名的论断:

"教育是农业，而不是工业。"但是，办教育又远比农业复杂，"办教育要给受教育者提供陶冶品德、启迪智慧、锻炼能力的种种条件，让他们能动地利用这些条件，在德智体各方面逐步发展成长，成为合格的建设社会主义的人才"（任苏民，2004：90~92）。而斯特劳斯在《什么是自由教育》中则说："自由教育是在文化之中或朝向文化的教育。它的成品是一个文化的人（a cultured human being）。"（Strauss，2004）这里的"文化"（cultura）或喻为耕作（cultivation）意义上的文化，意味着对土壤和作物这两种自然的培育，而且，对土壤的照料也意味着对土壤品质的提升。在这个比附的意义上，斯特劳斯首先肯定：心灵是需要耕作的，心灵自然成长的过程并不等于心灵"自然地"成长过程，因此，心灵是可以培育的，教育在普遍的意义上是可能的（渠敬东，2006：18）。教育的一个最简单的前提，就是要用高的灵魂去培育一般的未长成的心灵，而不是心灵之间"自然地"形成的"社会过程"，所以，教育的一个衍生前提是：通过教师这个中介将"最伟大的心灵"以"适当的态度"传递给心灵的过程（渠敬东，2006：18）。

由此可见，教育具有特殊性。教育不是一个冷冰冰的工业化生产流程，以产出无意识、无灵魂的产品，而是一项涉及灵魂培养的工程。教育的人文使命是伦理解放，造就"有教养的人"（樊浩，2001；顾明远，1994）；本体性功能是提升人的灵性，使之得以充分生成、达到至善（朱新卓，2008）。因为，充分发展的灵性能够把人性的多种内涵或者素质，如理性、感性等和谐演绎。这就要求在教育中，不能只重知而轻情意的培育，而是要和谐发展人的知情意，既增强意识的灵动又促进精神的超越，把自我嫁接在宇宙整体中，使灵性朝着扬善避恶的方向发展（苏霍姆林斯基，2003：2）。教育的一个基本共识就是，不仅要培养学生的智识，还要培养学生成为一个社会性和情感性的人（Hargreaves，1998a）。事实上，情感智力（emotional intelligence）（也叫"情商"，EQ <Emotional Quotient>）对个人的发展和成就的影响要比智识更加显著（Goleman，1995）。而且，对于人的社会情感、道德和价值取向的培育对社会发展和稳定也至关重要。因此，戈尔曼（Daniel

Goleman)和格罗沃尔德（Eileen Rockefeller Growald）于1994年创建的美国芝加哥伊利诺伊大学非营利性组织"学术、社会和情感学习"（Collaborative for Academic, Social, and Emotional Learning）发起了社会情感学习（Social and Emotional Learning），旨在帮助儿童和成年人发展和提升有效生活所需的基本技能。

二 传递希望：教师情感劳动的神圣期待

教育行业的特殊性也就决定了教师职业的特殊性。前文已述，自由教育的前提是通过教师这个中介将"最伟大的心灵"以"适当的态度"传递给心灵（渠敬东，2006：18）。这也就决定了"教师不是一般谋生的职业，是培养人的心灵的职业，是关系到儿童的成长、家庭的幸福、民族的未来事业的职业"（顾明远，2016：123）。在历史上，较早地出现了"作为圣者的教职观"，即从事教育事业者是圣人，视教职为无私奉献的天职（陈永明，2010）。

随着社会的发展，作为专门性职业的教职观开始出现。此时，否定过去不讲报酬的奉献型圣职观，而将教师视为一种具有特殊性的职业，并重视教师工作的社会作用及回报价值。在专门性职业的教师观下，强调教师作为一个专业人士，应该按照专业要求去努力提升专业技能。那么，"专业人士"的内涵是什么？对它的探究，可以从"专业"一词的词源出发。专业一词的词源为"profess"，在英文中有"以……为业""向上帝发誓"之义（韦伯，2007：239~242），同时它也是"志业"之义（瞿葆奎，1991：207）。"为业"蕴含了"奉献"与"神圣性"之意涵，它使得我们所从事的"行为（工作、劳作、劳动）"具有瞻仰神圣之目的，从而纯洁、圣化了这一行为。所以，"profession"是一种使命，是蒙召而得救赎，这使它一定是指向未来的、带有希望的（曹永国，2012；曹永国、母小勇，2012）。这意味着作为一个教师，必须与某种梦想、想象、可能甚至乌托邦精神相连。这些"梦想、想象、可能"所指向的是学生的未来，并通过教师"言说/表达"自己的希望与理想给孩子们以希望，当然也给教师自己以希望（曹永国，2012；曹永国、母小勇，2012）。

然而，在专业化过程中，我们有意或无意地忽视了"profession"一词所具有的责任感和使命感意涵。在现实中，当我们说"专业"一词时，更强调了知识与业务能力的层面。比如，过去我们经常用来衡量人才标准的"红"与"专"中的"专"，就仅强调了专业知识和业务能力。当某人在某个领域有专长时，我们则将其称为"专家"（expert）（叶菊艳，2014a）。在当前，各种教育专家或"专家教师"也主要是指那种重视专业能力的教师（叶菊艳，2015）。而且，"在市场竞争压力、国家自上而下的教师专业化政策驱动及大学专家学者的倡导下，西方教师'专业化'的话语与中国本土'又红又专'中'专'的概念合流，驱动中国教师向作为教学'专家'的方向发展"（叶菊艳，2015）。当然，在教师专业化发展的过程中，国家和教育机构也更注重教师专业知识和教学技能的培训。这在某种程度上又强化了教师的教授（teaching）者身份。可以说，当下很多人所认同的专业性职业的教职观中，"专业人士"的丰富内涵已经被剥离，而变成与"专家"无异的概念，这也可能导致在教育实践中各种问题的出现。

所以，在当前背景下，尤为需要再次回归到对"专业"一词所包含的使命意涵的追求。教育专业（teaching profession）群体作为特殊的专业群体，它不同于其他仅追求专业技能的职业（如律师、商务人员），它还是一个强调"关爱伦理"（caring ethnics）的专业。这要求教师必须对这份职业及其服务对象付出关爱、投入自己的信念和价值观等伦理性事物。哈格里夫斯就指出，教育专业是需要高度情感管理的工作之一（Hargreaves，1998a）。在教育实践中，他人或社会对教师角色有诸多情感性的期待，教师必须学习并内化情感要求。一般而言，教师职业被期待要对学生充满感情、爱自己的学生；要对学科知识有热情、爱自己的工作；等等（Winograd，2003）。在中国文化下，教师也被期待热情投身教育、隐藏消极情感、维持积极情感以及把情感作为实现教学目标的有效途径（Yin & Lee，2012）。其中，尤其强调爱学生，要用满腔热情来对待学生、热爱教育。可以说，在中国的文化背景下，保持教育热情甚至激情被认为是教师必须遵守的情感规则和职业伦理（Yin & Lee，2012）。需要强调的是，情感是教育的核心，好的教育必然充满了积极的情感。同样，好的教师不是被很好润滑的机器，而是充满情感、激情的人。只有当教师将对教育、对学生的热爱内化为一种发自其生命深处的力量，他才能时时刻刻以身作则、用自己的言行去潜移默化地教书育人。

三　现实张力：缺乏激情的教育和被忽视的教师情感

教育不仅是技术性和认知性的活动，更是一项典型的情感劳动（赵鑫、熊川武，2012；Glomb et al.，2004；高晓文、于伟，2018）。这是因为，教育体系的有效运转和教育目标的达成必然要求教师按照社会预期的方式进行高度的情感投入（Hargreaves，1998b；Yin et al.，2017）。比如，《教师法》中将"热爱教育事业""关心、爱护学生"作为教师的责任和义务，整个社会也期待教师对其事业的全情投入，这就要求教师要成为一个富有激情的人。具有教育激情的教师能在与学生相关的工作中具有责任心、投入智力和充沛的情感（戴杰思，2022：3），并具有超越本职工作要求的对所有学生进行关心、关怀的勇气（戴，2009），进而开展积极的情感劳动。

然而，当笔者于2017年再次踏进一所西部县城高中校园进行田野调查的时候，却看到了许多跟想象中不一样的景象，比如个别教师上课积极性不高、作业批阅相对敷衍等。通过这些现象，可以形成一个显而易见的印象：有的教师不爱教育。为什么会出现这一现象？这也是笔者在调查该中学时，其负责教学工作的副校长给我提出的一个现实问题："为什么现在有的教师不爱教育？"

这个问题暗含着一个预设，即以前的教师更爱教育，这个预设不是一种虚妄的假设。上文中提及的副校长就曾深情回忆了他当年上中学时，教师们充满积极性的工作状态，包括义务守自习、给生病的学生煎药等。《100个基层教师的口述》一书中呈现诸多20世纪七八十年代的教师充满激情的状态。2018年，在南京大学的一次会议上，一位教授也深情回忆道："改革开放的第一个10年，它确实是一个激情燃烧的岁月，我们那个时候是被'文革'

耽误的一代。一启动改革开放，虽然那时候还很贫穷，但人们的精神面貌不一样了。我们要为中华崛起而读书，要把失去的青春补回来……我们最近去看望中学时候教我们的老师，那些老师真的值得怀念。"

情感的作用显著，亚当·斯密在《道德情操论》中就强调，"情感是各种行为产生的根源，也是品评行为善恶最终依赖的标准"（斯密，2013：10）。尤其是在以人际互动为基础的行业里，情感发挥着举足轻重的作用。其中，教育行业便是一个典型。教育有其内在规律，同时教育又是关于人的活动，而且教师和学生都是能动的主体，因此在教育活动中不可避免地要涉及人的情感问题（陈晨，2019）。事实上，教育体系的有效运转和教育目标的达致必然要求教师富有激情，并付出大量的情感工作（emotion work）。

教师的情感问题，在我国并未引起足够的重视。教师常常在理论上和实践中被要求巨大的情感付出，但是研究者很少深入研究教师的情感问题。正如曾文婕（2009）所说，目前研究者很少触及教师的情感。对于教师的情感问题，研究层面的无意识状态显然是一个误区。而且，现有少数关于教师情感的研究，更多的是从心理-控制取向出发，将情感视为教师个体心理现象。在这些研究者看来，情感会干扰教师的理性行动，进而主张使用一系列策略来干预和控制情感，使其符合教学情境和专业规范（尹弘飚，2009）。但是教师的情感不仅受到个体心理层面的情感特质和认知、信念的影响，还受到文化、社会或组织情境中那些界定或重构情绪的准则和规范体系的影响。在此意义上，不能仅从情感管理的视角来理解教师的情感问题，还需要扩展视野，分析情感背后的社会基础，包括相关的情感法则、情感文化、组织要求等。

处于转型期的中国社会对于教师的角色期待正在发生变化。在市场经济蓬勃发展的大环境下，理性化开始对传统的情理社会发起"剧烈冲击"，"实用主义"价值理念十分受欢迎和追捧，社会公众在追求价值实现的过程中，对"能力"和"机遇"特别敏感，似乎知识和能力比道德修养更容易转化为生产力（李彦良，2013）。这一价值理念将从两个维度对教师行业造成影响：一是教师内在地认同"实用主义"价值，追求专业化，不断按照专业化的要求来约束自己的本真性情感；二是学校管理者和学生家长对于教师期待的转变，教师更多地被视为教学工具，过多强调其专业技能，而缺少对教师作为主体人的存在、参与及其情感和生命体验的关注（闫守轩、朱宁波，2011）。在这一背景下，原本应该温情脉脉的师生关系可能发生变化。在师生权力地位平衡的动态变迁中，特别是在强调要尊重、爱护学生，师生平等的观念影响下，教师不再被视为具有较高地位的权威者。相反，现在师生关系变得相对理性化，甚至变得紧张和脆弱，较易产生矛盾。尤其是在共同面临升学压力的情况下，一些细微的不恰当做法往往可能造成严重冲突。这些冲突都不利于良好师生关系的构建以及教师的身心健康。

不同于一般的官僚制经济组织，教师的工作具有较强的社会性和外溢性。作为促进个体社会化的"教育者"，教师还肩负着复制和再生产社会控制的使命：在帮助学生完成社会化的过程中，一整套关于情感感受及表达的"恰当方式"也得以传递（尹弘飚，2011）。但是，教师积极发挥此种角色功能的前提在于其具有丰富的教育激情，这是推动其能动地应对挑战、进行优质教育工作的内在力量。基于此，研究社会转型背景下的中学教师的教育激情具有现实性和紧迫性。

激情本身的重要性、教师教育激情消减的现实以及当前教育改革中忽视教师情感主体性的时代背景，要求我们正视教师的教育激情问题。如果按照柯林斯（2012）对于情感能量（emotional energy）的定义，可以将教师的教育激情视为教师对于教育的一种情感能量状态。因此，本书的核心研究问题就是：在社会转型背景下，县城中学教师的教育激情现状及其作用机制。围绕这一核心问题，本书在情感能量理论的指导下，提出如下更加具体的研究问题：当前教师教育激情的现实为何？哪些因素导致教师教育激情的下降，以及这些因素如何作用于教师的情感能量，又如何作用于教师的情感劳动实践？这种情感劳动实践又造成什么样的影响，尤其是培养出了什么样的学生？在当今的环境下，激发教师教育激情的可能出路为何？本书以一所西部县城高中教师为研究对象，通过对其分析来回答上述问题，并为制定县域高中教师队伍（简称"县中教师"）建设措施、推动县域高中发展提升提供参考。

第二节　研究意义

本书的理论和现实意义，主要包括如下四个方面。

一　研究教师这一特殊群体，深化理解情感能量理论

研究教师群体对于深化理解和扩展情感能量理论具有重要意义。这是因为，教师作为特殊的专业性群体，它兼顾了一般性专业人士和照料者群体的特征，而且还深受中国传统文化以及教师专业特殊的"关爱伦理"的约束。换言之，一方面，教师具有如专业性群体的一定自主性空间，这给予其在教育工作中自由裁量、自由行动的可能性；另一方面，教师群体又是受到文化、结构、组织乃至互动对象等多层次因素制约的行动主体。

因此，研究教师群体，对于深化情感能量理论的认识具有重要意义。一方面，尽管都意识到社会结构和文化对教师情感实践会产生影响，但鲜有研究关注社会结构和整个文化价值体系的影响机制。笔者通过建构全新的分析框架，将宏观结构层面的因素联系起来，将有助于理解中国文化和社会结构对教师情感能量的影响机制，从而超越柯林斯意义上的微观情境作用机制。另一方面，柯林斯的情感能量理论强调通过"情感团结"的方式进行情感能量的补充，但对在破坏性或低团结性的互动仪式或制度工作中的情感能量补充机制缺乏探讨。本书的重要意义在于，探索在缺乏激情的教育实践（在某种意义上是一种破坏性的工作）中，教师如何有效地"自我管理"从而实现情感能量补充，并维持低团结性工作的可能性。

二 关注教师生存处境，探讨激情教育的可能性

不同于一般的官僚制经济组织，教师的工作具有较强的社会性和外溢性。教师是学校教育的中坚力量，是学校教育在实践层面取得成功的"命脉"（叶澜，2006：354）；而且，教师承担着知识的传授和道德的教育两个方面的任务，一个好的社会环境与教师工作的顺利开展息息相关。

从教育良性发展的角度而言，本书的研究意义主要体现在三个方面：首先，为县域高中教师发声，这也是本书深层的价值关怀，本书通过实证研究的方式，客观而细致地呈现了目前中学教师的生存处境和情感状态，以及他们对于教育的态度和行为表现，揭示了目前教师的教育激情状态"是什么"；其次，在呈现"是什么"的基础上，分析教师教育激情的影响机制；最后，就实践意义而言，通过对教师的研究，更加深入地理解快速变迁的社会中教师的生存现状，并反思目前教育制度运转中的问题和不足，探讨"教育何以可能"这一兼具学理和实践的命题，从而推动建立更加健康、和谐的教育环境。

三 理解现代化进程中的情感命运

对于教师教育激情影响机制的研究，不仅能够分析教育发展的问题，而且能够帮助我们理解现代化进程中个人的情感命运。激情在现代社会的命运，按照赫希曼的思想，正是被利益所驯服而消退。那么，激情是如何消退的呢？

曼海姆（2002：230）指出，"教育是探索精神正在衰落的主要领域之一"。因此，选择研究教育领域的激情问题，其意义也在于透过这一现象来具体观察中国现代化进程是如何一步步地"排挤掉"激情的过程。在现代化进程中，到底有哪些生产激情的要素在发生变化？这些要素是如何发生变化，进而导致激情消退的？更进一步讲，是否现代化推进到一定程度之后，就真的出现某种必然的非情感化与异化？

概言之，本书更加宏大的理论意义在于，以教师教育激情的

影响机制为切口，尝试系统地回答为什么当今时代的人们呈现激情下降之势；在这个大的、历史的变动趋势下，我们每个人的情感命运将会如何。

四 被忽视的县中教师：县城高中教师研究的类型学和政策意义

20世纪80年代以来，中国逐渐开始了大规模的人口流动，其基本趋势表现为从不发达地区向发达地区、从农村地区向城市地区的迁移（周皓，2002）。乡城人口迁移成为中国城镇人口增长的主要动因（孟向京、姜凯迪，2018）。特别是进入21世纪以来，中国人口的城镇化更是进入快速发展的轨道。在2018~2022年这五年间，城镇化率已从60.2%提高到65.2%（中华网，2023）。

需要看到的是，县城城镇化水平提高的一个重要方式是教育的城镇化（齐燕，2020）。伴随农村学生向县城流动的速度加快而来的是乡村学校规模的减小和城区学校规模和班级规模的扩大（秦玉友，2017），最终形成过度教育城镇化现象。这对于县城教师的教育教学工作将产生直接影响。

目前有关学校教育的研究中，在传统城乡二元结构下，诸多研究者均聚焦于逐渐走向衰败的乡村教育。不可否认，乡村教育由于具有特殊性而值得关注。但是，在逐渐迈向城镇化的进程中，居民对于县城基本公共服务的需求增加，其中尤为明显的就是教育需求的增加。在当下，可以说教育格局发生了较大程度的转变：伴随着乡村教育的衰败而来的是县城承担的教育责任与压力较以往更加沉重，教师也面临着更加复杂的教育情况（刘凯、刘荣增，2017）。然而，这一新的教育结构在一定程度上被研究者所忽视。因此，聚焦于这样一个农业县城高中的教师情感问题，探讨在这种新的变化趋势下，中西部农业县城教育的类型特征，将增进学界对不同类型教育场域的认识和理解。

与此同时，2021年和2022年，国务院《政府工作报告》都强调要"加强县域高中建设"。2021年，教育部等九部门印发了《"十四五"县域普通高中发展提升行动计划》，针对一些地方县中

"教师流失比较严重""教育质量有待提高"等问题,提出要"努力建设一支数量充足、结构合理、素质优良、相对稳定的县中教师队伍"等要求。专门针对县域普通高中教师的研究,对于提出稳定县中教师队伍、提高县中教师教育教学水平的教育政策具有重要的参考价值。

第三节 文献回顾

人人都有情感。情感是个人不可分割的组成部分。诺尔曼·丹森(1989:1)在《情感论》中就明确指出,"情感处于社会生活所有层次,即微观的、宏观的、个人的、组织的、政治的、经济的、文化的以及宗教的等的中心"。然而,传统上一直将情感视为非理性因素。它被认为不同于受意识支配的、理性的、有目的的认知和行为,而这样的认知和行为才是人类智识的标志(Reddy, 2001:31;孙一萍, 2017)。在理性化、现代化的进程中,情感一直作为理性的对立面而被排斥,被视作"剩余物",这导致情感的研究被忽视。长久以来,情感常被认为来源于个人,只限于个体内在的层面,比如大脑功能和个性(Lupton, 1998)。所以,最初的情感研究属于心理学领域,尤其是认知心理学领域。正因为情感被赋予容易冲动、不受控制、随时变化且不可捉摸等与理性完全对立的特征,其无法成为社会科学与人文学科的研究对象。

近几十年来,情感研究对社会科学而言变得越来越重要。这是因为,研究者逐渐意识到,情感并不是进化过程中的非理性剩余物,而且,并没有证据表明个人理性的和情感性的决策之间有清晰的区分(Jantzen et al., 2012)。事实上,人们的行动不仅受到经济理性观念的激励,还受到与他人的情感联系以及情感承诺的影响,越来越多的社会学研究者开始关注情感。如今,它已然独立成为一个研究领域(1986年,美国社会学会情感社会学分会的成立是标志)。许多社会学专业人员也将情感吸收进其自身的理论与经验研究之中(Stets & Turner, 2007)。当情感逐步穿透社会学这一领域时,有关情感的研究也开始出现并逐渐吸引了众多的理论和经验探讨。同样，伴随着对情感问题认识的深化，教师情感现象也受到越来越多研究者的关注与探讨。本书主要探讨中学教师的教育激情问题，因此综述主要围绕教师情感这一主题展开。首先，笔者对教师教育激情这一核心概念进行梳理、辨析并做出界定；其次，由于激情内涵于情感，情感的外延要大于激情，笔者先从教师研究的分析视角出发，综述教师情感研究的阶段与理论视角；再次，将视点聚焦于教育激情，综述教师教育激情的意义与来源；最后，对现有研究进行评述。

一　核心概念辨析与界定

本书的核心概念是教育激情（passion of teaching）。粗略而言，当激情所针对的客体是教育时，便是教育激情。由此可见，教育激情的内核和主体是激情。那么，什么是激情和教育激情呢？这一节的主要内容是对这两个概念进行梳理与辨析，进而做出笔者自己的界定。

（一）激情

从词源来看，"激情"（passion）一词最早出现在古希腊，"古希腊语 pathos，意为情感、激情，源自动词 *paschein*，即承受、受影响、遭受，指什么发生了，要承受某种东西或被某种东西影响。作为对外部刺激的一种反应，是被动的而不是主动的方式"（洪琼，2014）。长期以来，激情一直是哲学和心理学领域的重要研究对象，但激情概念的界定并不统一（王海迪，2018）。同时，激情一词也时常出现在生活中，但很少有人能说清楚它到底是什么（闵韡、阎光才，2018）。

基于此，首先需要列出相关的界定，并探究其争议点为何。哲学领域长期以来就对激情一词感兴趣，也是最早探讨激情的领域。但是哲学领域出现了对待激情的两种截然不同的观点。第一种观点是，激情意味着失去理智和控制。代表是斯宾诺莎，他认为，可接受的思想源于理性，不可接受的思想则源于激情，激情给人带来痛苦并对人形成控制。第二种观点更为积极，它将人们描述为与他们的激情相关的更积极的人。比如，现代激情理论的奠基人的笛卡尔，在《论灵魂的激情》一书中，就将激情定义为强烈的情绪，认为只要与激情有关的行为能够受到理性的控制，这些情绪就是积极的（贾江鸿，2013）。黑格尔则指出激情是达到最高成就的必要条件（Vallerand et al.，2003）。

在心理学领域，传统的心理学研究很少关注激情（Curran et al.，2015；张剑等，2014）。由于过往对激情和情绪（emotion）的理解比较笼统，Ribot最早于1905年在罗马召开的国际心理学家会议中致力于提供激情相对清晰的概念解读，并将激情界定为一种从偏好现象中产生的状态，具有力量感和相对持续性特点，它部分来自先天因素，部分和后天因素有关（蒋昀洁等，2017）。少数早期心理学关于激情的研究多集中于两性间的浪漫关系以及一些相似的概念上。鲍姆（Baum）等和卡登（Cardon）等将激情定义为对工作的热爱（闵韡、阎光才，2018）。鲍姆等认为富有激情的员工会在工作中投入较长时间，激情会影响他们的表现、坚韧性、自我效能信念以及组织目标的实现（闵韡、阎光才，2018）。佩图拉（Perttula）将激情定义为通过高强度积极情感唤醒、内部驱动和承诺形成的心理状态。国内学者郭德俊等（2012）则认为激情是一种强烈的、爆发性的、短暂的情绪状态（严国荣、赵航，2017）。

上述有关激情的界定多从外在表现状态或其对个人影响的维度进行了描述，缺乏从内在特质进行的阐释。那么，激情的内在特质是什么？赫伊津哈在《中世纪的秋天》中不厌其烦地描述过充满激情的生活方式，如主宰人们心灵的"英雄主义美德"，尤其是对"荣誉"的追求等（成伯清，2009a）。正如霍布斯所说："所有人都自然地为荣誉和显赫而争斗，但主要是那些不必为生计操心的人。"（成伯清，2009a）事实上，由激情所驱动的追求崇高的荣誉和地位的主要是贵族，而芸芸众生主要关心的是生存和物质方面的改善。从这些描述中我们可以大致看出，"激情"这一概念中强调了信念或信仰的成分。它是指献身于一项"事业"，献身于一个掌管着这项事业的上帝或恶魔的激情（韦伯，2016：100）。

韦伯在《新教伦理与资本主义精神》一书中曾指出，清教徒之所以满怀激情地工作，因为他们认为职业是"上帝安排的任务"，是神圣的天职，是人生的目的、使命和价值所在。因此，"清教徒曾渴望从事一项职业工作……"（韦伯，2007：175）从这个意义而言，"激情"这个词背后蕴含着超越理性、计算的纯粹信念、信仰或承诺，或者可以称之为韦伯意义上的"信念伦理"（韦伯，1998：116）。韦伯在《学术作为一种志业》一文中也再次表达了这一观念。志业，在德文中为 beruf，在英文中被译为 vocation 或 calling。马丁·路德在翻译《圣经》的时候，给这一词赋予了强烈的宗教和哲学色彩（陈嘉，2009），这也影响了韦伯的思想。他在《学术作为一种志业》一文中，多次强调对于学术应该有一种发自内心的献身精神，要为了学术而学术。然而，"清教徒曾渴望从事一项职业工作"的后半句则是"我们则被迫这样做"。随着现代社会的逐步发展，当信奉守时、合理计算、勤奋节俭、崇尚技术的现代机械劳动成为人们的生活方式，人们也不知不觉地被关进了现代性的铁笼。人们被遵循效率的生活方式主宰着，不知不觉在理性的统治中牺牲了自由、欲望、个性等。现代性把"把宗教的虔诚、骑士的热忱、小市民的伤感这些感情的神圣激发，淹没在利己主义打算的冰水之中。"[《马克思恩格斯选集》（第一卷），1972：253；成伯清，2009a]可以说，在利益驯服激情的机制下，激情正消退于现代性的帷幕之外。

赫希曼在《欲望与利益》（The Passions and the Interests）一书中所讨论的核心问题就是在现代社会中如何利用利益来驯服激情。然而，赫希曼《欲望与利益》这本书在被译为中文时，译者没有将"passion"一词翻译成常规理解上的"激情"，而是翻译成了"欲望"。对此，罗卫东（2015）在《激情还是利益？》一文中提出了质疑，他认为："将'passion'加以限定和引申也有'欲望'的意思在其中，但基本的含义就是'激情'和'热情'，是指某种程度十分强烈的欲望，故一般意义上的'欲望'一词无法反映其真正的含义。通读赫希曼全书以及他所引证的前人的讨论，关于'passion'，指的就是激情。"但是，译者在该书新的翻译版本中依然将其翻译为"欲望",并对此作了辩护,认为:"'passion'一词涵盖的情感十分宽泛,举凡'ambition, avarice, desire, hope, fear, love, hatred, joy, grief, anger, revenge'皆可纳入其义项之下……按照基督教的传统观念,它们大多属于人性中的固有之恶,而中文的'激情'一词的内涵远远没有这么丰富,而且在使用中多以正面含义为主。譬如,我们会说一个人在谈恋爱或创业上有激情,却几乎不会说他的报复、仇恨或贪财也很有激情。因此,我采用了'欲望',好处在于它是个比较中性的概念。"(冯克利,2015:14~15)

在以上针对激情的不同界定和辩论中,我们至少可以看出,在现有的认识中,呈现对激情是好是坏的两种不同的质性判断。因此,可以说他们的界定是一种针对激情的狭义的界定。比如,罗卫东(2015)在《激情还是利益?》一文中所指出的"基于赫希曼意义上的狭义激情的前资本主义社会在孟德斯鸠时代已经衰微不堪了……他们在呼唤一种新的激情,一种能够取代追逐荣誉感的、传统的日益衰微的激情",即赫希曼意义上的追求荣誉感的激情。同样,韦伯意义上的志业背后的激情,被认为是一种崇高的、带来积极后果的强烈情感。而资本主义社会中的激情则被认为是有害的、不受控的强烈情感。事实上,激情既是人生的动力之源,也是毁灭的根源;既是快乐的源泉,也是痛苦的本源。可见,激情本身可能有不同类型的指涉。

基于激情也可能带来不好的后果这一现实,加拿大心理学家瓦勒朗(Vallerand)等(2003)在充分考察了过往对于激情的研究之后,将激情定义为:"一种强烈的倾向,这种倾向指向于一个人热爱的、自我身份认同的、投入大量时间和精力的、具有个人意义和高度价值的活动。"他们指出,激情的产生过程经历了活动选择、活动评价和身份认同三个步骤。其中活动内化为个体身份认同的一部分,是激情区别于其他相似概念的关键之处(闵韡、阎光才,2018)。因此,依据充满激情的活动如何内化进个人的自我(self)或身份认同(identity),他们提出了激情的二元模型,即和谐的激情(harmonious passion)和强迫的激情(obsessive passion)。和谐的激情来源于活动对个人身份的自主内化。这种内化会产生一种动机力量，使个体不会感到被迫去做这项活动，而是促使人们心甘情愿地从事某项活动，表现出一种以有意参与、意志和个人认同为特征的行为模式，并产生一种认同和享受的感觉。有了这种激情，该活动在人的身份中占据了一个重要但不是压倒一切的空间，并与个人生活的其他方面和谐相处。相反，强迫的激情则来自活动对个人身份的控制性内化。这种内化源自个人内部的和（或）人际的压力，或是活动本身附带的其他属性（如社会接受感、自尊），或是活动参与过程中所产生的无法控制的兴奋感。强迫的激情导致了一种服务于活动本身以外目的的强迫的和僵化的参与，尽管个体热爱这项活动，但他们更多的是出于自我验证的需要，即通过参与活动获得自我意识和社会认可。这种情况下，活动往往被过分重视，并在个体的身份认同中占据过大的空间，从而与其生活的其他方面产生严重的冲突（Vallerand et al.，2003）。概言之，尽管这两种类型的激情都使个人呈现充满能量的状态，但两种激情活动会分别造成不同的个人性后果。库伦（Curran）等（2015）在元分析中指出，瓦勒朗等的二元激情模型由七个核心要素组成，这些要素都隐藏在前面给出的激情的定义中。第一，激情是在特定活动的背景下产生的，而不是对一切事物的普遍激情；第二，激情包含对活动深刻而持久的热爱；第三，激情只出现在对个人有价值或有意义的活动中；第四，激情是一种动机性的而非情感性的结构；第五，当活动成为自我定义和个人身份认同的一部分时，激情就会出现；第六，激情包含高水平的心理能量、努力和坚持；第七，激情具有二元论的形式，并可能带来适应或不适应的结果。由上述可知，瓦勒朗等的激情模型采用了一个更加开阔的视角，从而克服了狭义界定中激情的好坏之争。

但除了激情是好是坏之辩外，还有关于激情是动机性还是情感性的本质之论。许多国内的研究者将"passion"翻译成"热情"（闵韡、阎光才，2018）。比如，焦阳在翻译洛尔·亚瑟（Lore Arthur）《研究热情从何而来？——以"局内人-局外人"视角看国际比较教育研究的背景、话语与价值观》一文时，就将其原文中的"passion"译为了"热情"（亚瑟，2012）。而且，绝大多数国内研究所涉及的"教师激情"也接近于"教师热情"（teacher ethusiasm）这一概念（闵鞲、阎光才，2018）。同样，国外研究者彼得森和塞利格曼（Peterson & Seligman）也认为，激情与热情（zest）类似（Peterson & Seligman, 2004; Curran et al., 2015）。由此可见，大多数研究者认为"激情"一词包含的情感是强烈的。激情是否等于热情，根据瓦勒朗等的界定，库伦等表示了质疑。尽管激情与热情都是由活动价值评估、动机和坚持性所定义的，这意味着他们具有明显的重叠性。然而，核心差异在于，与激情不同，热情并未根植于任何特定的活动，而是反映了所有活动的动机典型性。而且，热情是单向度的，并不能概括出一种二元的观点，即动机可能带来不适应的结果。决心（grit）跟热情一样，尽管跟激情有许多共同点，但核心差异也在于此（Curran et al., 2015）。

  根据激情的七个核心要素，库伦等分别探析了瓦勒朗等的激情概念跟其他相关或相似概念的差别。首先，从动机概念来讲，可以发现二元激情模型与内在动机和外在动机的概念有很多相似之处。比如，一方面，内在动机（intrinsic motivation）与和谐的激情都包含对一些特定活动的热爱，因为这些活动符合他们的内在价值诉求。然而，在和谐的激情中，活动被反思性地认可为个人身份的一部分，因此它可以广泛地规制着他们。另一方面，内在动机是一种隐性的、无意识的力量，不涉及任何有意识的反思或认可。因此，它产生于短期水平的个人与活动之间的互动。外在动机（extrinsic motivation）与它的根本区别在于，其取决于获得的与活动无关的结果（即使有很高的自主性）。相反，在和谐的激情和强迫的激情中，活动是出于爱和它们的内在价值。其次，激情也不同于一些行为性的概念，比如过度承诺（over commitment）和工作狂（workaholism）。尽管这些行为性概念和激情在活动的专一性和持续性行为上有一个共同的基础，但区别在于，过度承诺和工作狂并不一定会引起对该活动的喜爱，也并不保证该活动是自我定义的。相应地，激情中的持续行动通过活动价值评估和认同来发挥作用，而过度承诺和工作狂更容易被解释为上瘾、无情的行为，而与任何对活动的爱或价值无关。此外，激情还与一些情感性概念相似，如投入（engagement）、倦怠（burnout）和沉浸（flow）[①]。这些概念都出现在具体活动背景下，并规制着持续性的行为。但是核心差异在于，投入、倦怠和沉浸都是认知性的和（或）情感性的概念，代表着一种思想状态；而激情则是一种动机性概念，通过内化而存在于特质和个性状态之间（Curran et al.，2015）。通过与其他相关概念的对比，我们可以发现瓦勒朗等的激情概念的内涵丰富。因此，瓦勒朗等的定义被较多研究者所接受，也在当前激情研究中被广泛应用（严国荣、赵航，2017）。

蒋昀洁等（2017）指出瓦勒朗等的激情概念中，包含三种成分：情感-强烈倾向；认知-行为很重要；行为-投入时间和精力。此外，喜好和重要性是两个必要条件，如果缺乏其一，个体与行为的关系就不应被视作"有激情的"。但张剑等（2014）则认为它是一个包含动机、情感和认知三种因素的综合概念，因为在其概念中强调了情感（喜欢、热爱）、认知（感觉重要和有价值）和动机（强烈的倾向或意愿）。需要指出的是，这两种理解各有道理，但都有所偏颇和缺失，其中最重要的一点就是强调激情所指涉的特定活动是个人自我身份认同的一个核心特征（即其概念中特意指出"self-defining"）。他们专门举例："一个对弹奏吉他充满激情的人，不仅去演奏，还会称自己为'吉他手'。此时，充满激情的吉他演奏活动已经成为个体的一部分，成为表明个体身份的核心特征。"（Vallerand et al.，2003）由此来看，在综合上述观点的基础上，笔者认为激情这一概念强调了四个核心因素：情感和动机（因喜欢、热爱而产生的强烈倾向或意愿）、认知（感觉有价值和重要）、认同（将特定活动视为个人身份的核心特征）和行动（投入时间和精力）。当然，如果个体对某一项活动很喜欢，认为其很重要、有价值，并愿意为此投入很多时间和精力的话，一般

[①] 在米哈依的描述中，flow 指一种沉浸感的体验状态（an experimental state of immersion）（Csiksentmihalyi，1975；Curran et al.，2015）。所以，为了方便理解，笔者将其意译为"沉浸"。

而言，其对此将具有较强的身份认同。所以，在分析个体对某一活动是否有激情时，从情感和动机、认知、行动三个因素来测量是合理的。

在现代性"大行其道"的当今社会，不同的人群依然在大谈激情、呼唤激情。现代社会中所呼唤的"激情"，在其内核上已经不再强求赫希曼意义上追求荣誉感的激情，也不是韦伯意义上的志业（calling）背后的激情，即来源于内在的信念和信仰的激情。现代意义上的"激情"，其动力更多来源于外在的刺激或要求，即特定活动之外的要求，比如组织的要求、获得社会认可或自尊。尤其是在人类情感商业化的时代，个体充满"激情"的状态更多的是由外在的理性化利益所驱使的结果。如果大致对应瓦勒朗等的二元激情模型，传统的激情和现代的激情分别对应和谐的激情和强迫的激情，所以它是更加广义的激情概念。受到瓦勒朗等激情概念的启发本书也在更宽泛的意义上来使用激情。它既包括基于内化信念而呈现的对某一特定活动强烈的喜欢与行动倾向，也包括基于外在刺激或要求而呈现的对某一特定活动强烈的喜欢与行动倾向，是一个广义的激情概念。

（二）教育激情

教育激情（passion of teaching），通俗理解，就是以教育为客体的激情。相关研究者也对这一概念做出了界定。比如，李存生（2013）对教育激情做出了明确界定，即教师在课堂教学时空内，以学生为主体，以课程内容为中介，以教学任务的完成为目标，为追求有效课堂教学而形成的强烈的、持续性的、积极的、与社会性需要相联系的情绪情感状态。刘月月（2015）做出了类似的界定，她认为教学激情是一种情绪状态，是个人对外界刺激的态度体验，它属于一种身体的物理表达，来源于教师对课程内容的高度凝聚和对教育教学过程的情绪感受，并在学生与教师充足的肢体、情感等互动中发生，能促进教学质量的提高。教育激情具有四个特征：第一，教育激情是教师对教育事业的理性认知；第二，教育激情体现了教师认知和情感的统一；第三，教育激情的内容具有综合性；第四，教育激情是教师稳定的、与社会性需要相联系的内心体验（李存生，2013）。教师教育激情的表征，主要体现在激情教学，即"师生在一定的教学情境中，自然生成、富含理性的一种持续较长、愉悦、亢奋的教学形态"（赵兴奎，2018）。

同样，这些概念也仅刻画了教育激情的外在表现，却没有清晰地阐释出教育激情这一概念的内核。结合上述对于激情概念的梳理和辨析，本书从广义的激情角度将教育激情界定为：教师群体对于教育活动的喜欢和强烈倾向，他们认为这一活动很重要且有价值，愿意为此投入时间和精力，并将其内化为教师身份认同的一部分。需要再次强调的是，这一概念包含四个核心要素：一是对于教育活动的喜欢和强烈的倾向；二是认同教育活动的价值和重要性；三是在行动方面愿意付出时间和精力；四是教育活动成为个人身份认同的一个核心特征。

二 教师情感研究

截至 2020 年，国外关于教师情感（teacher emotion）的研究，大概可以分为四个阶段。分别是被忽视的阶段、第一波浪潮、第二波浪潮和快速扩展阶段，它们也分别代表对于教师情感认知的不同理论转向。

（一）教师情感被忽视的阶段（20 世纪 80 年代以前）

正如勒普顿（Lupton）所说，在很长一段时间之内，教师情感作为一种社会和文化现象的概念在研究者中并没有得到特别认可，他们倾向于强调教学实践主要是一种认知活动。情绪主要来源于个体内部，局限于大脑功能和个性等方面。因此，许多教育研究者将教师情感的研究视为心理学的一个领域，尤其是认知心理学，而不是他们自己的关注点（Lupton，1998）。

尼亚斯（Nias）在作为特邀编辑主持 1996 年《剑桥教育杂志》（*Cambridge Journal of Education*）的教师情感专刊时，指出她之所以选择这一焦点，恰是因为在回顾过去教育者有关教师情感重要性探索的文献之后发现，相关研究"忽视了一个从业者日常关心的话题"。作为一种职业，教学工作中充满了情感。情感既是由人际互动、个人价值观和思想所唤起的，也作用于它们。尽管教师在工作中总会谈论激情问题，但近些年关于情感在教师生活、职业和课堂行为中所起的作用或意义的研究较少。自20世纪60年代以来，教师情感在专业写作中一直受到关注（Nias，1996）。比如，奥斯本（Osborn）在其《书评：教育的高潮与低估：60年研究回顾》（Book Reviews: The Highs and Lows of Teaching: 60 Years of Research Revisited）一文中重点回顾的四个经典文本，即《教学社会学》（The Sociology of Teaching）（Waller，1932年）、《教室中的生活》（Life in Classroom）（Jackson，1968年）、《学校教师：一项社会学的研究》（School Teacher: A Sociological Study）（Lortie，1975年）和《小学教师对谈：一项关于教学和工作的研究》（Primary Teachers Talking: A Study of Teaching and Work）（Nias，1989年），都谈及了一个共通性的问题，那就是教师情感的重要性（Osborn，1996）。但是，在职前或在职教育中很少系统地考虑这些问题，忽视教师情感的现象也并不被认为是一个值得认真进行学术性或专业性研究的议题（Nias，1996：293），所以，长期以来对教学情感层面的研究往往最为缺乏（Zembylas，2005）。

为什么会出现教师情感研究长期以来被忽视的状况？根源在于，西方学术界把情感看成理性的对立面，认为情感代表消极的世界观，因而对情感研究存有偏见，将其排除在专业话语之外（尹弘飚，2008）。伴随着现代化而来的是理性化的增长，以及人们对于理性化所具有的推动社会进步、增长知识等方面的长久而坚固的信念。在社会科学体系中占统治地位的两大思潮中，不管是哲学理论的唯智主义还是由自然科学演变而来的实证主义都高扬人类理性（郭景萍，2007）。诺丁斯（Noddings，1996）在其研究中指出，在过去的200年里，哲学家们强调理性多于情感。理性不仅被宣布为道德知识和能动性的来源，还被确定为值得尊重和给予道德待遇的人类能力。理性已经成为道德社会的入场券。相反，情感在很大程度上被认为是不可靠的。康德坚持认为，道德情感不能先于真正的道德行为，事实上，由快乐驱动的道德行为被贴上了"病态"的标签（Kant，1983：34）。当然，休谟（Hume）是少数几个在道德中把情感放在突出位置的"冷静"哲学家之一，他建议将道德情感的培养作为性格发展的一个重要方面。但总体而言，在西方的任何地方——甚至在对浪漫主义者的反对中——都有对情感的不信任，因此将情感排除在道德、美学、职业和教育之外的一个很重要的原因就是对理性和职业功能的关注（Noddings，1996）。比如，在专业领域，这种（对情感的）担忧有几种形式：首先，人们担心职业判断会受到情绪的影响；其次，人们普遍认为，专业人士必须学会保护自己以免受过度为客户着想可能导致的倦怠；最后，超然、冷静已成为职业化的标志（Noddings，1996）。

聚焦于教师情感研究缺失的现象，赞比拉斯（Zembylas）归纳了三个方面的原因。首先，在西方文化中对情感有很深的偏见。传统的理性与情感二分法长期存在于教育研究中，故而比较流行的是关于教师认知性思维与教师信念的研究。由于人们认为情感具有误导性，他们认为通过研究教师的思想（或信念）便可以理解教师的实践。其次，尽管在过去一些年中已经有了显著的成果来强调教师情感的作用，但是教育领域的研究人员似乎对研究一些"难以捉摸"的东西持怀疑态度，因为东西是无法客观衡量的。例如，对情感的研究一直被认为比对认知的研究更为复杂和困难（Simon，1982；McLeod，1988）。最后，情感问题通常与妇女和女性主义哲学有关。因此，它们在主导性父权结构中被排除在外，不被认为是有价值和有效的研究问题（Boler，1999）。这三个原因使得研究者只在一般抽象的层面上去确信情感的重要性（Beck & Kosnik，1995；Zembylas，2003）。

（二）第一波浪潮：聚焦情感重要性的心理学视角（20世纪80年代至90年代中期）

尽管在过去的两百年间，理性主义大行其道，情感社会学和相关的情感研究并没有合适的生长土壤，但过去的社会学家在自己的研究中，都涉及情感议题，如孔德、涂尔干、韦伯、滕尼斯、马克思和舍勒等（成伯清，2017；郭景萍，2007）。20世纪前后人面临着自我及理性的危机，在这个被称为"本体论危机"的时代，出现了一大批重视研究情感现象和情感问题的社会学家，如曼海姆、埃利亚斯、弗洛伊德和弗洛姆等。总体上而言，20世纪中叶以来，西方学术界掀起来了一场"情感革命"，哲学、社会学和心理学等相关学科都将关注点聚焦于情感。伴随"情感革命"的发展，情感也逐渐进入教育研究领域（邵光华、纪雪聪，2015）。

20世纪80年代以来，教育工作者对情感在教学中的作用越来越感兴趣，并掀起了教师情感研究的第一波浪潮。20世纪80年代到90年代中期，学界开始反对在过去盛行的将教育视为认知性活动的简化观念，开始构建关于教师消极情绪和积极情绪在教师职业和个人发展中作用的解释框架。

随着教育领域的研究人员开始认识到情感在教学中的作用，并探索学校可以做些什么来利用它。第一批研究（大致在20世纪80年代和90年代初）集中在建立对情感在教学中作用的认识上。这一时期研究的中心论点是，"有效的教学和学习必然具有情感性，它涉及人类互动，师生关系的质量对学习过程至关重要"（Osborn，1996）。第一批关于教师情感的研究也集中在宽泛的压力和倦怠的关系上，而"情感"这个术语几乎从未被用于理论化教师的职业经历（邵光华、纪雪聪，2015）。这一阶段对于教师情感的研究，多受到心理学研究范式的影响，重点探析了"疲劳"、"沮丧"和"紧张"等特定的情绪问题。

这一时期的研究描述了情感在教学和学习中的重要性。苏兹贝格·维滕贝格（Salzberger-Wittenberg）等早在1983年就出版了《教与学中的情感经历》（*The Emotional Experience of Teaching and Learning*）一书，"旨在提高对于进入教与学的过程中的情感的意识。"他指出，更好地了解进入学习和教学过程的情感因素的性质，将有助于教师和学生"朝着更有成效的关系努力"（Salzberger-Wittenberg et al.，2005）。他们的研究是基于对一组参加"教育咨询方面"课程的教师的观察结果。他们通过描述教师的情绪反应直接影响学生情绪发展的案例来说明教学和学习的相互联系。同样，上文提及的杰克逊（Jackson）和洛尔蒂（Lortie）在其研究中均反复强调情感因素在教学中的重要性。雷维尔（Revell）对小学校长的研究表明，花时间和孩子们在一起是"个人工作"的一个方面，能让孩子们的大脑产生最深刻的满足感（Revell，1996）。除了有助于教学成果之外，对于教师幸福感也有影响。杰克逊就指出，教师的满意度来源于"及时性、非正式性、自主性和个人性"。洛尔蒂也指出，教师的满意度主要来自工作的情感性维度和与学生之间的关系。教育中的主要奖励来自课堂上的事件，包括学生的积极回应以及学生因他们的教育而受到的影响和改变。换言之，"教育的乐趣"来自"我知道我已经达到学生的内心，而且他们学习到了东西。"（Osborn，1996）

尼亚斯（1989）的研究为分析师生关系和情感的作用提供了另一个维度。她的研究以参加中小学工作课程教师的访谈资料为基础，以教师自己如何讲述在工作中的情感维度为起点，来探析教师是如何体验教学工作的，以及教学工作与他们生活的契合点。以符号互动论为框架，尼亚斯将教师的自我及其实现放在了研究的中心。她区分了"实质性自我"和"情境性自我"，并指出，许多教师把他们的个人身份投入工作中，继而消除了个人生活和职业生活之间的界限，并在课堂上体验一致感（a sense of unity）（Osborn，1996；Zembylas，2003）。然而，社会、经济和法律等的剧烈变化，让他们产生了一种失落感。尼亚斯在后来的作品中对此作了进一步的探讨（Nias，1993，1996，1999）。尼亚斯的工作为研究提供了宝贵的见解，强调了情感互动在教学中的核心作用。奥斯本（1996）指出，尼亚斯的研究中所界定的教育情感（承诺、享受、对教学的自豪、情感、满足、完美主义、责任心以及失落感），无论其程度如何，很可能在未来的教师工作和职业生涯中继续发挥重要作用。

在此阶段的教师情感研究中，还有部分研究者从压力和倦怠的角度，默认了情感的重要性。有关压力和倦怠的研究表明，教师个性特征是其生活、教学工作和满意度的核心（Dworkin，1987；Truch，1980；Farber，1991；Cherniss，1995；Vandenberghe & Huberman,1999）。这一趋势的影响现在在越来越多的教师招聘和留用问题中显现。压力作为讨论教师职业生涯中各种问题的一个广泛概念，为研究相关的情感耗竭和退出教学提供了一个一般框架。倦怠被纳入压力的概念，但它也集中在情感耗竭上。压力与倦怠的研究将教师情感纳入了主流教育学研究中（Zembylas,2003）。总体而言，这一阶段的研究多从心理学的角度出发，认为教师情感是教师个体的心理体验，评价是情感产生的内部心理机制，个体不断地评价刺激事件与自身的关系从而产生不同的情感体验。

基于此，应该在教师的专业发展中考虑情感的作用，对教师情感采取控制措施，并且需要提升教师情感智力（emotional intelligence），即"教师准确地觉察、评价和表达情感的能力，接近并产生情感以促进思维的能力，理解情感及情感知识的能力，以及调节情感以帮助情感和智力发展的能力"（古海波、顾佩娅，2015）。一些研究者还提出了通过在教师情感教育中增加故事的方法来提高教师的情感性（Noddings,1996）。还有研究者提出了在教师教育中提供情感课程的必要性（Golby,1996;Tickle,1996）。

（三）第二波浪潮：聚焦环境因素的社会文化视角（20世纪90年代中期至21世纪初）

20世纪90年代中期至21世纪初，关于教师情感的研究经历了第二波浪潮（Zembylas,2003；尹弘飚,2008）。在此阶段，理论家和研究者主要受社会学思想（特别是社会建构主义）的启发，越来越多的人接受了将教学视为"情感实践"的理念，并聚焦于社会关系的观念，将情感视为课堂和学校环境中的社会关系的一部分。在社会学思想的影响下，研究者认为教师的情感反应发生在一个以社会性为主体的环境中，个人层面的情感越来越被认为是由社会互动控制的，即教师情感是社会文化的产物，在学校和课堂环境下的社会互动中构建而成，有社会属性、情境属性和文化属性（胡亚琳、王蔷，2014）。因此，教师的情感反映不仅取决于个人特征，还取决于人际关系（Hargreaves,1998b）。这是一种典型的情感的社会建构主义（Harre,1986）。这种视角下的情感研究凸显了社会因素对情感产生的影响，注重社会文化、学校管理和专业规范对教师情感的作用（Hargreaves，1998a，2000）。因此，课堂和学校环境中的社会关系成为分析教育中情感力量的主要工具，研究的核心也在于探索教师、学生、家长和管理者之间的互动关系和学校政策问题（Zembylas，2003）。与前一阶段将情感定位为个体心理的主流观点相比，这一阶段的教师情感研究有一个显著的理论视角转向，即"把教师放置在社会互动的世界中理解其情绪表现"（尹弘飚，2007）。

自情感社会学家霍克希尔德（Hochschild）于1979年提出"情感劳动"这一概念并进行理论化以来（Hochschild，1979，1983），诸多后续研究者运用这一概念性工具探析了各种职业的情感劳动状况。研究教育情感的学者也将这一个概念引入分析之中，强调人的情感受到社会规范、文化习俗和人际互动中语言实践的共同作用，衍生出特定的"情感规则"（feeling rules），进而影响情感的形成与表达（胡亚琳、王蕾，2014）。我们在教师情感的研究中可以清楚地看到，教学实践必然具有情感性（Hargreaves，1998a，2000），并且涉及大量的情感劳动（Hargreaves，2000）。情感劳动造成的情绪失调可以导致压力和精疲力竭，诸多研究都表明，教师压力与教师过早退出职业有联系（Zembylas，2003；Little，1996）。因此，教师情感的研究成为课程与教学研究的一个重要领域。

一些研究人员主张，教育中情感不可避免地与学校相关的管理政策产生联系。在1996年的《剑桥教育杂志》专刊中，诸多文章都探讨了这一问题。利特尔（Little）研究了美国改革运动中教师激烈情绪体验和职业转换的交互问题。她通过对三个案例的研究，阐明了教师的激烈情绪体验与其职业间断或职业风险的关系。她指出，有三个因素加剧了人们对改革的情绪反应，并似乎产生了职业生涯的转折点：一是与改革相关的冲突在主要工作群体中的性质和程度；二是多种压力来源与支持之间的平衡程度；三是管理改革步伐、规模和动力的体制能力和行政能力（Little，1996）。她在后续的研究也再次表明，学校改革工作的动态变迁影响了教师的情绪反应（Little，2000）。

而凯尔克曼斯（Kelchtermans）则通过对小学教师职业传记的分析，研究了教师脆弱性的主要来源。他发现，学校的行政或政策措施、在校期间的职业关系和教师效能限制是教师脆弱性感受的重要来源（Kelchtermans，1996）。凯尔克曼斯认为，教师在工作中情感体验的脆弱性有道德和政治的根源，而脆弱性也意味着一个人的职业身份和道德操守受到质疑。因此，应对脆弱意味着教师需要采取政治行动，以重新获得其专业性自我身份的社会认可，并重建确保他们良好工作表现的条件。凯尔克曼斯认为，自传体的反思和故事讲述能够有效地帮助他们成功应对脆弱感，因为它们能有意义地将教师自我与观念、材料和同事联系在一起，这也为他们从一种替代性的视角来审视个人经历提供了可能性（Kelchtermans，1996，1999；Zembylas，2003）。同样地，尼亚斯（1996）认为，在教师教育中使用故事讲述可以"诱导情感，帮助我们理解自己的感受"。诺丁斯（1996）认为，构建一系列故事可以增进人际关系，并有助于将研究与存在的问题联系起来。

杰弗里和伍兹（Jeffrey & Woods）探讨了情感的社会建构，并得出了与 Kelchtermans 类似的结果。他们重点分析了 1988 年《教育改革法》颁布之后，政府的教育改革对教师的影响。他们通过对一所小学的定性研究发现，英国教育标准局（Office for Standards in Education，OFSTED）实施检查的技术手段对教师的整体和人文价值产生了冲击，造成了教师的高度创伤，即技术化检查产生的行政压力使教师感到焦虑、困惑，甚至使他们对自身的专业竞争力产生怀疑，进而给他们带来专业不确定性。当然，这些情感的产生，是由于他们所经历的关键事件的力量与其信仰和过去经历所提供的文化资源不匹配。结果便是，教师们表现出对完全专业化的角色失去信心的迹象，感到力不从心、地位降低、自主性降低和对教师职业的承诺减弱。教师的职业角色不能脱离"真实的自我"。但是，去专业化构成对教师自我攻击的影响遍及他们的整个生活。他们认为，一个有效避免这些创伤性情感体验的方法是将身份和地位从专业人士转变为技术人员（Jeffrey & Woods，

1996)。在另一项研究中，杰弗里和伍兹（1996）探讨了英语小学教师特别有创造力和"卓越"的原因。他们发现，这些小学教师不仅遵循一套技术或标准，还注重与学生建立情感纽带。

布莱克默（Blackmore）在针对澳大利亚维多利亚州担任领导职位的女性教育工作者的"情感劳动"研究中，采用了包括非结构式访谈、观察、焦点群体访谈等多种方法，探索了在一个"贪婪的组织中"，市场、性别和情感之间的相互联系，并重点考察了教育劳动力市场的建设是如何侵入和塑造教育实践的。她分析了这些女性教育者需要处理教育准市场（educational quasi-markets）时所面临的矛盾和困境，并指出，这些矛盾和困境是由这些女性管理者的关怀方式与其作为管理者的角色之间的情感冲突所导致的。最后，她指出这些女性管理者所采用的"应对策略"，包括抵制、控制、远距化和退出（Blackmore，1996）。

赞比拉斯（2003）指出，上述利特尔、凯尔克曼斯和布莱克默等的研究提供了一个指示，说明了哪些类型的政策问题似乎会影响教师的情绪。这些研究结果建立在早期研究的基础上，并表明有关教师情感的个人和人际方面的因素，对教师发展、学校变革和学生学习有重要影响。

哈格里夫斯和他的同事（Hargreaves，1998a，1998b，2000，2001；Lasky，2000；Schmidt，2000）在一系列基于"教学和教育变革中的情感"（emotions of teaching and educational change）项目的文章中，描述了教师的情感目标及其与学生的联结是如何渗透到教师的定向以及对教育变革中其他方面问题的回应的，如课程规划、教学和学习等。他们使用了霍克希尔德（1979）有关"情感劳动"这一社会学的分析框架，发现教师的情感承诺和与学生的联系激发了教师所做的一切，包括如何教学、如何规划等（Zembylas，2003）。这一系列的文章表明，教学和教育变革的情感政治要求改革要更积极地拥抱和参与情感。

拉斯基（Lasky）和施密特（Schmidt）分别探究了涉及教师-家长互动和领导职位的情感问题。拉斯基以哈格里夫斯的教学情感政治理论为基础，通过对53名中小学教师的访谈资料（在访谈中，教师描述了他们与家长之间的互动,以及这些互动产生的积极和消极情感)进行分析,探讨了教学文化和教学组织如何影响教师在与家长互动过程中的体验和情感。他指出,教师-家长互动是一种情感实践,它与教师的道德目的密不可分,由文化和关系的影响所形塑,并与地位和权力不可分割地联系在一起。教学的文化和组织影响着教师的价值观、话语和目的感,进而影响着他们在与家长互动中所报告的体验和情感(Lasky,2000)。而施密特则以29位加拿大中学的部门领导为研究对象,分析了镶嵌于各种互动内部的一系列情感。这些情感指出了在中层管理和更广泛的教育行政管理(其被视为由规范的教育行政实践所延续)中权力和地位的内部模糊性,进而揭示了教学和管理(manage)之间的紧张关系,描述了教师孤独的经历、情感上的误解,以及来自无能为力感的怨恨(Schmidt,2000)。此外,海耶斯(Hayes)通过对英国6名小型小学校长的研究解释了外在力量(包括家长和管理者等)的期待和要求如何消磨个人理想的过程。他通过研究发现,这些人选择担任校长的原因是相似的,包括继续教学、自主、实现教育愿景和"留下印记"。一旦进入岗位,他们发现自己无法满足工作的所有要求,担任领导职务这一现实使得其必须寻求外在群体的认可,尤其是家长和管理者的认可,进而产生了一些问题。一方面,做好所有事情的压力降低了他们所能体会到的自尊的程度;另一方面,感受作为教师的积极情感变得更加困难,因为作为一个教学型校长(teaching head)的沉重要求使他们不得不牺牲掉一些专业身份的核心成分,以应对工作的管理维度。繁重而多样的管理方面的要求也意味着个人生存的需要逐渐取代了他们以自我为参照的理想主义(Hayes,1996)。

赞比拉斯(2003)指出,上述哈格里夫斯等的研究成果支持第二波浪潮中出现的一个普遍观点,即教师的情感对教师工作方式和政策议程有广泛的影响。但是,他同时指出,哈格里夫斯等尽管在研究中关注了情感的政治意涵(Hargreaves,1995),但他们没有讨论个人内在/人与人之间与话语实践之间的交互关系和联系,这也是其后来建立情感研究的后结构主义视角的基础。

(四) 快速扩展阶段 (21 世纪以来)

进入 21 世纪以来，随着情感问题受到越来越多研究者的关注，关于教师情感的研究也呈现爆发式的增长。古海波和顾佩娅 (2015) 运用 CiteSpace 软件对 Web of Science 上近 20 年收录的国际教师情感研究的可视化分析发现，前 10 多年的发文量一直较少，而 2008 年以来的发文量迅速增长，表明教师情感的重要性日益受到关注。但遗憾的是，通过对现有研究的分析发现，尽管教师情感研究的主题有所增加，但从理论视角而言，基本上还是受到八九十年代两波情感研究浪潮的影响，是在已有研究范式中的继续深化与细化，而较少有理论视角的突破。

就研究主题而言，乌托依 (Uitto) 等分析了 1985~2014 年发表在《教学与教师教育》(*Teaching and Teacher Education*) 这一期刊上的 70 篇有关教师与情感研究的文章。统计发现这些研究主要围绕七个方面的主题展开，分别是：第一，教师身份和专业学习中的情感；第二，教师情感枯竭；第三，教师、情感及其相互关系；第四，历史、政治和社会背景下，以及教育改革中的教师情感；第五，教师对学生情绪的影响；第六，教师的情绪智力、技能和知识；第七，教师情绪与情绪调节 (Uitto et al., 2015)。如果将这些主题按照理论框架进行归类，可以发现，现有研究依然是沿着两条路径展开：第一条是 20 世纪 80 年代有关教师情感在教育中的作用这一路径，继续深入分析教师个人的情感特质与情感后果、教师情感对学生的影响，进而发展出教师情感管理与情感调解、教师情感学习等研究主题；第二条则是沿着社会建构论的思路，分析教师的各种情感体验是如何在具体互动情境中产生与变化的，继而导致什么样的情感后果。围绕这两条路径，诸多研究者将霍克希尔德提出的情感劳动理论借用到了教师情感研究之中，探讨学校组织、性别、人际互动等对教师情感的影响问题。

具体而言，沿着第一条分析路径，丘布克丘 (Cubukcu) 指出教师情感对学生具有重要影响，这种影响体现在学术成就、课堂交流质量、与学生互动和班级管理等四个方面。教师的学术情感与学生的情感卷入水平直接相关。进而，他指出教师管理者应该理解有效情感管理与应对策略的重要性，并为教师提供策略来帮助他们管理情感（Cubukcu，2013）。

塞吉奥·梅里达－洛佩兹和伊克斯翠梅拉（Mérida-López & Extremera，2017）回顾了现有教育情境中探讨情感智力（emotional intelligence）与教师倦怠之间关系的相关文献，发现理论和测量的多样性使得总结这种关系变得困难。他们通过总结发现，情感智力与情感倦怠之间呈现负相关关系，并阐释了其中的诸多机制。金柏莉（Kimberly，2017）则检视了教师的社会情感能力对学生的影响，教室中"温热"的师生关系对学生的深度学习和积极的社会情感发展具有显著的支持作用，而如果教师不能管理教育中的社会情感需求，学生的学术成就与行为也将受到损害。因此，她认为美国的教师教育项目应该更多地为教师候任者提供支持，以提高他们的社会情感胜任力。

沿着社会建构论这一路径，诸多研究者探讨了学校环境中的教师情感问题。克罗斯和纪（Cross & Ji，2012）借鉴布朗芬布伦纳（Bronfenbrenner）的生态系统论，采用质性研究的方法，对一所多贫困、多少数民族学生的学校的教师情感问题进行了分析。研究发现，尽管教师都有不愉快的情绪，比如日常工作中的失望和沮丧，但是他们并未沉溺于不愉快情绪，而是改变想法、采取策略取得更加有利的结果。这些应对策略与他们的个人心理有着密切的联系，特别是他们的教育信仰和成熟的职业身份。陈和刘（Chin & Liew，2016）则考察了新加坡一所中学教师在英语教学中的复杂情感问题。研究揭示了教师与英语教学相关的情感负担、紧张和挑战，在很大程度上来源于该学科的价值内容、学生论文评分的压力、高风险测试的绩效压力等。奥尔森（Olsen）等（2019）在探讨性别对教师教学状态影响的回顾性文章中，通过对发表于1979~2017年的相关文献的梳理发现，尽管经历着更多的情感耗竭和不愉快，女性教师仍倾向于使用深层表演策略；相反，男性教师则采取远距化和浅层表演策略，虽然这让他们经历了去个性化，但也成功地控制了情绪混乱问题。在此阶段，不同国家和地区教师的情感劳动状态得到了充分的探讨。乌干·阿金（Uğur Akın）等（2014）通过对370名土耳其小学教师的调查发现，土耳其小学教师在与学生相处中主要采取真诚情感表达策略。不同性别、不同性质学校教师的情感展演策略不一样。情感劳动是预测情感耗竭的有效变量。此外，还有研究者探讨了罗马尼亚（Truta，2013）、中国（Yin & Lee，2012；Yin，2016）、美国（Sutton，2004）等不同文化背景下教师的情感管理与情感劳动策略等问题。

除了这两条路径之外，赞比拉斯尝试从后结构主义的视角来分析教育中的情感与身份问题。在他看来，情感是一种话语实践。因此，它意味着用于描述情感的言语不仅是呈现"情感事实"（emotion entilies），而且这些言语（words）自身也是"行动或意识形态实践"，以求在创造和协商事实的过程中服务于特殊目标（Lutz，1988）。情感作为一种话语实践而发挥作用。其中，情感表达是生产性的，即它让个人进入社会和文化所形塑的人群中，参与到权力关系的复杂网络之中。在他的概念中，教师情感既不是个体化的，也不是由情感负载的，而是表演性的。也就是说，教师理解、体验、表演或谈论情感的方式与其对身份的意识高度相关。当然，权力关系与情感话语具有内在联系，权力被视为情感话语整体的一部分（Zembylas，2004，2005）。

三 教师教育激情的研究

尽管目前对于激情的研究颇多，但闵韡和阎光才（2018）通过对已有文献的梳理发现，关于激情的研究主要集中于青少年、运动员（徐雷，2014）、艺术工作者（傅莹，2017）、公司员工和企业管理人员（秦伟平、赵曙明，2015），而在教育领域对教师激情的探讨并不多，有限的研究多集中在教师本身的心理幸福感、目标感等方面，少数会涉及教学效果。因此，在这一部分，主要围绕教师教育激情的意义与根源展开。

(一) 教师教育激情的意义

为什么教师需要教育激情？美国学者威伍在《激情，成就一个教师》中写道："伟大的教师一定是激情的教师。"克里斯托夫·戴（2009）指出，好教师应该对他们的教学、学生与学习都抱有激情。换言之，保持激情是成为优秀教师的必要条件，甚至可以说激情是教育实现的关键（Fried，1995：6）。贝勒克斯（Benekos，2016）在其文章中回顾了有关好的教育的观点之后，指出好的教育都要求有以充满激情和热情的方式投入个性、知识和教学技能学习的教师。可见，教育激情的重要性和意义已经得到了相关研究者的公认。具体而言，教育激情的意义主要体现在教育目标实现、教师专业化和个人幸福感三个方面。

首先，教育目标实现。苏霍姆林斯基（1981：160）说，只有激情的课堂教学，才能够使学生带着一种高涨的情绪从事学习和思考。在此意义上，是否存在教育激情也是衡量一节课是否优质的标志（夏绍能，2012）。这是因为，教师的积极情绪和情感是影响学生学习热情的重要因素。教育激情饱满的教师，对学生充满期望，能让学生受到感染，有效提高学生的认知效率、激发学生学习的内部动机、助产学生潜能的实现，发展其创造性品质，并促进学生身心素质发展，最终实现学生素质的提高，即达到教育的目标（袁源、周燕，2017；赵兴奎，2018；Mart，2013；Ao，2011）。在此意义上，教育激情是高质量教学不可或缺的因素（戴杰思，2022：1）。

其次，教师的教育激情对其专业化的实现起着诱导和驱策作用。马克思说："（人）是一个有激情的存在物……激情、热情是人强烈追求自己的对象的本质力量。"（成伯清、李林艳，2017）孔德曾指出，感情是人类的灵魂、行为的动力。推动力来自情感，才智只是一个指挥手段或控制手段（阿隆，2000：67~68）。教师对职业的认同、尊重和发自内心的热爱，会直接成为教师专业性提升的内在驱动力，激发教师改变的意愿，充分利用各种资源和渠道提升自己的专业素质（Bernard，2002）。切尔科夫斯基（Cherkowski

和沃克（Walker）的研究表明，当教师在工作中充满激情和强烈的目的感时，他们会在学习环境中获得积极的学习成果和欣欣向荣的感觉（Cherkowski & Walker，2016）。

最后，教育激情能实现和谐师生关系、提高个人幸福感、克服职业倦怠、防止教师流失。教育激情有助于形成师生牢固的情感交流系统，这既有利于学生人格的发展，也有利于以学习为中心的课堂学习氛围的营造，在此基础上建立和谐的师生关系（赵兴奎，2018）。而且，充满教育激情的教师总能够感受到教育教学中的快乐，体会到学生的成功所带来的幸福感。莫埃（Moè）通过实证研究证明，热爱教学的教师不仅有更多的参与教学的动机，还有积极的情感、自我效能感和主观幸福感（Moè，2016）。莱斯罗特和夏尔马的研究也得出了类似的结论（Yukhymenko-Lescroart & Sharma，2018）。

这种和谐型的教育激情使教师因提高了工作满意度、减少了工作冲突而不易产生倦怠（Lavigne et al.，2012；Vallerand et al.，2010；李存生，2013；Carbonneau et al.，2008），相应地，也能减少教师消耗（attrition）和流失（Santoro et al.，2012）。卡尔博诺（Carbonneau）等的一项关于教学激情的纵向研究显示，随着时间的推移，和谐的激情预测了工作满意度的增加和倦怠症状的减少，而强迫的激情则不能引起这些变化。与此同时，两种激情的增加都对教师所感知到的学生适应性行为的增加产生了正向的预测作用（Carbonneau et al.，2008）。

概括而言，教育激情一方面可以推动教师教育目标的有效实现，另一方面可以推动个人专业化的发展，此外，还能赢得学生的尊重、获得融洽的师生关系，使教师享受到教育过程中的幸福感，进而减少职业倦怠。因此，诸多研究者呼吁，要激发教师的教育激情，使其变成充满激情的教师（Ao，2011；Phelps & Benson，2012；戴杰思，2022）。还有研究者更加直接地呼吁到："为了追逐教育的尊严，将教育激情燃烧到底。"（黄行福、谢芝玥，2012）为了有效激发教师的教育激情，菲尔普斯和班森通过探讨充满激情的教师所具有的共同特质来寻找激发预备教师教育激情的方法（Phelps & Benson，2012），而桑托罗等探讨了通过向老一辈有激情的教师学习的方式来激发预备教师教育激情的效果（Santoro et al.，2012），而弗雷德（Robert Fried）更是在 2001 年出版了《充满激情的教师：一本实践指南》（*The Passionate Teacher：A Practical Guide*）一书，在其中详细介绍了充满激情的教师的特征、目前存在的问题、教师的立场以及具体做法（Fried，2001）。最新研究则明确指出，教师可以采用内在教学目标来获得更多和谐的激情，并通过参加专家提供的发展训练来提高自身的和谐的激情（Wu & Song，2023）。

（二）职业认同与承诺：教师教育激情的根源

那么，教师教育激情的根源在哪呢？在社会学的意义上，郭景萍（2008：48～49）曾指出情感是一种"主观社会现实"，既包含个人意义的主观体验，又包含社会力量的现实性，前者决定了情感具有个人主观意义，后者强调情感同时又是一种超越个体的社会现实。教师的教育激情作为教师对教育职业的强烈认同和高度责任意识所表现出来的情绪体验，其维持与教师的承诺密切相关，这种承诺又取决于教师的职业情感认同（戴，2009）。概言之，教师教育激情的根源在于其教师职业认同或者教师身份认同。麦克卢尔（MacLure，1993）就指出，身份认同是教师赋予意义的资源，会影响教师如何对自己的所见所闻所做赋予意义，并进而影响其行动（叶菊艳，2016）。只有当教师在内心深处认同其职业，才会以饱满的热情投入工作当中并且长期坚持（李倩、王传美，2018）。

当谈及角色身份的时候，必须关注个体与社会、文化的互动（卢乃桂、王夫艳，2009）。从社会建构论的角度而言，身份的形成是个人试图在理解自己的同时也被他人或环境理解的一种持续的建构过程。当然，个体身份的建构会同时受到历史性、空间性和社会性三者的作用（Harnett，2010：164）。因此，身份根本上属于"关系型"现象（Beijaard et al.，2004）。具体到教师的身份认同而言，我们可以发现教师的身份认同并非固定不变的，而是教师在与他人、与社会、与制度的互动中形成的，不是在个性与社会性、变化与不变中协商建构出来的（MacLure，1993），它既强调了社会某些因素对个人和群体的位置、机会、权利等方面的预先安排，也强调了个人和群体自身行为与心理对所获得的位置、机会、权利等方面的强化与再造（李金奇，2011）。这就意味着身份认同是可以被形塑或引导的。事实上，个人因素、人际群体或社会关系、政策和制度等都会影响教师的身份认同（叶菊艳，2013）。在此意义上，本书对教育激情的根源问题的梳理，将从教师身份认同的角度出发，分别探讨宏观层面上整个国家的教育制度和文化形塑机制，微观层面上个人与他人互动的影响机制，以及个人内在因素的影响机制。当然，教师的身份认同在很大程度上取决于其社会地位。在此意义上，本书先分析中国教师社会地位的变迁及其现实。

1. 教育制度和文化形塑机制：中国历史上教师社会地位的变迁

在谈及教师社会地位这一议题时，首先需要明确教师职业与国家（或制度安排）之间的关系。阎光才（2006）通过历时性的分析，指出教师"身份"的制度和文化根源及其当下危机。他首先指出，身份不仅包含角色区分的内涵，还反映了包括社会地位高低在内的更为丰富的内涵。身份既是结构性的又是建构性的。以教师职业为例，结构性表现为教师群体在整个社会结构中的阶层地位。但是，经济、政治和学历符号性资源并不是由教师群体控制的，它在很大程度上是制度型构的结果。处于结构化中的"身份"高低是通过与他者间的客观性差异体现出来的。与此同时，"身份"又带有文化建构性特征，文化建构的基本特征是它存在一种人为的价值预设，正是存在这样一种与经济、政治结构之间无直接联系的主观的价值预设，行动者的实践才具有某种被强制性或自我强制性，所谓"本分"工作观或"天职"观，就代表一种职业的文化建构性。教师的身份的确带有制度型构的特征。正是因为不同的制度安排，决定了教师占有社会资源的多少，进而决定了其身份的显贵或卑微。

(1) 历史上教师社会地位的形成

那么，为什么大家认为教师在中国古代的社会地位高呢？从历史发展延续的视角来看，教师身份地位的高低明显体现出其结构性和建构性。在先秦时期，作为"稷下先生"的贤者，虽然与"君主为师友"，但其身份地位在很大程度上是依附于帝王之势而得以彰显的（余英时，2004：145）。到了秦汉一统之后，教师的身份建构被纳入制度化体系。秦朝开始设博士，汉朝确立了博士为儒经注解的权威，其地位由于为政治权力所利用而提高。这种格局随后因为隋唐时期的科举制度而得到进一步巩固。科举制度之于教师身份建构的最大贡献在于科举与出仕之间建立了直接联系。在阎光才看来，并非因为教师自身，而是因为选官涉及国体，所以历朝历代才越来越重视教师身份。到了明朝后，学官是直接由国家任命的文官，并指出"凡天下郡邑皆有学，学必有官。官之所事，修身以律士，讲学以教人。凡薄书、钱谷、刑名，类皆不得杂。责之专，任之重，视古有加矣"（钱茂伟，2004：39）。也正是有了"官"的身份以及必须经过严格选拔的程序，作为教师的学官由此在政治、道德领域被赋予了空前地位，甚至被摆上了神圣的祭坛（阎光才，2006）。由制度所型构起来的教师特殊的身份地位，逐渐促成一种关于教师身份的民间想象，制度型构开始渐渐向日常生活习俗转换，走向了一种大众"尊师"的民间传统文化建构。然而，有趣的是，在这种日常生活习俗的建构中，教师身份的"实"反而为"虚"。比如"明斯道以淑诸人者，师儒也。故师儒者，位虽卑，禄虽薄，其责任之重，则与君相等"（钱茂伟，2004：39）。这道出了传统社会教师的真实身份，即在道义上虽然高，然而不能凌越君权之上或与主导意识形态相左，在现实生活中则是清贫的且应该"安贫乐道"（阎光才，2006）。

中国传统所谓"师道之尊"的建构与草根意义的民间礼俗间有着密切的关联。教师这种草根意义的日常权威的建构与其在社会中所具有的资源相关。在传统乡土社会中，"识字者"本身是一个极为稀缺的资源。识字的人对于大多数不识字的人而言，本身就是一个权威者。而且，作为乡塾先生的大多数教师还是深谙

"之乎者也"、算得上"有文化、受过教育和知书达礼的人"（翟学伟，2004：127）。此外，在科举制度之下，教师的功能意义与其说是"启蒙"，不如说是他为幼童所启开的哪怕最初的一线仕进希望，这才是更受人关注的。从这个意义上来讲，整个社会对于教师的期待本身就具有功利性的色彩。在这种日常生活礼俗的背后，教师身份虽然表面上是一种文化意义的建构，但其真实建构却与整个制度密切关联，即文化意义的教师身份"显贵"不过是一种幻象，而且这种幻象的光环也仅仅止于社会草根阶层的日常生活。这种幻象的形成不是自发的，而是来自制度和结构的形塑（阎光才，2006）。

概言之，中国自古便具有的尊师重教的传统中，教师的"显赫"身份地位首先是通过制度型构起来的。它依附于政治权力并由政治权力赋予它合法话语诠释者的地位。而且在中国传统社会中，无论是在朝的地位显赫的太子太保还是在乡间清贫的私塾先生，因为他们在政治和文化身份上的同构性，所以都具有精英知识分子的群体特征。实现这样一种整合的机制是选官制度，它促成教师话语权向社会日常生活的渗透，从而形成了民间持久的关于为师者尊的共同想象，并通过仪式、叙事等各种象征来进行历史书写和意义表达（阎光才，2006）。

（2）新中国成立后教师社会地位的变迁

新中国成立之后，教师的社会地位几经沉浮。改革开放以后，国家再次意识到教师对于整个社会发展的重要性。1978年4月，邓小平在《在全国教育工作会议上的讲话》中强调："一个学校能不能为社会主义建设培养合格的人才，培养德智体全面发展、有社会主义觉悟的有文化的劳动者，关键在教师。"[《邓小平文选》（第二卷），1994：108]在党的十一届三中全会召开以后的两年里，国家对"文革"余留的"蔑视知识分子"等思想予以纠正，并通过各种办法宣传尊师重教的重要意义。而1986年的《中华人民共和国义务教育法》把"全社会应当尊重教师"列入了法定程序，进一步让教师的地位、待遇有了体制上的保障，开启了尊师重教的全民化、体制化（于翠翠，2016）。在国家的话语体系中，教师经常被用"园丁""春蚕""蜡烛"等来比喻（陈永明，2010）。与此同时，高考制度的恢复所带来的公平的受教育机会让人们找回了信心，看到向上发展的可能，每个知识青年都期待通过知识来改变自己未来的命运。知识价值的重塑，对教师社会地位的提升有着直接推动作用。在当时的社会背景下，教师作为为数不多的知识拥有者，不但受到了国家的重视，也得到了民间的认同与肯定。在这一阶段中，农村教师更是能够明显地感受到社会地位的提高。因为在城乡二元结构下，大量农村的年轻人只能通过努力考大学进入城市中，获得城市居民粮本进而改变农民身份。这种阶层上流渠道的畅通性和直接性使读书成为极具功用性的身份改变方式；而且，相比于原子化和分散化的农民职业来讲，捆绑在单位工作岗位上的收入稳定性、高额的福利回报以及畅通的身份晋升渠道对农村青年具有强烈的刺激性（李涛、邬志辉，2015）。与此相对应的则是，乡村社会尊师重教的传统得以被认同和提倡，教师队伍也呈现一种激情澎湃的样态（于翠翠，2016）。

然而，就教师身份的演进逻辑而言，它越来越具有职业的世俗化倾向，也呈现教师社会地位下降的趋势，甚至被有的学者称为"身份危机"（阎光才，2006）。这一危机的根源主要在两个方面，一是制度层面，二是文化层面。从制度层面来讲，主要是改革开放以来越来越突出的市场化倾向，或多或少地给教师职业地位带来了一定的冲击。一方面，在"以经济建设为中心"的基本路线的指引下，国家对教育的规划存在明显的经济化倾向，重视教育显性功效，轻视教育的长期性和间接性属性。教育的价值取向呈现功利主义和工具主义的偏差（叶澜，1989）。当社会的一切目光都局限在分数和升学率上时，教师的作用也随之被无限放大，人文价值则被相对忽视：只要能帮学生取得好成绩就是好教师，至于其他方面则可以忽略不计。从这个意义上来讲，教师的价值具有可客观衡量性，其社会地位的评价标准也变得世俗化。具体而言，教师的教育价值与社会地位现在是用学生通过考试所反映出的成绩来体现的（戴，2009）。另一方面，在市场主导的社会中，经济、文化、符号和社会资本都难免带有价值的可交换性特征。教师职业与其他职业一样被纳入劳动力市场的运作之中，因为市场逻辑的介入，教师与其他职业间的边界愈加模糊丧失了其身份的独特性。市场逻辑虽不至于完全颠覆传统意义上教师在社会中的结构性特征，但它却很可能是导致制度性变迁的关键变量。从文化层面来讲，由于全社会教育水平的不断提升，信息时代知识传播和信息获取日益便利，民众文化水平、视野、知识面、信息量等都大幅提升和拓展，教师作为草根阶层日常生活中的知识和文化权威地位开始式微（庞丽娟等，2017）。而且，随着现代媒介的兴起，大众文化也正在取代教师的神圣地位（郑新蓉，1998），"为师者尊"的民间文化认同更是"危机四伏"。特别是近年来出现的个别教师行为失范事件，有关教师"妖魔化"的媒介宣传更是在消解教师的权威形象。当然，这本身也折射了一种在大众文化崛起后大部分权威受到质疑的社会文化语境。除了大众媒介发挥消解作用之外，整个社会文化价值取向的变化更是直接"降解"了教师的社会地位，即在市场经济和现代化运动的过程中，整个社会转型呈现技术主义、经济主义、物质主义的务实取向（陶东风，2008），也更容易发生理想主义式微、终极关怀失却（徐贵权，1998）。在这个阶段，"有钱"成为衡量一个人价值的重要标志，人们总是将艳羡、崇拜的目光投向有钱人、当权者，"学生、家长、管理者和社会都没有把教师当作专业人员来给予他们必要的尊重"（岳欣云，2012）。

（3）当下教师的社会地位

当下教师的社会地位一直处于"尊卑相悖、德福背离、重心失落和关系错位"的二律背反境地（陈永明，2010；徐静、任顺元，2009）。具体而言，用古代中国教师的声望、职业道德规范来衡量和要求现代的教师，尤其不能正视商品经济冲击下教师队伍变化的必然性。部分人一方面既不尊师又不重道，另一方面还苛求教师"谋道不谋食""安贫乐道"（郑新蓉，1998）。比如，2007年《中国青年报》的一项调查表明，91.6%的公众希望全社会最优秀的人当教师（成梅，2007）。但现实是，既无大量优秀学子心甘情愿报考教师教育专业，也无足够数量的优秀教师心甘情愿从事教师教育工作（吴康宁，2009），这根本上是因为教师职业在整个社会结构中的地位不高。李倩和王传美（2018）在对中小学教师职业认同研究进行元分析时，通过梳理33篇有关教师职业认同的文献发现，教师职业认同总体上处于中等水平。

需要指出的是，正如许欣欣（2005）所强调的那样"中国的地区不是一个简单的空间概念，而在相当程度上是一个时间概念"。其在调研中就发现，"中小学教师"、"私立学校教师"和"农村民办学校教师"这三个职业，工作性质相同但声望得分悬殊，这表明地域的差异会导致资源占有的不同，进而影响职业声望评价。这一点在具有城乡差异的教师群体中体现得尤为明显。城乡二元结构造就了"农村教师"与"城市教师"这两种身份的区隔，形成我国教师政策中的二元化地域身份管理模式特征（李伯玲、孙颖，2011）。在这种模式下，城乡教师在工资待遇、接受培训机会以及受社会尊重程度方面都呈现较大差异，这也影响了农村中小学教师的职业认同。结果便是，农村教师存在引不来、留不住等严重问题。一项针对全国9省18县的调查表明，农村青年教师大部分来自原籍，父辈职业普遍为体力劳动者，多数毕业于层级较低的师范院校，这根本上是市场筛选机制与农村青年教师职业决策模式双重作用的结果（张源源、邬志辉，2015）。然而，很多人在进入农村学校之后并不是长期坚守，而是呈现持续单向流动的样态（何孔潮、杨晓萍，2015），甚至有研究者形象地描绘了当前农村教育的困境——乡村教师"不是在逃离，就是在逃离的路上"（谢丽丽，2016）。

2. 学校管理及社会互动的制约性

当然，宏观层面的教育制度和文化期待必然会作用于中观层面的学校管理体制，进而对作为学校成员的教师产生影响。在以升学率为主要考核指标的时代背景下，分数不仅是学生的"命根"，还是教师和校长的"命根"（邓红、高晓明，2010）。进而，围绕升学目标，学校会形成一整套规训教师的制度。在现行的学校管理体制下，中小学教师的状态可以概括为"收入不高、压力不小、责任重大"（陈鹏、李以，2016）。其中，学校管理制度与要求也是教师压力的重要来源（吕健伟、陈旭远，2018）。这是因为，在目前的学校管理体制中，教师不仅要承担较重的教学工作量，还要承担学生管理、应对各种检查、参加会议、撰写总结与计划等额外工作（丁钢，2010：89）。王建国等（2016）通过对河北省部分地区中小学教师样本的调查发现，"教改和学校管理"成为教师重要的压力源。马文静（2013）通过对安康市四所中学高中教师的问卷调查也得出了相似的结论。当然，学校管理方面的压力在担任班主任的教师身上体现得更加明显。赵钱森等（2018）通过对一个班主任日常生活的研究，生动揭示了学校的制度安排如何规训班主任的行动策略，包括仪式参与、空间分割、时间切割等。一项以 CEPS 数据为基础的研究发现，初中班主任在成绩与升学、家长各种要求、学校行政工作等方面的压力较大，相比普通教师，初中班主任的工作压力并非来自学科教学，更多的是来自班主任岗位附加的日常管理（丁百仁、王毅杰，2018），包括处理学生问题与家校沟通等（巨晓山，2018）。概括而言，在学校方面，缺乏人性化、支持性的管理方式对于教师的职业认同也有较大的影响。这种高度整合的学校制度使得教师失去按照意愿行事的能力，而且多重的管理和压抑使得教师身心俱疲，教师更多选择采取"情景退却"的方式逃离制度场域（赵钱森等，2018；杜亮、刘奇，2018）。

除了学校层面的管理之外，社会交往也是影响教师身份认同的重要因素。正如前文所述，认同包括自我认同和社会认同。在谈及身份认同的社会性时，我们更多地强调社会中其他人对教师群体的认知。当然，对社会认同的感知在很大程度上体现在与他人交往方面。在与他人交往方面，教师往往能够深刻地体会到陈永明（2010）所概括的"尊卑相悖、德福背离、重心失落和关系错位"的二律背反。诸多研究都指出教师职业压力中最大的来源在于社会要求过高（王建国等，2016；杜亮、刘奇，2018；王丽娟，2014）。然而，在高要求的状态下，教师在日常工作和生活中并没有感受到与之匹配的尊重。特别是农村教师的感受更加深刻，比如在婚姻市场上的劣势（李升、方卓，2018），在日常生活中被轻视（谢丽丽，2016），以至于许多教师出现"自己都看不起自己"、在外从不透露自己教师身份等行为（叶菊艳，2014a，2014b，2015）。

3. "情感型"人格与职业倦怠

在探讨身份认同的时候，还需要关注个体因素。哈格里夫斯（1998a）首先指出，教育专业（teaching profession）是需要高度情感管理的工作之一。

在情感管理的思路下，一部分研究者从个体特质的视角出发，分析了当下教师激情缺乏的原因。比如，有研究者把心理资本作为教师工作满意或职业倦怠感的核心来源，因此要将提高个体的心理资本作为基本手段（夏扉，2017；汪明等，2015）。吕健伟和陈旭远（2018）则指出教师需要具有"情感型"人格，但它在教育制度化、规章化的理性管理中难以被培育。所以，在对于教师的培养方面，应该在高校学前教师教育的第一个关口，选拔一批因为真正喜爱孩子、热爱教师职业而自愿选择学前教育专业的，具备一定专业课程学习和教师职业潜能的学生（王平，2017）。

还有研究者从职业发展过程的视角来分析教师教育激情缺乏的原因。休伯曼等研究指出：教师在入职期（从教1~3年）和稳定期（从教4~6年）这两个阶段的课堂教学总是充满激情的。但进入实验期和歧变期（从教7~25年），受制于学校特有的文化氛围、班级的课堂气氛、教学物质环境的设计、年龄的增长、教师专业地位的认可度等因素，教师短暂或持久性地体验到课堂教学的枯燥乏味，对自己的职业会产生倦怠感，对延续教师生涯产生动摇，于是开始对目前从事的教师工作进行新的评估，由此教师的教育激情由高涨开始渐渐回落，课堂教学充满知识和技能但渐渐缺乏激情（林曦云，2015）。在此意义上，教育激情的消退与职业倦怠感是职业经历中的一个阶段，主要发生在从教时间较长的中老年教师身上。因此，需要通过各种方式重新点燃中老年教师的激情（王鹏，2010）。

四 文献评述

在文献回顾部分，笔者分别从概念辨析、教师情感和教师教育激情三个方面展开。总体而言，目前中外的教育研究者已经对教师的教育情感问题展开了大量细致的探讨。在研究教师情感方面，主要沿着心理学和社会学的分析路径展开，主题涉及教师情感的作用、情感倦怠、情感治理、情感教育、情感劳动等。而不足是对于教师教育激情的探讨较少。在有限的研究中，研究者多从心理学的视角，探析教师教育激情的后果，尤其是教师个体的心理后果，如主观幸福感、倦怠感以及职业退却等；部分研究者探讨了教育激情的意义，包括教育目标的实现和专业技能的提升等；部分研究者则从更加宏观的层面探讨了教师的社会地位与身份认同的问题。这对笔者的后续研究有重要的启发性意义。但是，目前有关教育激情的研究，还存在一定的不足之处，主要包括以下四个方面。

其一，对激情本质认知的视角局限。具体而言，目前有关教师教育激情的研究，受到心理学研究方式的影响较大。很多研究者将激情视为个人的情感特质和心理资本，如情感智力，探讨了个人的情感特质对情感倦怠等方面的影响。部分研究者将教师教育激情缺乏等同于职业倦怠，认为其是职业经历中的一个阶段。心理学的研究者将情感化约为个体层面的、可以培养的一种能力，继而呼唤教师应该对教育抱有激情，社会应对教师的社会情感胜任力进行培养。这种分析视角的缺点在于未能关注教师个体的社会结构处境，进而遭遇的现实困难就是："为什么教师的教育激情会发生变化？"以及"他们的教育激情是如何发生变化的？"事实上，个人的情感不仅受个人情感特质影响，还在很大程度上受到社会文化结构和互动情境这两个超越个体内在特征的社会现实的影响。教师教育激情背后，还有社会结构的因素。所以，分析教育激情的变迁问题，必须超出心理学的范式。

同样，目前诸多从社会学视角来探析教师情感的研究中，受到社会建构论和后结构主义思潮的影响，将学校情境中的权力、话语、互动等社会性要素带入分析中，这使研究者对教师的教育激情问题有了更深一步的理解。然而，现有对教师情感的研究并未从更为宏观的角度来探析影响教师情感的限制性结构。教育场域作为一个相对具体的场域，本身受到更大的场域的影响。整个社会价值观念和社会结构的力量必然会渗透到教育场域之中，进而作用于教师的教育激情和教育行为。所以，对教师教育激情的研究，需要纳入更宏大的视野来探讨。

其二，对于教师教育激情的影响机制缺乏综合性的实证探讨。当前大多数研究聚焦于教师"应该怎样"的应然层面探讨。有关教师生存处境的研究则主要聚焦于教师地位、教师流动等问题，对教师教育激情的现实及特征缺少深入探讨。尽管教师社会地位的变迁是教师教育激情嬗变的根源之一，但宏观层面的、整体性的社会地位变迁如何作用于微观个体的教育激情，进而影响其情感劳动实践的具体机制并未得到更多揭示。

其三，教师教育激情对其教育教学行为和后果的作用机制探讨不足。教师教育激情对自身发展、学生成长和学校教育质量的影响是通过其情感劳动实践过程而发挥作用的。教育激情既是驱动其进行情感劳动的动机性力量，还对其情感劳动具有定向作用。因此，需要对教育激情的作用机制进行深入研究，理解教师教育激情的效应及作用。

其四，在有关教师情感的研究中，普通县城中学的教师往往成为被忽视的对象。有关教育的研究，主要聚焦于教育体制的总体性探讨，或者站在学生的视角来分析学校管理中存在的问题等。而作为维系教育健康发展的另一方——教师——却被有意或无意地忽略了。部分探讨教师教育激情的文献中，从研究对象的选择上，也聚焦于处于弱势地位的农村或乡镇中小学教师，或部分探讨城市（不包括县城）学校中的教师，对普通县城学校的教师关注不足。在教育城镇化的时代背景下，县城中学教师的教育激情尤为值得关注，这对推动县城教育质量发展具有重要意义。

因此，本书聚焦于普通县城中学的教师，以教育激情为切入点，探析社会文化结构和互动情境对教师教育激情的影响机制，以及教育激情对教师情感劳动实践和后果的作用机制，以期能有效回答现有研究中未能解决的教师教育激情"为何变化"、"怎么变化"以及"后果如何"等问题，具有较为重要的学理意义。

第四节 分析框架构建

现有研究在理解教师教育激情问题上的不足，要求研究者要采用一个全新的框架来分析宏观社会结构和文化观念、微观的互动情境如何作用于教师的情感感受与行为。正如笔者在开篇时所指出的，按照柯林斯的定义，笔者在上一部分所界定的教育激情在某种程度上就是一种情感能量。不管是个体还是群体层面，就本质而言，充满激情就是一种情感能量高的状态，而缺乏激情则是一种情感能量低的状态。这两个概念内在性质的相似性，启发笔者以情感能量概念为基础，构建一个全新的分析框架。分析框架建构的基本思路是，首先介绍情感能量这一概念，并指出目前的问题，以此为基础，笔者对情感能量概念的内涵进行扩充，继而将其变成一个充满社会学想象力的概念，以启发笔者的后续研究。

一 情感能量

情感能量这一概念由社会学家兰德尔·柯林斯（Randall Collins）于1990年提出。这一概念提出的前置背景是将情感视为一种动机力量，认为情感不仅使人们的主观体验有序，而且赋予人们以力量、指导行动的方向（特纳、斯戴兹，2007：8）。它嵌于柯林斯的互动仪式链理论中，被视为互动仪式得以发生的重要因素。所以，在评述情感能量相关问题时，需要从其互动仪式链理论谈起。

（一）互动仪式链理论的来源与基本思想

柯林斯提出互动仪式（Interaction Ritual，IR）链理论，并试图以此将微观社会学和宏观社会学连接起来。他认为，社会学应该研究从微观到宏观的一切现象，但微观现象是基础，宏观过程是由微观现象构成的。而在微观过程中，互动仪式是人们最基本的活动，即小范围的、即时即地发生的面对面互动，是行动的场景和社会行动者的基点，也是一切社会学研究的基点（柯林斯，2012：20）。因此，柯林斯的互动仪式链理论便是基于如上考虑而发展出来的。

柯林斯的理论形成受到涂尔干有关宗教仪式和戈夫曼有关互动仪式理论的影响。他在吸收涂尔干有关宗教仪式形成的要素、过程和结果的模型思想和戈夫曼的互动仪式模型思想，并指出其不足的基础上，提出了自己的互动仪式模型，并赋予其更高的理论目标，即能够"去解释任何个体随时将做什么；他或她将会有什么样的感受、想法和说法"（柯林斯，2012：75）。

互动仪式的模型由两个范畴构成，第一个范畴被称为"仪式成分"（ritual ingredients），也可叫作要素，包括边界、局外人、关注焦点和共享情感、共同行动、常规仪式和暂时情绪。柯林斯认为所有的要素通过集体兴奋这个中介因素与结果相联系。结果包括四个方面，即群体团结、个人情感能量、社会关系符号和增强的道德感（柯林斯，2012：79~81）。互动仪式的核心机制是相互关注和情感连带——通过身体的协调一致、相互激起/唤起参加者的神经系统——结合在一起，从而形成了与认知符号相关联的成员身份感；同时也给每个参加者带来了情感能量，使他们感到有信心、热情和愿望去做出他们认为道德上容许的事情（林聚任，2012）。

前文描述的仅仅是一个具体的仪式。但是，正如前文所讲，柯林斯的理论目标是要用互动仪式去"解释任何个体随时将做什么，他或她将会有什么样的感受、想法和说法"（柯林斯，2012：75）。为此，他由单个的活动仪式扩展为互动仪式链（interaction ritual chains）理论。为了实现这一目标，他首先指出，微观社会学解释的核心不是个体而是情境（柯林斯，2012：20），IR 便是关于情境的理论。社会行动者或人类个体，在时空中是几乎持续不断的、瞬间流动的，而 IR 正是关于那些具有情感和意识的人类群体中瞬间际遇的理论,情感和意识通过以前的际遇链而传递。因此,他指出,"个体就是互动仪式链。个体是以往互动情境的积淀,又是每一新情境的组成成分,是一种成分,而不是决定要素,因为情境是一种自然形成的产物。情境不仅仅是个体加入进来的结果,亦不仅仅是个体的组合"(柯林斯,2012:20)。

那么,互动仪式何以能成为微观社会学的核心?对于这一问题,需要从两个维度来探讨。一是互动仪式何以成为解释个人行动的主要维度?二是作为微观的互动仪式如何连接宏观?对于第一个维度,柯林斯首先借鉴麦克莱伦德(McClelland,1985)的说法,指出人们愿意参加高度活动仪式的原因在于"人类最强烈的快乐来源于全身心投入同步进行的社会互动中"(柯林斯,2012:103)。通过互动仪式,个体得以形成最为重要的成员身份符号和情感能量,这二者既是投入一个新的互动仪式的重要的资源,也是个体在互动仪式中所追求的核心要素。

何谓情感能量(Emotional Energy,EE)?柯林斯在《互动仪式链》这一本书中多次提及,也多次从不同层面对其进行了阐释。从外在表现而言,它不是情境的短期中断,而是一段时间内持续的、稳定的情感(柯林斯,2012:193);而且,它是一个连续系统,从高端的自信、热情、自我感觉良好,到中间平淡的常态,再到末端的消沉、缺乏主动性和消极的自我感觉(柯林斯,2012:159)。从其作用而言,它类似于涂尔干所称的"道德情操",界定了正确与错误感、道德与不道德感(柯林斯,2012:160)。此外,它还赋予了个体积极行动和解决问题、确立社会情境方向的能力,而且它是一种允许个体独处时能够自我指引的情感(柯林斯,2012:193)。从发生过程来讲,它是情感连带达到高度集中的互动仪式链的长期结果,是个体离开情景后所产生的结果(柯林斯,2012:193)。但是,到底什么是情感能量,其基本内涵是什么,柯林斯并没有给予明确的界定。

为什么符号如此重要?对于这一问题的回答,也可以是对如下两个问题的回答,即情感能量的载体为何?由什么传递?柯林斯首先指出,情感能量是由充满了情感性情境的符号所传递的,它跨越了不同的情境（柯林斯，2012：158）。而且，情感能量具有认知的成分，它是一种支配特定类型的情境或展现特定群体成员身份的期望。这一认知成分是指符号（特殊的记忆以及一般化的观点或标志）具有依附于情感能量的特性，因为个体在运用这些符号展现社会关系时，符号唤起了较高或较低的主动性（柯林斯，2012：173~174）。这就关涉到互动仪式与符号的关系问题。简而言之，仪式产生符号，仪式中的体验就是在人们头脑和记忆中反复灌输这些符号。所以柯林斯才说，"互动仪式不仅涉及情感和情境行为，还涉及认知问题"（柯林斯，2012：74）。这一机制在于，互动仪式中最富激情的瞬间作为个体生活的高峰，让个体刻骨铭心，并赋予个体以生命意义。可以说，这些具有高度的专注意识和共享情感的个人体验也可具化为个人符号去塑造个人（柯林斯，2012：73）。所以，仪式赋予符号对象以意义性，或者重新赋予这类对象以全新的表示尊崇的思想情感（柯林斯，2012：66）。在此意义上，柯林斯指出，"在我们的一生中，我们不断地通过互动体验而被社会化。但这不是用单向的和类同的方式，正是强烈的互动仪式产生了最强有力的情感能量和最生动的符号，而且这些东西被内化了"（柯林斯，2012：75）。

对于作为微观的互动仪式如何连接宏观这一问题，柯林斯首先坚定地认为，人类社会的全部历史都是由情境所构成的。宏观现象可以看作由一层层微观情境构成的，微观情境的相互关联形成了宏观模式。因此，整个社会都可以被看作一个长的互动仪式链（林聚任，2012）。

（二）互动仪式链理论（在应用中）的缺陷

尽管柯林斯在很早便提出了互动仪式链理论，并坚称其是能够连接微观社会学和宏观社会学的重要理论。但遗憾的是，正如特纳和斯戴兹（2007：69）在评述时指出的，"柯林斯的理论并没有得到系统的检验，柯林斯根据研究数据举例说明了他的理论，这些研究通常是为了完全不同的目的所设计的"。之所以如此，是因为柯林斯的互动仪式链理论作为一个统筹性的理论框架，其对于社会现实的解释具有一定的不适合性。

具体来说，目前国内外有一些应用柯林斯互动仪式链理论进行的实证研究，如国外有关艺术品拍卖市场（Herrero，2010）、厌食症群体网络（Maloney，2013）的研究，国内有关移动社交媒体（霍然、吴翠丽，2017；谷学强，2018）、网络粉丝（黄莹、王茂林，2017；舒培钰，2018）、旅游体验（谢彦君、徐英，2016）、藏族"赔命价"（熊征，2012）、戒毒工作（王杰、洪佩，2018）和有效的课堂教学（王明，2013；蒋文宁等，2022）与师生冲突（陈元龙，2022）等的研究。尽管这些研究在一定程度上扩展了柯林斯的互动仪式链理论，比如将面对面的互动扩展到网络互动、从充满权力元素的社会仪式扩展到权力缺位甚至权力颠覆情境中的生产互动仪式。但是，细细读来，这都是在分析一种特定类型的、内部充满高度团结的群体的互动何以可能的问题①。事实上，如果将互动情境作为研究的基点来解释诸多微观社会学问题的话，除产生高度情感兴奋的互动仪式之外，还有很多不成功的、充满强迫性的仪式。此种消耗情感能量（而非产生情感能量）的互动仪式何以产生和持续存在？遗憾的是，目前基本上没有应用该理论来解释类似互动情境的实证研究。可能的原因在于，这一理论缺乏对此类互动情境的解释力。因此，特纳和斯戴兹（2007：71）在评述柯林斯的互动仪式链理论的最后，不无遗憾地感慨道："如果柯林斯的理论也能够解释组织较低的群体团结或充满敌意的内部关系，那么，这个理论的解释力度将大大增强。"

在上文中也说道，柯林斯将互动情境作为微观社会学的基础，并认为个体互动构成互动仪式链，以及人类的整个历史都是由互动情境构成的。由此来看，就个体而言，其整个生命历程就是个体在各种遭遇情境（encounter situations）中与他人互动的链条，个体的互动是连续性的，而非断裂性的。因此，不管是工作生产、社会还是庆祝，都属于广义的互动情境，是仪式可能产生之地。

---

① 陈元龙（2022）的研究则从反面论证了内部高度团结的互动的重要性，因为在他看来，师生在互动之中未能实现节奏同步和情感连带才是师生冲突的根源。

柯林斯将仪式类型划分为正式仪式和自然仪式两种，正是从仪式的广义概念出发的。所谓"正式仪式"，是指通过普遍认可的典礼程序开展的活动，类似于狭义上仪式；而自然仪式则是指在没有正式的、定型化程序的情况下建立起的相互关注和情感连带（柯林斯，2012：82）。

然而，后续研究者则出现了一种将互动仪式狭义化理解的倾向，并在实际应用中将个体生命进行了二元划分，形成了仪式部分和非仪式部分。比如，谢彦君和徐英（2016）在将互动仪式链理论用来解释旅游情境时，则区分为日常生活和神圣游程两个相对立的阶段。而且，一个更加显著的特点在于，前述列举的相关研究，均只将互动仪式链理论应用于交往（抑或社会）和休闲（抑或庆典），而未能将其有效应用于工作领域。

除此之外，柯林斯的互动仪式链理论中还有三个没有呈现清楚的问题。第一，作为互动仪式重要的资源和结果之一的情感能量的性质是什么？前文已述，柯林斯从外在表现、作用和发生过程等维度刻画了情感能量，但却没有对其内核进行刻画。因此，对"为什么不同的群体所追求的情感能量不同"这样的问题则很难有令人信服的回答。事实上，尽管柯林斯认识到情感在个人行动中的重要意义，因而创造"情感能量"一词来强调情感的重要性，但是其同时也创造了"符号"这一概念。在他看来，情感能量和符号是成功的互动仪式的重要产物，也是个体参与下一次互动仪式的重要因素。然而，这两个概念的并列，事实上就是剥离了情感的意义维度，而将其化约为一种情绪反应。因此，尽管柯林斯在其书中多次尝试界定情感能量，但到底什么是情感能量，其并不能很好地解释。之所以如此，正如成伯清（2017）指出的，"社会学中的实证主义倾向导致了对情感的意义维度的忽视，经常将富有社会意义的情感化约为主要基于生理反应的情绪"。

第二，当柯林斯在谈论互动仪式市场的时候，首先指出"情感能量是个体用以在可选择的互动仪式中做出决策的共同标准"（柯林斯，2012：224），将对互动仪式市场的讨论限定在了"可选择"的范围内。事实上，在个体的人生际遇中，还有许多互动是

"不可选择"的。在这一限定下,"不成功(抑或非期望性)的仪式互动何以持续"这一问题难以得到有效回答。当然,柯林斯也注意到权力和地位的影响,因此专门探讨了分层的互动仪式问题。但是,如果以个体的角度视之,当互动仪式发生时,个体处于什么样的位置、具有什么样的权力或地位,是外在于(或先赋于)某一具体微观情境的。换言之,个体带入某一具体互动情境的权力和地位是在过往情境中产生的,或者说是其他结构性力量赋予的。事实上,这一力量也可能强迫个体参与一些预期不成功的互动仪式。

第三,在柯林斯的互动仪式链理论中,其核心概念是情感能量。他认为,个人的情感能量是在互动仪式中产生的。但是,我们还需要考虑的是情感能量是否还有其他的产生途径呢?换言之,在没有与他人互动的情境中,是否能够产生情感能量?从经验事实而言,当个体单独做一件有意义的事情的时候,他同样会调动全身心的能量和全部的关注于其中,而这一件事情的顺利完成也同样增加了个人的情感能量。由此来看,是否能够突破仅由互动仪式产生情感能量这一路径框架?

(三)情感能量概念的内涵扩展

以上这些问题的浮现,让我们必须重新审视情感能量这一概念,这就要求我们首先回到"情感"这一概念。正如这一部分开头所言,情感可以被视为一种动机力量,它是各种行为产生的根源(斯密,2013)。当然,这种说法其实是落到了情感的个人性层次(即个人的,而非结构的或人际的)。事实上,柯林斯在提出"情感能量"这一概念来解释人们互动行为的内驱力时,就指出其地位近似于弗洛伊德精神分析理论中的"力比多"。在情感的个人层次上,史华罗(2009)对于情感的界定算是较为详细而精准的。他指出,"情感乃是带有目的性的现象,因此它可以表现为包括信仰、判断、理性和思想的认知状态,每种情感都表达了对于主体有特殊意义的内驱力、本质、需要、动机、目标或期望"(史华罗,2009:264)。

由此来看，一方面，我们需要对柯林斯情感能量这一概念的内涵进行扩展，这就要将"意义"和"价值"的维度带回来。这是因为，情感和意义是天然联系在一起的，是密不可分的。"情感的形成、命名与表达，都依附于意义体系，但同时，情感也赋予生活以意义。"（成伯清，2016）具体而言，"感情的产生实际上是基于对外部刺激的评价。这种评价机制犹如一种过滤器，不仅将各种刺激分门别类，还赋予不同的主观价值。因此，情感不是社会环境刺激的直接后果，而是社会环境刺激与主观解释图式交互作用的产物"（成伯清，1999：151）。所以，在谈论情感能量的时候，不可避免地要将价值和意义的维度纳入其中。事实上，柯林斯自己在界定"情感能量"时，也隐约地谈及了其意义和价值的成分。比如，他认为情感能量具有道德判断和行动定向的作用，而这些作用都绝非作为生物冲动的情绪所能承担的，而必然是附着了何谓道德与不道德的价值观念以及人生意义的稳定性情感（而非短暂的情绪）才能担负的责任。

另一方面，当将"意义"和"价值"维度纳入"情感能量"这一概念时，也就相应地扩展了情感能量这一概念的属性。换言之，当柯林斯将情感能量类比为"力比多"时，实际上是将情感能量这一概念落在了个体层面，将其视为个人内在的东西。而情感中的意义和价值成分，绝非个体内生的，而是在个体社会化过程中所习得并内化之物。所以，个体的情感能量必然与其所处的社会结构性处境、社会文化价值体系相关（成伯清，2016）。随着社会主导性社会文化价值体系的变迁，相应地，身处其中的个体的情感和意义体系也会发生变化。可见，情感能量具有社会性。

从其所具有的社会性来看，我们对于情感能量的理解也可以超越个体的层面。事实上，情感能量具有群体性。从经验现实而言，当下中国青年的佛系（宋德孝，2018；孙向晨，2018）、日本呈现的低欲望社会（大前研一，2018）、下流社会（三浦展，2018）等都表现出对于生活缺乏热情、找不到奋斗的意义，以上都是低情感能量的群体性体现。当然，这种低情感能量状态本身也折射出一种相对消极的社会心态，更是一种现代社会的消极后果，其产生与群体所共同面对的结构性处境密切相关。除了当下社会结构对于群体情感能量的负面影响之外，我们还可以观察到不同社会阶层群体情感能量的差异。比如，社会阶层高的群体更能持有享受、快乐、受尊重等高情感能量，而社会阶层低的则往往持有如悲观等低情感能量。这种情感能量的分层，其根源就在于不同阶层所占有资源的差异和所处的社会结构的差异。在此意义上，可以毫无疑义地说，情感能量是嵌入社会结构和社会文化价值体系之中的。当然，正如柯林斯（2012：167）所探讨的，在人际互动中，存在权力和地位的分层。当权力仪式与地位仪式不相符时，不同的互动主体会发生情感能量的变化。在此意义上，可以发现情感能量同样是嵌入人际互动之中的。概言之，情感能量是嵌入人际互动的、个人内在的和社会文化的，是诸多层面要素在个人身上产生的一种效应。正如著名情感社会学家乔纳森·特纳（2009：2）在探索"什么样的社会文化条件将唤醒什么样的情感"时指出的，社会现实在人际互动的微观水平、社团和范畴单元的中观水平以及国家与体制域的宏观水平上展开，同时他认为这三个水平的社会结构相互嵌套，嵌套与被嵌套的结构之间相互影响，并作用于个体的情感能量。

通过对以上分析进行总结，笔者认为，对于"情感能量"这一概念的理解，应该从两个方面来超越柯林斯的原初界定：一是将意义的维度纳入情感能量的概念中；二是扩展情感能量这一概念的属性，它包含宏观社会文化结构、中观组织因素、微观人际互动和个人内在不同层面的要素，是各种要素作用于个体的一种结果。以此，方能走出个体化、生物学化的理解，进而扩充情感能量这一概念的社会学想象力。

二 情感体制

当研究嵌入社会文化结构和人际互动中的情感能量时，必然关注到宏观结构和微观结构对情感能量的影响机制，这是凸显情感能量社会性的重要维度。正如赞比拉斯（2003）在研究教师情感体验时强调的两个显著特征：第一，它是文化、社会和政治关系的产物；第二，它是他人的角色期待，包括个人应该如何做和感受，以及这些如何影响个人的情感。社会的、政治的和文化的情感规定是宏观层面的、期待性的规定；个体之间互动的发生所遵循的情感规定是微观层面的，它对于个体的情感可能具有更加明确的和更大强度的作用。这种宏观、微观层面的情感期待或情感规定，展示了情感能量背后的规制性，而这种规制性主要表现为情感体制。所以，理解情感能量，不可避免地要代入情感体制这一框架。

"情感体制"这一概念由情感研究先锋、美国历史学家威廉·雷迪（William Reddy）在2001年出版的《情感研究指南：情感史的框架》（*The Navigation of Feeling: A Framework for the History of Emotions*）一书中提出，并受到许多研究者的关注。在雷迪看来，尽管情感因为拥有生物学基础而是普遍的，但与此同时，情感具有文化的可变性，这意味着不同群体所偏好的情感是不同的，它们以各种各样的方式来表达情感。情感可以被视为"过度学习而得的习惯"（Isen & Diamond，1989），因而具有可塑性和适应性。情感表达是无意识的，在很大程度上也是无知觉的。通过过度学习，它们依赖于社会互动，这就解释了在历时性变迁与文化差异中，情感是个人表达而由公共评论的。雷迪强调，情感表达是由社会互动所铸造的，而不是由个体所主动地、赶时髦地来塑造的。特定情感的可接受性、期望性和实践性由情感体制所规制。情感体制是用来评估和指导哪些情感具有社会价值，以及这些情感如何能够或应该被恰当地实践（Reddy，2001）。所谓"情感体制"，在雷迪的定义中指"一套规范的情感以及表达和灌输他们的正规仪式、实践和述情话语，是任何稳定的整体必不可少的支撑"（Reddy，2001：61）。具体而言，雷迪认为一个情感体制由三个方面构成：一是有一套连贯的、群体共享的情感目标去追求（可取的情感和可取的目标的指定）；二是有关于如何获得身心控制的一系列说明（指向行为准则的策略）；三是有关于特定目标和情感控制对个人和群体的意义的一整套理想（概述情感的意义的策略）（Reddy，2001：61）。雷迪将情感体制与特定政体相联系，强调了其政治意义，故而采用"体制"这一政治意味浓厚的概念。他指出，"情感控制实为权力行使所在：政治不过是一个决定的过程，即决定身处特定场合和关系中的人，对于涌上心头的感受和欲望，何者必须视之为僭越的而予以抑制，何者又该视之为珍贵的而予以彰显"（Reddy，2001；成伯清，2017）。

在雷迪看来，不同情感体制之间的差异可能会非常大，但所有的情感体制都致力于在个体和他们所属的群体之间建立稳定关系。在构想的层面上，情感体制根植于共同的原因和目标之上。通过加强自我同一性和建立行为准则，情感体制能强化社会身份，并使得个体归属某一特殊群体成员的身份也变得可辨识。当然，这一体制能指导个体走向个人的满足，因此加强了个体的一致性。尤其值得注意的是，雷迪这一概念还阐释了渐进的历史变迁。在雷迪看来，情感体制不应该被认为是个体感受和思想的决定性因素，而只是一个行动指南。个体可能会也可能不会遵守这一指南。这些指南对新的或可选择的惯例、说明和理想型而言，是开放的。在此意义上，由于情感体制具有适应性和变迁性，表达、评估或解释情感的新方式变得可能。因此，情感管理的不同模式出现了，而且在关闭一些情感的时候，也为情感自由开放了新的形式和机会（Reddy，2001：129）。故而，每个情感体制都具有动态稳定性的特质（Jantzen et al.，2012）。

需要注意的是，雷迪"情感体制"的概念并非与福柯的"权力/知识体制"完全一致。两者都强调了社会关系结构在形塑个人感受、思想和意愿时所扮演的规范性角色。不同于福柯的是，雷迪强调了根植于任何情感体制之中的两个普遍性特征。第一，所有的群体都视情感为重要的效力域；第二，在个体追求情感学习的最佳策略和情感均衡的适当位置时，所有群体都提供指导或意见（Reddy，2001：55；Jantzen et al.，2012）。

在雷迪对于情感体制的分析的基础上，后续研究者进行了诸多创新性的应用。一部分研究者从相对具体的层面探析了情感体制及其变迁。比如，詹特伦（Jantzen）等（2012）借鉴雷迪的情感体制概念来强调现代市场中的结构变迁与感知和践行享乐性行为的现代方式之间的辩证关系，以及在体验消费中情感的重要地位。在研究中，他们重点分析了在体验这一情感体制的发展中，如何将对快乐的追求转变成生活中合法性存在的目标的过程；温特伦（Wettergren，2009）对"快乐情感、文化干扰以及资本主义晚期的情感体制"进行了探讨；艾克尔斯（Eccles，2012）探析了宗教性变迁中的情感角色；施瑞婷（2018）以一个中国教育栏目为切入口，分析了近50年来体现在情感社会化过程中的情感体制变迁。部分研究者将情感体制这一概念应用于更加具体的情境之中。比如，弗拉姆（Flam，2013）以追求真实、公正和调解的国际人权运动为例，分析了导致几种核心制度的权力结构、价值、事件和动员，其将分析重点放在了伴随这些制度出现的情感体制，包括什么样的感受规则被提出与实践的问题上。赞比拉斯（2017）则聚焦于学校这样的具体场景，分析了对于他人弱点的忽视如何唤醒和塑造特定的情感体制问题，并指出，只有对忽视这一情感体制的生产与再生产做出系统性的分析，才能让教育者意识到问题，并将其作为对学校中忽视体制的伦理回应和政治抵抗的教育学资源；其在另一篇论文中，则聚焦于能够在历史教育中被唤醒、塑造和应用的情感体制问题，以分析历史教育中情感调和的过程，以及产生于调和制度化过程中的情感体制（Zembylas，2016）。费尔特（Felt，2014）则创新性地通过汇编《世说新语》一书中涉及情感表达的各种逸闻趣事来展示一个特定情感体制的基本原则，指出在一个等级体系中，不同情感表达的变化体现为情感分离（emotional detachment）和情感自然（emotional naturalness）的平衡。陈晨（2019）更是直接将情感体制这一理论框架用于分析工读学校的情感教育问题，并认为教育活动本质上就是一种情感体制。

从这些研究可以看出，研究者在不同的领域、从不同的角度创造性地使用了"情感体制"这一概念。其中，值得注意的是，这些研究还是聚焦于特定的社会群体或领域的。而且，一些研究者在研究具体领域中的情感体制的时候（如上文提及的温特伦、弗拉姆和费尔特等的研究），其用法类似于甚至可以说等同于霍克希尔德的感受规则（feeling rule）。成伯清（2017）在对雷迪的"情感体制"这一概念进行创新以达到连接宏观社会结构背景之时，也首先指出霍克希尔德的"感受规则"这一概念最接近自身的设想。所谓"感受规则"，是指个体在社会化过程中习得的规范，用以指导个体如何体验、解释和管理自己的情感，包括在特定情境中应该感受到何种情感并以恰当的方式表达出来（Hochschild，1979；成伯清，2017）。与此相连的则是展示规则（display rule），指的是个体在一定情境中应该在什么时候和如何表达情感的规则（Hochschild，1979，1983）。这两个概念表明，个人的情感体验受到情感文化的约束。这种情感文化构成了一系列人们在不同类型的情境中应该如何体验的复杂观念（Hochschild，1979；特纳、斯戴兹，2007：30），当然，这种情感文化对个体的规制并不是明确的，也不是具体的。除此之外，作为组织的要求，首先，以明确的、制度性的方式强加于个人，并以之作为评价个人工作是否做好的重要标准；其次，也以非明确的、期待性的方式对个体做出要求（Brotheridge & Grandey，2002）；最后，微观层面上的情景结构，即个体在具体遭遇情境中所处的权力和地位的位置，也同样是外在于参与某一具体互动仪式的个体并对其互动参与度产生影响的。

霍克希尔德的感受规则强调的是在具体情境中探讨互动问题和情感问题，而对于宏观社会结构背景关注不足。结果便是，不能将"个体的情感故事与时代的宏大叙事有机地联系起来"（成伯清，2017）。对于情感研究而言，不能局限于互动性和情境性的分析，而是需要"跳出局部，从相对较高的也是更为根本的层面，从整体上来理解和把握特定时代的情感实践和话语"（成伯清，2017）。只有在关注宏观社会结构的基础上，才能够有效地实现微观与宏观的连接，并提出对于我们这个社会如何运转的洞见；从理论发展的意义而言，才可能形成一般性的社会学理论。故而，尽管霍克希尔德的感受规则概念是探讨个体情感与一般社会结构关系的重要分析框架，但是它也存在不足，"一方面，凡事皆有规则，在特定时代背景下，通过具体的感受规则无法说明共通性情感体验受制于何种规则体系；另一方面，规则必因情境而变，仅凭感受规则不能揭示特定时代共通性情感体验源于何种结构性背景"（成伯清，2017）。在此基础上，为了对整体性的情感现象做出时代性的诊断，成伯清对雷迪"情感体制"这一概念进行了剖析与改造，将其当作一般性的社会学概念来使用。在其界定中，"情感体制是指一定时期在一定社会领域中围绕一套规范情感及其表达而展开的话语和实践"。这一概念打破了感受规则因具体情境而变化的局限，相比之下意蕴更丰富、涉及面更广、概括性更高，更适合将个人的情感体验与宏大的社会结构联系起来。同时，这一概念还强调人际交往和互动情境之外的社会性安排，这种安排或明显规定，或潜在期待地渗透在社会生活的核心领域（成伯清，2017）。而当代社会生活的三个核心领域，即工作、消费和交往，它们有不同的运行原则，其分别对应三种不同类别的情感体制，即工作领域中的整饰体制、消费领域的体验体制以及交往领域的表演体制（成伯清，2017）。

由上，可以看到目前对于情感体制的界定与应用并无明确的一致性。但是，在这些研究中我们可以看出情感体制中所具有的几个核心特质：一是规范性，在某一群体中，它规定了什么样的情感是适当与不适当的；二是指导性，它为归属特定群体的个人提供了如何按照规范性情感的要求去控制身心状态的策略；三是变迁性与变化性。从历时性来看，情感体制并非客观存在且一成不变的，它的形成与变迁与外在社会结构紧密相连；从现时性来看，不同领域的情感体制也可能大相径庭。

在情感体制的使用范围上，不同的研究莫衷一是。有研究者将其视为能超越特定政体而分析整体性社会结构，还有研究者则聚焦于特定时期、特定阶段或特定情境中的情感体制。按照情感体制原初意义上的核心特质来分析的话，毫无疑问，不同的领域、不同的群体都有不同的情感体制；而且，情感体制这一概念的应用范围可大可小。其关键点在于，在一个特定领域、特定群体之中，存在什么样的规范性情感以及如何表达和灌输它们的正规仪式、实践和述情话语。在本书中，笔者借鉴雷迪和成伯清对于

"情感体制"这一概念的应用思路，认为中国这一特定社会中存在特定的情感体制，而且在学校这一具体的场域中也存在特定的情感体制，当然，不同的群体中同样包含不同的情感体制，而情感体制是伴随着社会的变迁逐渐发生变化的。

三 分析框架建构

结合柯林斯的情感能量理论和情感体制概念，我们厘清了情感能量的影响机制。但是，研究教师情感能量的重要意义还在于他们所从事的培育心灵的工作，需要他们在与学生互动的过程中进行大量的情感投入，关心、关爱并引导学生。在此意义上，教育实践本身是一项典型的情感劳动。但是，教师职业"半专业人士"的属性，意味着教师的情感劳动实践过程既不完全屈从情感规则，又不全然反抗和抵御规则，而是在结构约束下，能动地处理情感体验、情感表现和情感规则之间的关系（田国秀、刘忠晖，2021）。换言之，教师对于是否以及如何进行情感劳动实践具有一定的自主空间。这就给予了教师情感能量驱动和情感劳动实践创新的可能性。而且，情感能量作为一种具有意义和价值的动机性力量，它本身也需要通过作用于行动的方式来发挥作用。基于如上考虑，并结合情感劳动实践是直接连接教师-学生并进一步作用于学校教育的性质，笔者构建了一个全新的教师情感能量分析框架（见图1-1）。

图1-1简明地呈现了本书的分析框架。正如前文所指出的，个体情感能量嵌入了社会文化结构、人际互动和个人内在，体现出一种层层嵌套的关系。个体层面的情感能量，它包含个体对于行动的价值与意义的评价与预期，受到个人在过往经历中的情感体验和内化的信念驱动，进而影响到个人采取行动的方式。但个体的情感能量也嵌入了具体的人际互动结构，并受到具体互动情境的情感体制的影响；更进一层，个体包含于其中的人际互动结构还嵌入了中观的组织因素的影响，并受到宏观层面情感体制的制约。因此，对于情感能量的分析，必须走出微观情境的理解，要将视野扩展到中观的组织结构乃至宏观的情感体制，才能更好

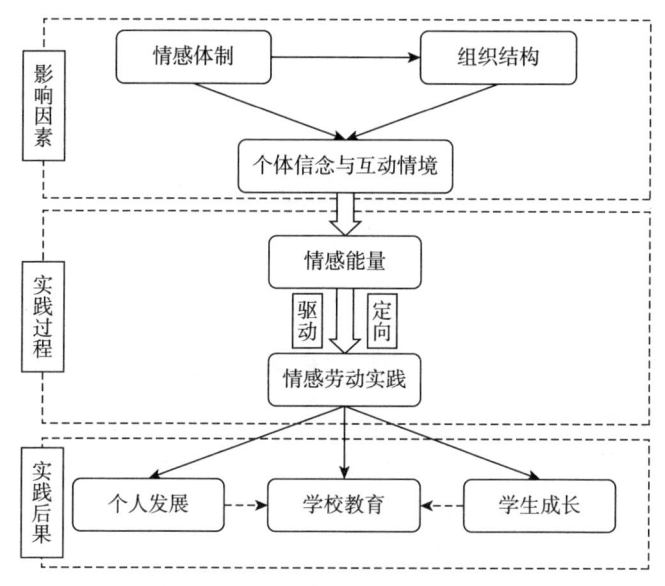

```
┌─────────────────────────────────────────┐
│影│    ┌──────┐         ┌──────┐        │
│响│    │情感体制│────────▶│组织结构│        │
│因│    └──┬───┘         └──┬───┘        │
│素│       │      ┌─────────┘            │
│  │       ▼      ▼                      │
│  │   ┌──────────────┐                  │
│  │   │个体信念与互动情境│                  │
│  │   └──────┬───────┘                  │
└──┘          │                          
├─────────────┼──────────────────────────┤
┌──┐          ▼                          
│实│      ┌──────┐                       │
│践│      │情感能量│                       │
│过│      └──┬───┘                       │
│程│      驱│ │定                         │
│  │      动│ │向                         │
│  │         ▼                            │
│  │   ┌──────────┐                      │
│  │   │情感劳动实践│                      │
│  │   └─┬───┬──┬─┘                      │
└──┘     │   │  │                         
├────────┼───┼──┼──────────────────────┤
┌──┐     ▼   ▼  ▼                         
│实│ ┌──────┐┌──────┐┌──────┐            │
│践│ │个人发展││学校教育││学生成长│            │
│后│ └──────┘└──────┘└──────┘            │
│果│                                      │
└──┘
```

图 1-1 教师情感能量分析框架

地理解个体的情感状态。

将这一框架应用于分析教师的教育激情的合理性在于,教师的教育激情不是短暂性的情绪,而是长期持存的情感状态,它同样包含教师对教育工作的意义和价值的评价,本身就是一种情感能量。当然,教师的教育激情必然受到整个社会价值观念、社会结构,以及在学校情境中与其他人互动的影响。同样,教师在成长和职业社会化过程中所接受到的对于教育的认知与信念也内在地调节着教师个人的教育激情。

与此同时,情感能量作为个体行动的核心驱动力,其本身还具有行动定向的作用。换言之,含有意义和动机成分的个体情感能量,既推动个体参与行动,又内在地引导个体如何行动。尤其是对于具有一定自主性空间的教师而言,其情感能量将直接影响情感劳动实践。最后,教师的情感劳动实践,不仅直接对其自身产生影响,还直接作用于教育对象——学生,并进一步影响整个学校和教育的发展。

第二章 研究设计与研究对象

第一节 研究目标与内容

本书的研究目标在于，通过对一个西部农业县城高中教师的研究，来回答教师教育激情的现状、变化趋势、影响机制以及可能的出路。其主要包括以下六个方面的内容。

第一，分析当下教师教育激情的现状。教师对于教育的激情，包含教师对于职业的认知、情感与行为等要素。因此，在分析教师教育激情现状这一问题时，也将从教师对选择从事教师职业的原因，在教育工作中对职业角色、职业地位、职业压力的认识与评价，对教师职业的态度与情感，以及教育工作的职业行动状态等展开。

第二，在揭示教师教育激情现状的基础上，先分析社会转型背景下宏观层面的情感体制如何对教师教育激情产生影响。一方面，分析随着社会的转型，整体性的情感体制发生了何种变化，这种情感体制的变化如何影响教师个人的价值诉求，以及社会对于教师群体的认知和评价；另一方面，分析在总体性情感体制主导下，教育领域又有何种特殊的情感体制，以及它如何影响教师的教育激情。

第三，从宏观层面转向中观层面，分析组织层面的要素如何对教师的教育激情产生影响。具体而言，一是探析组织的要求，包括学校内外、教学方面的要求以及教育工作之外的要求，它们如何影响教师的角色认知和情感能量；二是探讨组织的精细管理，包括日常的身体管理以及数字化考核机制下的心理导航，如何侵蚀教师的工作自主性和情感能量；三是分析组织支持，包括物质层面的激励和精神层面的关怀状态，如何影响教师的教育激情。

第四，再落到微观层面，分析个体性因素以及互动层面的要素如何影响教师的教育激情。在个体性因素层面，处于不同生命周期中的教师所面临的责任和压力、对于教育的情感和期待，如何影响教师的情感能量；在互动层面，则聚焦于学生反馈这一角度，分析学生反馈如何影响教师的教育激情。

第五，探析教师教育激情的后果，包括对教师自己、学生和学校的影响。一方面，分析其对教师自己的身心状态、工作表现和专业成长的影响；另一方面，分析教师教育激情状况对学生的学业和行为表现的影响；此外，分析教师的教育激情对学校发展的影响。

第六，本书在分析影响教师教育激情的各种机制之后，尝试探讨再走向激情教育的可能性。

第二节　研究方法

一　资料收集

（一）资料收集的方法与操作化

本书主要采用实地研究这一方法收集资料。具体而言，在资料收集方面，主要还是采用访谈法，辅以观察法和问卷法。

2017年2月到2019年12月，笔者在朗水中学[①]共进行了6次田野调查。随着研究问题的明确与深入，笔者每次调研的重点有所偏重，最终通过多次田野工作回答了研究设计中所包含的研究议题。在田野调查中，笔者根据研究主题的需要，有意识地按照年龄、性别、职称、职位等变量对访谈对象进行差异化的选择，共访谈了30位教师。而且，笔者根据研究问题的需要，对其中部

[①] 根据学术规范要求，本书对其进行了匿名化处理。

分教师进行了2~4次访谈，总共进行40余人次的访谈，收集访谈资料约60万字。除了对教师个体的访谈，笔者还对学生、家长进行了访谈。访谈之外，笔者还在公开课、学校大会以及教师休息室等场景对教师的言语和行为进行了观察。此外，笔者还注重收集相关的文件资料，包括县级层面与教师、教育相关的县志、县级部门相关文件；学校层面涉及教师考评、日常管理等的文件。

为了更好地理解各个层面的影响因素如何作用于教师的情感劳动，笔者还进行了对比研究。在田野调查期间，笔者带着同样的研究问题在朗水县SH中学进行了观察和访谈。SH中学虽然跟朗水中学同属安汉市师范高中，但是该中学处于乡镇，在学校管理方式、教师工作状态、学生学习状态和高考升学率等方面，与朗水中学均有巨大差距。通过对比，有利于更好地理解各层面要素如何作用于教师的情感劳动，并带来何种后果。访谈对象基本信息如表2-1所示。

表2-1 访谈对象基本信息

编码	姓名	学历	访谈时间	性别	教龄（年）	科目	职称	备注
TF01-1	FHM	本科	2017年2月6日	女	22	英语	中高	
TF01-2	FHM	本科	2017年12月22日	女	22	英语	中高	
TF01-3	FHM	本科	2018年1月10日	女	23	英语	中高	
TF02-1	LAH	本科	2017年2月9日	女	11	数学	中二	
TF03-1	CXJ	本科	2017年6月26日	女	3	生物	中二	
TF04-1	ZJZ	本科	2018年7月7日	女	5	数学	中二	
TF05-1	LZY	本科	2018年6月17日	女	1	英语	中二	
TF05-2	LZY	本科	2019年12月19日	女	1	英语	中二	
TF06-1	MJQ	本科	2018年7月1日	女	1	语文	中二	
TF07-1	YLL	本科	2018年5月24日	女	18	英语	中一	
TF08-1	PSP	本科	2018年7月1日	女	0	语文	未评	即将正式入职
TF08-2	PSP	本科	2019年1月21日	女	1	语文	中二	
TF09-1	HSY	本科	2018年1月13日	女	22	数学	中一	
TF09-2	HSY	本科	2019年1月17日	女	23	数学	中一	

续表

编码	姓名	学历	访谈时间	性别	教龄（年）	科目	职称	备注
TF10-1	WST	本科	2017年12月24日	女	14	政治	中一	
TM01-1	DDC	本科	2017年2月8日	男	24	英语	中高	教科室副主任
TM02-1	GZJ	本科	2017年2月10日	男	33	语文	中高	副校长
TM02-2	GZJ	本科	2018年1月3日	男	34	语文	中高	副校长
TM02-3	GZJ	本科	2019年12月19日	男	35	语文	中高	副校长
TM03-1	CLW	本科	2017年2月12日	男	26	化学	中高	安保处主任
TM03-2	CLW	本科	2017年6月29日	男	26	化学	中高	安保处主任
TM03-3	CLW	本科	2017年6月22日	男	26	化学	中高	安保处主任
TM03-4	CLW	本科	2018年1月4日	男	27	化学	中高	安保处主任
TM03-5	CLW	本科	2019年12月18日	男	28	化学	中高	安保处主任
TM04-1	GFY	本科	2017年6月23日	男	3	历史	中二	
TM04-2	GFY	本科	2018年7月6日	男	4	历史	中二	
TM05-1	DFH	本科	2017年6月28日	男	4	语文	中二	
TM06-1	YZW	本科	2017年12月24日	男	13	政治	中一	
TM06-2	YZM	本科	2018年1月4日	男	14	政治	中一	
TM07-1	LKR	本科	2018年1月16日	男	13	英语	中一	
TM07-2	LKR	本科	2018年6月13日	男	13	英语	中一	
TM07-3	LKR	本科	2019年1月21日	男	14	英语	中一	
TM07-4	LKR	本科	2019年12月14日	男	14	英语	中一	
TM08-1	FPL	本科	2018年1月17日	男	36	数学	中高	
TM08-2	FPL	本科	2019年1月22日	男	37	数学	中高	
TM09-1	HDJ	本科	2018年1月17日	男	26	英语	中高	招生办副主任
TM09-2	HDJ	本科	2018年1月4日	男	26	英语	中高	招生办副主任
TM09-3	HDJ	本科	2018年6月30日	男	26	英语	中高	招生办副主任
TM10-1	LJS	本科	2017年6月28日	男	8	语文	中一	团委副书记
TM11-1	WMQ	本科	2017年6月29日	男	18	语文	中一	体卫处副主任
TM12-1	DGF	本科	2018年1月4日	男	23	数学	中高	安保处副主任
TM13-1	YXH	研究生	2018年6月26日	男	15	地理	中一	
TM13-2	YXH	研究生	2019年12月16日	男	16	地理	中一	

续表

编码	姓名	学历	访谈时间	性别	教龄（年）	科目	职称	备注
TM14-1	TLY	本科	2018年6月26日	男	27	生物	中高	教科室主任
TM15-1	HSL	本科	2018年6月28日	男	5	数学	中二	
TM16-1	SCH	本科	2018年5月30日	男	26	历史	中高	教科室副主任
TM16-2	SCH	本科	2019年12月17日	男	27	历史	中高	教科室副主任
TM17-1	ZCQ	本科	2018年1月11日	男	4	语文	中二	
TM17-2	ZCQ	本科	2018年7月6日	男	4	语文	中二	
TM18-1	DJD	本科	2018年6月26日	男	19	语文	中高	招生办主任
TM19-1	CSY	本科	2017年12月23日	男	/	/	/	"文革"前大学生，已退休
TM20-1	WXP	研究生	2018年6月9日	男	3	政治	中二	已离职读博
SZ01-1	MJH	本科	2019年11月15日	男	25	数学	中一	
SZ02-1	WXL	本科	2019年11月18日	女	23	语文	中一	
SZ03-1	WQM	本科	2019年11月16日	男	24	英语	中高	招生办、安保处主任
SZ04-1	HSS	中师	2019年11月17日	男	33	数学	中一	已退休
SZ05-1	GL	本科	2019年11月19日	男	5	信息	中二	

注：①依照学术伦理，表中的姓名均已进行了匿名化处理。②中师是中等师范学校的简称，招收初中毕业生，学制三年或四年，毕业后获中师学历。中师是改革开放之初不少学生的选择，TF09、TM01、TM02、TM08、SZ02均先为中师后函授本科学历。

本书主要采用质性研究方法，但问卷数据是用来理解教师群体的基本人口学特征以及其有关教育的态度、情感等状况的有效工具，因为它能够很好地呈现其规律。而学生作为教师满意度和情感脆弱性的主要来源，也是影响教师情感劳动的重要因素，学生对学习的态度以及对教师的认知和评价等会直接作用于教师的情感劳动。因此，笔者还对教师和学生进行了问卷调查。

在针对教师的问卷调查中，由于研究的目的不在于推论总体，而是了解该校教师的基本情况，针对教育教学的认知、态度和价值观等问题。而且，该校教师的人数较少。因此，在调查中实行总体调查。在问卷发放中，依靠朗水中学教科室，将调查问卷发放至每个教研组,并由教科室主任指派每个学科组的一名教师进行发放和回收。最终,有效回收问卷达到104份。

该校学生人数较多,难以实现简单随机抽样或总体调查。但是,该校不同年级都划分了班级层次,即实验班、重点班和普通班。教务处的一位老师(也是一个文科重点班的班主任)介绍,该校以学生中考成绩为依据进行班级层次的划分。而在同一层次的班级中,学生进入哪一个班级则是随机的。也就是说,同一个层次的不同班级之间的学生的同质性较高,而不同层次之间的学生的异质性较高。基于这一现实,本书针对学生的调查问卷,根据年级、科别和班级层次,采取分层抽样①的方式进行。首先,在每个年级中,按照科别(文科、理科)和班级层次的交互,将其划分为6个群体,然后在每个群体中随机抽取1个班级,最终共抽取3个年级18个班级;其次,将每个班级的全部学生纳入调查范围;最后,由被抽中班级的班主任进行问卷发放和回收。有效回收问卷833份,比较能够代表该校全体学生。

(二) 个案选择的合理性

在个案研究中,经常会遭遇个案选择的合理性问题,或者说个案的典型性问题。在实践中,个案研究也时常遭遇类似于"对单个个案的研究,能有代表性吗"之类的质疑(王宁,2002)。从理论而言,个案研究不同于统计学意义上的样本,它并不需要具有代表性。但是,个案研究的目标在于通过对案例的研究来达到对某一类现象的认识,就必须追求个案的典型性,即个案集中体现某一类别现象的重要特征(王宁,2002),这也是个案研究的价值所在和衡量个案选择合理性的重要标准。

基于此,本书选择一个西部农业县城中学为个案研究对象,有必要阐释其所具有的典型性,以凸显该个案的合理性。具体而

---

① 分层抽样又称类型抽样,它首先将总体中的所有单位按照某种特征或标志划分成若干类型或层次;其次在各个类型或层次中采取简单随机抽样或系统抽样的办法抽取一个子样本;最后将这些子样本合起来构成总体的样本(风笑天,2013:119)。

言,本书认为该个案的选择具有两个方面的合理性。一方面,从现有研究的对象而言,大多数研究聚焦于乡镇中学或城市的重点中学、超级中学等特殊类型的学校,而对于数量众多的普通县城中学关注不足。县城中学介于城市中学和乡镇中学之间,它既没有城市中学那么多的资源和那么优质的生源,又比乡镇中学承担着更大的升学压力。因此,这本身就代表着全新的类型,对其的研究将丰富有关教师情感劳动的理解,这既凸显了该案例的创新性,又例证了该个案选择的合理性(马戎,2001)。另一方面,该个案的典型性还在于它代表了广大中西部地区农业县(大多是贫困县)县城学校的共通性现实。在此,需要指出的是,笔者所研究的中学也许不能代表东部经济发达地区县城中学的教师现状。尤其是江苏等地,通过采取每县一所省级重点中学的制度来促使中学教育均衡发展(梁晨等,2012),使得整体上县域教育保持较高和较为均衡的水平。从而,在资源和生源方面使县城中学与城市中学差距较小,进而让教师呈现相对高昂的教育热情状态。在诸多中西部的农业县中,均面临类似的结构性处境,如经济发展水平较差、大量的劳动力外流与留守人口增多、大量农村人口进城,以及县域教育水平与城市差异巨大、优质教师和生源流失、升学难度大等共通性的教育现状[1]。因此,笔者认为,该个案代表了中西部农业县县城中学这一类别的重要特征,由此也就凸显选择该个案的合理性。

(三) 田野调查的深入性与科学性

应星(2001:343)曾指出:一个田野调查者,通常面临着"深入性"和"科学性"的两难。一方面,如果他得不到社区的某种认同,无法消除当地人心中的"外人"感,无法在参与中去观

---

[1] 诸多新闻报道均展示了中西部农业县县中教育的困境。可参见新华网《去年0人今年2人上一本线:贫困县考大学咋这么难?》,2017年8月14日,http://www.xinhuanet.com/politics/2017-08/14/c_1121481204.htm;成都商报《失落的县中:高出一本线14分就成了高考状元》,2017年9月15日,http://news.chengdu.cn/2017/0915/1912512.shtml。

察，那么，他田野作业的"深入性"就成了一个问题。另一方面，他一旦比较深入地进入社区生活，往往又被告知要与被调查者保持一定的距离，不要让外来因素影响社区的"原生态"，否则就是不够科学的。当然，作为实地研究，同样需要回答的核心问题是资料的科学性和深入性问题。笔者将从以下三个方面来阐释本次田野调查的深入性与科学性问题。

一是如何进入田野的问题。进入现场是研究者无法回避的门槛，这直接关系到资料获取的可能性和真实性。事实上，有研究者就指出，除非一些随便进入且相对开放的现场，大多数研究者在进入一个陌生的现场时可能会遭遇如拒绝合作、敷衍了事、信息虚假等人为限制（郑欣，2003）。笔者在进入朗水中学这一田野现场时，并不存在这样的问题。这是因为，笔者通过在该中学担任领导的亲戚进入其中，避免了入场的困难。

二是进入田野之后，面临的如何深入的问题，这也就涉及以什么样的身份进入田野调查的问题。在田野中，同样有几个方面的有利因素，以便笔者能深入调查。首先，在调查过程中，笔者充分发挥熟人关系，通过上文中提及的担任领导的亲戚来介绍部分老师进行访谈。在介绍被访者的过程中，同样凸显了熟人关系的重要性，即该亲戚在帮笔者寻找符合要求的被访者之时，是以熟人关系而非科层关系（领导与下属）来介绍，并寻求支持的。基于人情关系的力量，被访者更加容易接受笔者的调查，而且能够更加深入地谈论个人的真实感受、态度与看法。其次，笔者的博士研究生身份起到了重要作用。一方面，以学生的身份与作为教师的被访者进行交流时，被访者会很自然地代入师生角色。这一角色代入，使得被访的教师愿意像对待自己的学生一样，以帮助笔者的心态，尽量配合笔者访谈；另一方面，在朗水中学诸多教师看来，博士研究生的身份也代表着拥有更渊博的知识，并对社会现象有更深刻的理解。因此，许多教师也愿意主动跟笔者交流并探讨一些他们在工作中所遇到的问题，以及对一些现象的思考；此外，博士研究生的身份同样也意味着利益无涉，换言之，被访者跟笔者的交流内容不会对其工作和生活造成任何影响。

三是该学校场域的特殊性，那就是环境更加宽松。因而，笔者能够较为自如地寻找合适的被访者，并与其进行深入交流。具体而言，一方面是学校相对松散的组织形式，使得笔者可以单独在办公室与某一个特定对象交流，甚至可以根据需要直接约在校外进行交流；另一方面则是学校相对宽松的舆论环境，即该校总体上并不避讳谈论教师流动等问题，使得笔者的研究主题在该校不具有敏感性。在此意义上，被访者与笔者的交流，既不面临来自各方面的压力，又不存在利益受损的威胁，因此，笔者能够深入开展调查。

上述条件既保证了研究的深入性，在一定程度上也确保了研究的科学性。当然，还有两个方面的有利条件，也确保了研究内容的科学性。一是作为"非参与式观察者"所收集的观察材料的佐证。笔者参与了多次该校全体教师大会。在全体教师大会上，笔者可以坐在会议室后面观察教师对会议内容的反应和看法。二是笔者多次进入课堂进行观察。笔者提前跟授课教师沟通，在表明身份并征得教师同意之后进行观察。不同于学校领导的推门听课，笔者在这种情况下的观察不会对教师的工作产生影响，教师也不必像面对来检查的领导那样刻意打乱授课节奏和改变授课方式。故而，在此意义上，也能够保证笔者观察的客观性。当然，笔者也会时常在教师休息室中进行观察。同样，在这一场景中，教师可以自如地谈论在课上、课下的各种感受，并发表各种评论。

二 资料分析

本书主要采取比较分析法和情境分析法进行资料分析。一方面，通过比较不同教龄、职位、性别的教师的教育激情的差异与可能的共性，呈现在具体情境中的内部特征；另一方面，通过对教师个人教育生涯不同阶段的比较，分析时代变迁与个人习惯对教师教育激情的影响机制。当然，对于定性资料的分析必须采用情境分析法。这是因为，个人的行为是个体过往经历中所形成的认知、情感与特定情境互动的产物，即在不同的情境中，即使同一个体，也可能呈现不同的反应。这就要求对于教师访谈资料的分析要注重其话语情境。

第三节 研究对象概况

一 朗水县基本情况介绍

朗水县位于四川盆地东北部、安汉市东部，地处 J 江和 Q 江之间。西靠 P 县，东部和东南部临 D 市 Q 县，北接 L 县和 B 市 P 县，面积约为 1633 平方千米。截止到 2016 年底，朗水县户籍人口为 93.33 万人。其中，男性 49.09 万人，女性 44.24 万人；农村人口 75.46 万人，城镇人口 17.87 万人。全年出生人口 8242 人，人口出生率为 8.64‰。全年死亡人口 3643 人，人口死亡率为 3.82‰。人口自然增长率为 4.82‰，比去年上升了 1.93 个千分点。年末常住人口 74.96 万人。其中，城镇人口 28.92 万人，农村人口 46.04 万人，城镇化率为 38.6%，比上年提高 1.7 个百分点（朗水县统计局，2017）。目前，以汉族为主体的 20 个民族大杂居于县内，少数民族主要有苗族、土家族、藏族、壮族等。

朗水县地跨盆北低山和盆中丘陵两个地貌区。地势北高南低，略向东南倾斜。地形以低山、丘陵为主。以仪陇河-流江河为界，东北部为低山深丘区，地势起伏大；西南部为浅丘带坝地，地势平缓。总体而言，全县坡耕地多、分布广，非耕地面积大。2016 年，实有耕地 37957 公顷，占总面积的 23.27%；林地 52810 公顷，占总面积的 32.30%，森林覆盖率为 36.80%。[①]

从经济发展状况来看，朗水县处于相对落后的状态，是一个典型的农业县。朗水县于 1994 年被省委、省政府列入省定贫困县，也是革命老区县、秦巴山区连片扶贫开发重点县（中国网，2019）。2016 年，朗水县全年实现地区生产总值 115 亿元，三次产业结构比为 26.1∶48.0∶25.9。城镇居民人均可支配收入为 20540 元；农村居民人均可支配收入为 11250 元。[②] 同年，四川全省城镇居民人

[①] 朗水县地方志办公室编《朗水年鉴 2017》，非公开出版物。
[②] 朗水县地方志办公室编《朗水年鉴（2017）》，第 47 页，非公开出版物。

均可支配收入为 28335 元，农村居民人均可支配收入为 11203 元（四川在线，2017）。聚焦到朗水县所属的安汉市来看，全年城镇居民人均可支配收入为 25993 元，全年农村居民人均可支配收入为 11273 元（安汉市统计局，2017）。从这些数据可以看出，尽管农村居民人均可支配收入相差不大，但是朗水县城镇居民人均可支配收入不仅远低于全省平均水平，在本市范围内也处于较低水平。相对落后的本地经济发展状态，使得大量劳动力外流。以 2020 年为例，朗水县总户籍人口为 89.1 万人，而常住人口仅 62.1 万人（安汉市人民政府，2021）。换言之，郎水县的外出人口有 27 万余人，占到该县总人口的 30.3%。相应地，县域以留守老人和留守儿童为主。

二 朗水中学基本情况

朗水中学的前身是朗水师范学校，它的出现与全国普及教育的背景相关。在新中国成立之初，全国基础教育十分薄弱。一项统计数据表明，在 1949 年，全国的小学入学率不到 20%，初中入学率仅为 6%，文盲率为 80% 以上（中华人民共和国教育部，2009）。而且，师资力量较为缺乏。1951 年的第一次全国师范教育会议估算，1951~1955 年，全国需要教师的增加量至少为小学教师 100 万人，中等学校教师 13 万人，幼儿教育教师数万人（金长泽、张贵新，2002：28）。针对这一情况，全国各地都开办中等师范学校，而朗水师范学校也在这一环境下应运而生。朗水师范学校最初创办于 1960 年 8 月，招中师班和初幼师班，但于 1961 年停办。1976 年，朗水师范学校复建，并于当年冬天招普师 3 个班 107 人。1978 年，开始招收中师班和体师班。1985 年，由国家拨款，朗水师范学校于县城磨子街复兴桥右岸新建校舍（朗水县志编纂委员，1989：607）。

朗水师范学校的多年运营，为朗水县基础教育的发展提供了大量的中小学教师。但进入 20 世纪 90 年代之后，全国已经不再紧缺小学、初中师资。此时，国家将提高教师学历作为一项重点任务，开始注重高等师范院校的建设。而且，随着国家逐渐进入生源高峰期，初中毕业生逐渐增多，高中教育也进入了扩张期，这就要求建立更多的高中学校。在这一"推-拉"的背景下,安汉市开始进行中等师范院校的改制,其基本做法便是将其变成各县的第二中学。因此,2000年8月,朗水县调整校点布局,撤销CS中学①,以该校高中教师为主体组建由朗水师范学校改制而来的朗水中学(朗水县县志编纂委员会,2007:605)。

在深入研究教师教育激情之前,有必要介绍朗水中学的教育质量状况。这是因为,教育质量状况一方面代表了教师的荣誉和社会地位,另一方面也给身处其中的每一个教师以压力。在这一部分,主要从高考升学人数和升学率的角度,通过横向和纵向两个方面的对比,来深入刻画该校的教育质量状况。

首先,从纵向来看,该校自2000年建校以来,高考升学人数一直保持稳中有升的状态。特别是在2010年之后,随着生源流动的加剧,在优势生源逐步流失的情况下,依然保持了较为稳定的高考升学人数。从图2-1可以看出,在2012~2018年,该校的本科上线人数均在300人左右。

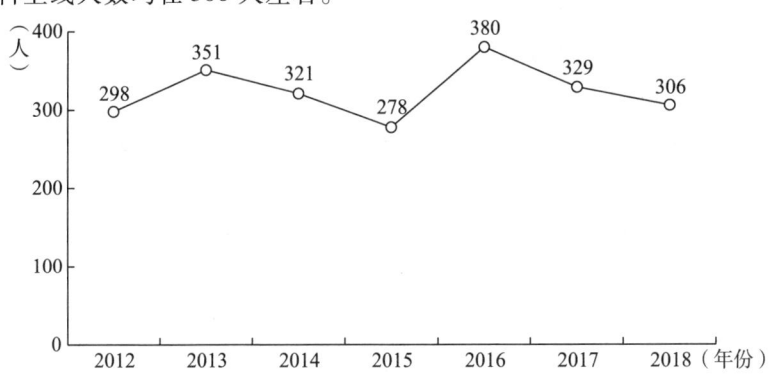

图2-1 2012~2018年朗水中学本科上线人数

资料来源:该校负责教学的副校长提供。

注:图中的上线人数均只含文化上线人数(去除了艺体飞)。

---

① 该中学建立于1980年。在2000年左右的时候,该校的高中教学质量位居全县第二。但是CS中学的规模小,高中教育每年仅招收两个班,不能满足扩大高中教育的需要。而当时朗水师范学校的很多老师又不能胜任高中教育。介于这一情况,朗水县政府便采取使用朗水师范学校的校园和CS中学的主体师资这一方法,组建了朗水中学。

其次，从横向来看，本书将以 2015~2016 年安汉市各区县高考升学情况来进行刻画。在这里，主要通过各区县高考升学情况、省级示范中学高考升学情况、市级示范中学高考升学情况这三个方面的对比来刻画朗水中学的教育质量状况，分别如表 2-2、表 2-3、表 2-4 所示。

表 2-2　2015~2016 年安汉市各区县高考升学情况

市及各区县	高考人数（人）			一本上线率（%）			二本上线率（%）			排名
	2015 年	2016 年	增减	2015 年	2016 年	增减	2015 年	2016 年	增减	
安汉市	49721	46005	-3716	8.20	11.73	3.53	32.16	34.54	2.38	—
直属高中	4350	3998	-352	30.18	42.10	11.92	65.10	70.76	5.66	1
G 区	4958	5067	109	9.18	11.68	2.50	35.96	37.06	1.10	2
X 县	3315	2964	-351	7.24	10.46	3.22	33.73	34.68	0.95	3
N 县	8316	7678	-638	8.13	9.56	1.43	33.53	33.03	-0.50	4
Y 县	6451	5915	-536	4.19	7.44	3.25	26.15	31.28	5.13	5
L 市	6388	5324	-1064	5.18	8.56	3.38	27.58	30.33	2.75	6
P 县	3793	3370	-423	4.14	6.77	2.63	24.20	28.19	3.99	7
朗水县	5093	4807	-286	4.57	6.72	2.15	26.84	27.58	0.74	8
J 区	2405	2529	124	4.70	7.32	2.62	24.86	27.40	2.54	9
S 区	4295	4353	58	6.75	10.22	3.47	26.45	27.22	0.77	10

注：1. 直属高中为安汉高中和 LM 中学；2. 表中的二本上线率中包括一本上线率，即本科上线率；3. 排名以 2016 年二本上线率为序。

资料来源：数据由朗水中学教科室提供。

从表 2-2 可以看出，以 2016 年高考二本上线率来看，朗水中学所属的朗水县在全市排名第 8 位。但需要注意的是，属于安汉市核心区（全市范围内教育、经济最发达和人口最密集的区）的 J 区和 S 区之所以排在最后两位，是因为统计表中已经将位于这两区的安汉市直属高中（表 2-3 中排名第 1 位）单独列出。如果将直属高中的高考人数纳入其所属区域统计，毫无疑问，朗水县的高考升学率排在安汉市倒数第 1 位。

如果说一个省份的一本上线率在一定程度上代表了该省考生

升入重点大学的难度的话,那么,对于同一个省域内部的不同区域而言,其一本上线率则在很大程度上代表了其高中教育质量。数据显示,朗水县的一本上线率(也叫"重点大学"上线率)同样排在安汉市倒数第1位,表明朗水县在高中教育质量方面处于弱势地位。而且,从2015~2016年的高考升学率变化来看,朗水县的高中教育水平还处于明显的倒退状态。比如,2015年,不管是一本上线率还是二本上线率,朗水县均超过P县和Y县,排在倒数第3位;而到了2016年,则变成了倒数第1位。这一方面反映出朗水县教育质量的滑坡,另一方面也为朗水县出台后续的相关教育政策提供了可能。

除了各区县高考升学率的总体状态之外,表2-3中还呈现了安汉市省级示范中学2015~2016年的高考升学情况。省级示范中学可以说代表区县高中教育的最高水平,也是各区县教育资源最为聚集的地方。从表2-3可以看出,代表朗水县高中教育最高水平的朗水一中在整个安汉市的所有省级示范中学中,不管是一本上线率还是二本上线率,基本处于倒数第3位的水平。但是,位于其后的N县二中和LM中学均不是其所属区县最好的省级示范中学。如果单从每个区县排名第1位的中学来看的话,朗水一中毫无疑问是倒数第1。

表2-3 2015~2016年安汉市省级示范中学高考升学情况

学校	高考人数(人)			一本上线率(%)			二本上线率(%)			排名
	2015年	2016年	增减	2015年	2016年	增减	2015年	2016年	增减	
省级示范中学	24532	22647	-1885	14.36	19.68	5.32	51.69	53.53	1.84	/
安汉高中(S)	1804	1566	-238	38.86	51.40	12.54	75.11	80.14	5.03	1
安汉高中(J)	1773	1813	40	32.83	46.44	13.61	70.73	76.94	6.21	2
L县中学	2682	2488	-194	19.61	24.16	4.55	62.94	69.37	6.43	3

续表

学校	高考人数（人）			一本上线率（%）			二本上线率（%）			排名
	2015年	2016年	增减	2015年	2016年	增减	2015年	2016年	增减	
BT中学	2036	1867	-169	17.29	21.21	3.92	59.33	65.67	6.34	4
X县中学	2037	1863	-174	11.44	16.53	5.09	51.30	52.33	1.03	5
L市中学	2186	1826	-360	10.20	14.84	4.64	46.80	52.03	5.23	6
P县中学	1921	1648	-273	7.86	12.74	4.88	43.05	51.03	7.98	7
DF中学	1309	1235	-74	7.87	14.49	6.62	47.98	48.34	0.36	8
安汉一中	1724	1598	-126	11.25	16.21	4.96	43.97	43.49	-0.48	9
Y县中学	1655	1620	-35	5.38	9.69	4.31	35.83	41.48	5.65	10
朗水一中	2577	2568	-9	7.72	10.55	2.83	41.64	36.10	-5.54	11
N县二中	2055	1936	-119	6.86	6.25	-0.61	48.91	35.95	-12.96	12
LM中学	773	619	-154	3.88	5.82	1.94	28.85	28.92	0.07	13

注：1. 表中有部分学校已经升级为国家示范中学；2. 表中的二本上线率中包括一本上线率，即本科上线率；3. 排名以2016年二本上线率为序。

资料来源：数据由朗水中学教科室提供。

前文已述，在安汉市所有区县的高中教育中，不管是区县的整体上线率还是代表区县最高水平的省级示范中学的上线率，朗水县均处于最末尾的位置。但在这样的情境下，朗水中学的高考升学率却呈现可喜的状态。

从表2-4可以看出，跟同为市级示范中学的其他学校相比，朗水中学2016年的高考升学率非常不错。具体而言，其二本上线率排在31所市级示范中学的第7位，"重本"（一本）上线率排在第9位。如果具体分析前面6所中学的区位，可以发现，除了HD

中学之外，其余5所中学都处于安汉市市辖区。市区的区位优势体现在多个方面：一是学校的位置能够吸引优秀教师，二是城市居民对于子女教育投入和关心程度更高，三是有更多且更优质的课外辅导资源。在这些因素的综合作用下，市区同级别中学的升学率远非普通县城中学能比。因此，如果将前面5所位于安汉市市辖区的中学排除在外，朗水中学的升学率排在第2位。

表2-4　2016年安汉市市级示范中学高考升学情况

学校	高考人数（人）			一本上线率（%）			二本上线率（%）			排名
	合计	文科	理科	合计	文科	理科	合计	文科	理科	
安汉十中	440	173	267	31.82	26.01	35.58	55.23	45.09	61.80	1
J区一中	961	347	614	12.90	6.92	16.29	45.99	28.53	55.86	2
HD中学	1752	670	1082	11.36	4.48	15.62	42.12	30.30	49.45	3
G区中学	1016	486	530	10.53	4.73	15.85	35.24	28.81	41.13	4
安汉十一中	932	322	610	9.44	1.24	13.77	30.90	15.53	39.02	5
LD中学	846	350	496	7.21	1.71	11.09	28.49	18.57	35.48	6
朗水中学	1444	732	712	3.53	0.96	6.18	26.32	18.31	34.55	7
YL中学	478	171	307	2.72	1.17	3.58	21.34	16.96	23.78	8
FX二中	555	237	318	3.96	0.42	6.60	18.74	8.86	26.10	9
MA中学	714	231	483	4.76	0.43	6.83	17.23	4.76	23.19	10
Y县二中	660	297	363	2.27	0.00	4.13	16.82	9.43	22.87	11
安汉九中	609	268	341	3.12	0.37	5.28	15.93	5.97	23.75	12
安汉六中	614	422	192	2.61	2.37	3.13	13.52	12.56	15.63	13
HX中学	282	199	83	2.13	0.50	6.02	11.35	10.55	13.25	14
ZK中学	895	456	439	1.68	0.88	2.51	9.16	6.80	11.62	15
JX中学	784	533	251	1.28	0.75	2.39	7.02	5.63	9.96	16
安汉五中	87	51	36	0.00	0.00	0.00	6.90	3.92	11.11	17
JC中学	882	433	449	0.23	0.23	0.22	6.01	4.62	7.35	18
LG中学	243	138	105	0.00	0.00	0.00	5.35	2.17	9.52	19
YJ中学	151	116	35	0.66	0.00	2.86	5.30	0.86	20.00	20
N县三中	392	258	134	0.26	0.00	0.75	5.10	3.88	7.46	21

续表

学校	高考人数（人）			一本上线率（%）			二本上线率（%）			排名
	合计	文科	理科	合计	文科	理科	合计	文科	理科	
DB 中学	269	179	90	0.00	0.00	0.00	4.09	2.79	6.67	22
BY 中学	132	63	69	0.00	0.00	0.00	3.79	1.59	5.80	23
SH 中学	271	193	78	0.37	0.00	1.28	2.95	1.04	7.69	24
P 县二中	512	345	167	0.39	0.29	0.60	2.93	2.03	4.79	25
SG 中学	172	114	58	0.00	0.00	0.00	2.91	0.88	6.90	26
小桥中学	454	336	118	0.00	0.00	0.00	2.20	2.38	1.69	27
LX 中学	104	68	36	0.00	0.00	0.00	0.00	0.00	0.00	28
YY 中学	62	24	38	0.00	0.00	0.00	0.00	0.00	0.00	29
DQ 中学	158	131	27	0.00	0.00	0.00	0.00	0.00	0.00	30
DP 中学	61	36	25	0.00	0.00	0.00	0.00	0.00	0.00	31

注：1. 表中的二本上线率中包括一本上线率，即本科上线率；2. 排名以 2016 年二本上线率为序。

资料来源：数据由朗水中学教科室提供。

如果这样的比较还不够凸显朗水中学的教育质量状况的话，在表 2-5 中还呈现了另一个指标，即跟朗水中学历史发展进程相似的中学（指都是由县级师范学校改制成县第二中学的学校）相比，朗水中学的高中教育质量也较为显著。对此，朗水中学的招生办主任曾无不自豪地说：

> 目前来看，在我们的努力下，优质生源还能基本稳定在 300 人以上这一个水平上……事实上很不容易。我给你个对比数据，比如 P 县，它的 ZK 中学、P 县二中。P 县二中也是和我们一样的情况，是改制而来的，但 P 县二中现在一年就只考二三十个本科。它们排在第二的学校是 ZK 中学，是跟我们学校前身 CS 中学那样（同）一级（别）的……它就跟我们朗水中学那个地位一样。它考好多①人呢？也只考几十个人，就

---

① 好多，指"多少"。

这种局面。(同样)，Y 县二中也只考几十个人，它也是 Y 县师范改制而来的……它们都只考二三十个人、三四十个人，我们这朗水中学还能考 300 多人。所以市上的领导，包括这个教育系统的，他们清楚我们学校的成长历史，都为朗水中学这种业绩点赞，对我们是认可的、赞赏的。①

除了高考升学率这一总体性指标之外，朗水中学还多次培养出全县文、理科状元。自 2000 年建校到 2018 年这 18 年间，朗水中学分别于 2007 年、2017 年和 2018 年培养出县文科状元，2009 年、2014 年和 2015 年培养出县理科状元。当然，这一成绩的取得，正如朗水中学招生办主任所述："除了我们在招生上的努力，也与我们学校在整体的管理，大家教学的这种付出、奉献精神，还有这个团队整体的氛围，这些因素有关系。"概言之，在社会各界的鼎力支持下，朗水中学全校教职工迎难而上、奋力拼搏，教育教学成绩显著，多次荣获安汉市教育教学质量综合评价一等奖②。

朗水中学的教学成绩得到了社会的认可。其中，最主要的是体现在学生和家长的认可上。学生和家长普遍认为朗水中学比朗水一中管理更加严格，因此也更容易出成绩。笔者曾经多次听到不同的学生和家长对朗水中学的评价，都是"管得严"。下面对朗水中学学生家长的访谈纪要可以说是一个典型例证。

> 我女儿初升高时想来朗水中学，给的理由是，"依我的成绩，去朗水中学肯定能分进好班。分个好班，学习气氛都不一样，那么我可能还有机会更进步一点点"。在朗水中学的严格管理下，这半学期以来，我女儿还真努力了，成绩也有一点进步。她自己都说："我当初来朗水中学，还是选对了的。"③

---

① TM18-1。
② 数据来源于朗水中学宣传资料，时间截止到 2018 年。
③ JZ01-1，此次访谈时间为 2017 年 12 月 20 日。

来自社会的"管得严"这一评价,既是对朗水中学管理方式和教育质量的一种肯定,也是一种期待和压力。在这样的环境下,教师自身也将朗水中学定位为"考学的学校"①。相应地,教师尤其是重点班和实验班的教师,以及学校领导,都面临着较大的升学压力。这一压力可以通过负责2018届毕业生的Y姓副校长给校领导的一封信来展现。

> 尊敬的M校长,各位领导:
> 安汉零诊、一诊考试我校2018届上线人数都很少,离学校下达的任务数有较大差距,和2017届更是不能相提并论……生源差、任务重,实验班、重点班任务更重。按教研室方案算,应届生可能就是110(人)左右,而学校下达的指标是190人,多出来了80人,要完成任务难度可想而知。复习生情况也不容乐观,和上届相比,优等生接近、中等生少,几次考试效果也不算好,而学校下达的指标是116人……如果学校能出台政策,对考得好的班、学科、个人进行奖励,那当然非常好!

从这一封信可以看到,尽管表面上看到的是对于缺乏足够奖励措施的抱怨,其背后更深层次的则是对升学率难以达标问题的担忧。正如前面的招生办主任所说,朗水中学近些年升学率"基本稳定在300人以上这一个水平上"。那么,2018届面临应届生"生源差"、复读生"优等生接近,中等生少"的现实,"300人"这一历史荣誉(或者说历史底线)则造成了极大的压力。正如一个班主任(也是学校的中层领导)所说:"M校长他作为一把手,就是看到我们朗水中学明年可能考不到300人。因为前几年我们困难确实也很多,但始终没有降到300人以内。明年如果考不到300人可能朗水中学声誉,方方面面就要走下坡路,所以说Y校长压

---

① TM03-1。

力也很大。"① 由此可见，这种历史在一方面是荣誉，在另一方面是一种"包袱"，它迫使从学校领导到普通教师都必须尽力克服困难，尽可能提高升学人数，不能让升学人数掉入 300 人以内，损伤学校的声誉。

三 朗水中学教师的基本特征

截止到 2018 年 9 月，朗水中学共有教工（不含非教学岗位的职工，如医师、技工等）176 人。其中，男性 104 名，女性 72 名；从最终学历来看，以本科为主，共计 169 人具有本科学历，占比为 96.0%，另有大专学历的 4 人，研究生学历的 3 人；从职称来看，中学高级教师 51 人，中学一级教师 72 人，中学二级教师 50 人，另有 3 名教师为"见习"，暂未评定职称（见表 2-5）。

表 2-5 朗水中学教师的人口学特征

性别	人数（人）	占比（%）	学历	人数（人）	占比（%）	职称	人数（人）	占比（%）	教龄	人数（人）	占比（%）
男性	104	59.1	大专	4	2.3	高级	51	29.0	0~5 年	33	18.8
女性	72	40.9	本科	169	96.0	中一	72	40.9	5~10 年	25	14.2
			研究生	3	1.7	中二	50	28.4	10~20 年	53	30.1
						见习	3	1.7	20 年及以上	65	36.9

注：根据表达习惯，分组中没有将教龄两组之间的界限进行明确划分，但本书按照学术惯例，分组为（下限，上限）。

---

① TM03-4。

第三章　县中教师教育激情的现实

对于道德的实践来说，最好的观众就是人们自己的良心。

——西塞罗（徐晓林，2019）

每个人的良心就是为他引航的最好向导。

——司各特（司各特，1980）

上述两句有关良心的名言，分别指出了行动的评价标准以及良心的意义。概括而言，一方面，良心作为个人内心的评价框架，具有道德含义，评价个人的实践行为是否符合个人道德要求；另一方面，个人也正是在其良心评价体系的指引下行动。换言之，个体所采取的行动正是其基于内在良心评价的结果。相应地，教师将自己的教育行动概括为"教良心书"，表明其对于教育的投入符合自己的良心评价。当然，"教良心书"（或"凭良心教书"）作为一种教师的情感性话语，既折射出了目前县中教师教育激情的现实，也表明了教师面临缺乏激情这一困境时对于教育职业的承诺和坚持。

这一章主要包括两个部分。第一部分，笔者聚焦于激情的三个核心要素（认知、情感和行动），通过对全校教师的问卷调查数据和个案访谈资料，清晰展示当前县城高中教师的教育激情现实与特征；第二部分，笔者聚焦于"良心"这一道德性力量，探讨教师在面临低落的教育激情时如何依靠"良心"而持续性地投入教育教学实践。

第一节 认知、情感与行动：教育激情的三维展示

笔者在第一章中界定教师教育激情这一概念时，受到瓦勒朗等对于激情概念界定的启发，指出教育激情是指教师群体对于教育活动的喜欢和强烈倾向，他们认为这一活动很重要，愿意为此投入时间和精力，并将其内化为教师身份认同的一部分。其中，认知、情感和行动是构成激情的三个核心要素。在这一节内容中，笔者将结合对教师的访谈资料和问卷调查数据，从教育激情的三个核心要素层面来展示目前教师教育激情的现状。

一 教师的职业认知

一般而言，职业认知就是指对职业的认识和了解，但它尤其强调对于职业本质的认知，以及对于职业是什么以及意义何在的问题（陈辉，2016）。在教师的职业认知这一小节内容中，笔者将从职业选择、职业角色、职业地位和职业压力这四个方面来展现教师自身对于教育职业的认知，这也是其教育情感和行动的基础。

（一）职业选择

"三百六十行，行行出状元。"那么，为什么这些人会选择进入并从事教师职业？从表3-1可以看出，在这些人选择从事教师职业的直接原因中，约一半（46.0%）的教师都是因为其"工作稳定"。在中国，公立学校作为事业单位，其职员基本上有编制，只要按照单位的基本要求行事，一般是不会被开除的，即所谓的"铁饭碗"。除此之外，选择"喜欢并热爱教育事业"的占到37.0%。可见，在满足稳定工作需求的同时，部分教师对此职业具有一定的激情。当然，"生存的需要，有合适的机会就会离开"和"寒暑假空余时间多，可以做其他事情"也分别占到25.0%和19.0%，而仅有2.0%的教师认为该职业"工资较高"。由此来看，在教师职业的起点，绝大部分人选择这一职业，并非纯粹因为对

于教育的由衷认可与热爱这一信念伦理（韦伯，2016：107），而是因为其是一份稳定的工作。"工作稳定"不仅是长期以来大多数人所追求的理想工作所具有的特质，而且在当今就业压力增大的环境中也是性价比较高的选择。以此为基点，也就能理解部分教师的"生存的需要，有合适的机会就会离开"和"寒暑假空余时间多，可以做其他事情"。

那么，除了自我剖析之外，这些教师又是如何看待周围同事选择从事中学教师职业的呢？笔者调查发现，一半以上的教师（52.4%）认为周围同事是因为教师职业"工作稳定"而选择从教，其次是"生存的需要，有合适的机会就会离开"（35.9%），再次才是"喜欢并热爱教育事业"（26.2%）。可见，跟自我评价一样，这些教师通过对周围同事的观察，也认为大多数教师是因为稳定和生存需要而从教，而非从内心对教育事业的认可。

表3-1　个人从事教师职业的直接原因

原因	样本数（人）	占比（%）
工作稳定	46	46.0
工资较高	2	2.0
喜欢并热爱教育事业	37	37.0
生存的需要，有合适的机会就会离开	25	25.0
寒暑假空余时间多，可以做其他事情	19	19.0

注：该题为多选题，其占比指选择某一答案的人数占到总人数的比例，故而百分比的合计会存在大于100%的情况。下同。

由此，可以看出大部分人选择从事教育工作，是因为教师职业所具有的外在稳定性和个体生存的需要而被"拉"进这一职业之中的，而较少有教师是由真正对教师职业的内在认同这一内驱力"推"进教师职业之中的。当然，由于教师职业的特殊性，如果教师本身对教育有真挚的热爱之心，那必然在教育过程中具有强烈的激情，并驱使个人的积极行动。但是，职业信念的缺乏或不足并不必然带来教育激情的缺乏，作为一种外驱力的社会认可或尊重的作用也十分重要，这就涉及教师对于其职业地位和压力的认知和评价问题。

(二) 职业角色

教师的职业角色指其在这一岗位上所扮演的角色。教师对目前自身角色的认知,一方面来自教育理念和社会期待,是一种在职业社会化过程中的内化观念;另一方面受到现实的制约,尤其是在职业社会化过程中内化的角色身份与现实环境相冲突的情况下,教师角色身份的认知可能出现矛盾与含混,最终形成一种多面向的角色身份认知。所以,在某种意义上,教师对目前角色身份的认知,是价值观念与社会现实约束条件相互作用的结果。从表3-2来看,作为"教育者"的教师,对"教书"和"育人"的观念还是比较认同的,分别有43.1%和42.2%的教师均认可目前教师扮演着"育人工作者"和"知识传授者"的角色。但与此同时,高达66.7%的教师都认为教师是"学生的服务者"。"学生的服务者"这个角色暗示着在教师的认知中,已经将师生关系的特殊性和教育的特殊性[1]给抹去,而变成了跟其他行业无异的经济交换关系(Truta, 2013),甚至在"其他"这个类别中,还有两位教师直接回答了"保姆"。这反映出,在当下的环境中,市场化、商业化的风气已经在一定程度上侵蚀了教育行业。这种侵蚀不仅体现在师生互动模式上,而且影响了教师的职业角色定位。

表3-2 教师的角色认知

教师角色	样本数(人)	占比(%)
知识传授者	43	42.2
育人工作者	44	43.1

---

[1] 正如邵晓枫(2007)所指出的,师生关系是教与学的关系。"教师是具有某方面专业知识的专业人员,其任务是传承人类文明,帮助和促进学生发展;学生是不成熟的发展中的人,其任务是学习并创新人类文化,并使自身获得可持续的健康发展,而要实现这个目标,就离不开教师的引导。这二者的角色和任务决定了他们之间是教与被教、导与被导的关系。"

续表

教师角色	样本数（人）	占比（%）
学生的服务者	68	66.7
其他	4	3.9

社会环境对于教师职业角色的影响，更加直接地体现在对于作为主流价值期待的评价上。长久以来，不管是在个人的受教育历程中，还是在全社会的宣传中，都将教师称为"辛勤的园丁"或"人类灵魂的工程师"。这种对教师的农业隐喻或工业隐喻，尽管有研究者进行了猛烈的批判（孙迎光、徐青，2015：272～280），但其本身作为一种正面而崇高的形象被形塑和称赞。当然，这种隐喻既是对教师职业特殊性的刻画，也是对教师职业角色的特殊期待。然而，对"教师是园丁、灵魂工程师"这一说法，尽管有约一半的教师表示认同；但是更多的教师则表现出不置可否或不认同。其中，表示不同意的占到约30.0%。这一结果表明，事实上，很多教师并不同意全社会对其所持有的较高期待。

如果说教师不认同社会对教师职业的特殊期待，那么他们眼中的教师又是什么样的呢？笔者通过调查发现，事实上，诸多教师并不希望将这一职业特殊化和神圣化，也不认同对教师职业的崇高化。在54.4%的教师眼中，"教师就是一个职业、跟其他职业一样"，当然也有34.9%的教师对这一说法表示不赞同，还有10.7%的教师对此说法持中立态度。具体而言，持极端态度（即"非常同意"和"完全不同意"意见）的教师只占到20.0%，但其中"非常同意"占比为14.0%，是"完全不同意"的两倍多；而持"比较同意"意见的教师也比持"不太同意"意见的教师高出近一倍。由此可知，相较于依然秉持传统教师职业神圣观念的教师，如今，更多教师都在涂尔干社会分工意义上来看待教师职业，即不再将教师职业神圣化，而是将其视为社会运转生产线上的"螺丝钉"。

教师对自身职业角色的认知与其对自身职责的认知密不可分。无论古代还是现代，我们的文化都赋予了教师"教书育人"的职责，所育之人即为学生。那么，当代教师如何看待自己的"育人"角色和职责呢？

一方面，就"育人"这一活动而言，学校不是唯一的"育人"场所，教师也并非唯一的"育人"者。古语有云："养不教，父之过。"今人有言："父母是孩子最好的老师。"在学校教育与家庭教育之间，在老师与父母之间，"育儿"活动具体应当如何分配？哪一方承担着更大的责任？笔者在问卷调查时设定了部分情景题。针对目前社会上家长抱怨老师没有教育好小孩的现象，笔者给出了一种观点——"父母能打骂都教不好一个小孩，老师一个人不可能教好一个班级五六十号小孩"。对于这一观点，绝大多数教师表示认同（74.7%），其中持"非常同意"意见的教师达到42.7%，还有12.6%的教师表示"说不上同意不同意"，仅有12.7%的教师持反对意见。可以看出，绝大多数教师并不把"育人"视为自己的专属责任，而是认为家长在其中也起到不可替代的作用。少数教师无法给出明确意见或不同意这种观点，其可能认为教师可以在家长的配合之下承担起育人之责。但持育人理想观点的教师极少，也说明现实情境中教师很难凭一己之力做好育人工作。

另一方面，就教师的"育人"效果而言，教师的付出和学生自身的能动性是"育人"效果的一体两面，两个方面共同作用于学生的学业成就。针对"育人"效果的影响因素，社会上有一种广为流行的说法："没有教不好的学生，只有不会教的老师。"有一种类比的说法对此观点进行了反驳："按照这句话的逻辑，是不是也可以推导出没有破不了的案，只有不会干的警察；没有治不好的病，只有不会治的医生。"笔者调查了教师对此种反驳说法的看法，结果表明，有近80.0%的教师赞同这一观点，并且其中近60.0%持非常同意的意见，只有不到14.0%的教师不赞同，另有不到7.0%的教师对此不发表意见。这进一步印证了前述观点，即绝大多数教师不再期待职业的神圣化，而是将自身视为社会分工体系中的一颗"螺丝钉"。

(三) 职业地位

所谓"职业地位",是指人们从事的某种职业在经济地位和社会地位(社会声望)等方面的总体状况。因此,这一部分也主要从这两个维度刻画当前教师的职业地位。

1. 经济地位

教师不仅是传道授业解惑者,走出校园,教师还是家庭中的一员,是有衣食住行用一切之需的社会个体。现代社会中的教师作为一个职业,是个体争取生活机会的一种手段。具体而言,以教师职业为依托的薪酬待遇和晋升机会是其生活机会的反映,教师群体对其薪酬待遇和晋升机会的态度及观点则反映了其经济地位。

在本章下一节的案例中,我们将能够明显地感受到当前中学教师在经济收入方面的窘迫状态。笔者在调研期间,听到一句印象十分深刻的话:"工作一年,我的钱到哪里去了,找不到钱。"[①]而让被访教师展望激发教师激情的可能途径时,绝大部分将提高薪酬待遇作为首选项,并认为其是最为基础的条件。那么,教师群体对自己薪酬待遇的满意度如何呢?从表3-3可以看出,48.1%的教师对其薪酬待遇不满意,另有43.3%的教师认为薪酬待遇水平一般,而对目前教师职业薪酬待遇持肯定态度的教师只有9位,占总数的8.6%。

表3-3 薪酬待遇满意度

薪酬待遇	样本数(人)	占比(%)
很不满意	15	14.4
不太满意	35	33.7
一般	45	43.3
比较满意	7	6.7
非常满意	2	1.9
合计	104	100.0

---

① TF05-1。

调查数据还显示，男教师（20.8%）对薪酬水平持"很不满意"态度的明显比女教师（8.3%）高，男教师（37.7%）持"不太满意"态度的人数占比也明显高于女教师（29.2%）。总体而言，男教师不满教师薪酬待遇的人占一半以上（58.5%），而相比之下，只有37.5%的女教师不满足于现在的薪酬待遇。这一差异背后，是社会对于男性和女性的角色期待差异。正如"男主外、女主内"的说法，男性相比于女性，总被期待要承担更高的经济责任，而女性更多的是承担非经济的生活照料和情感支持的责任，这一点也体现在教师群体对于薪酬待遇满意度的差异上。而且，现在许多教师自己也感受到并认同这种社会期待的差异。一位从企业辞职进入教师岗位的年轻女教师说：

> 虽然教师工资很低，但我考虑的就是一个稳定性。因为，我觉得女生不比男生。如果我是个男生的话，肯定不会选择教师这一职业，因为男的要养家糊口！然后，（我）觉得这个薪资，要买房、要养娃儿，肯定是一个很难的事情。因为我是一个女生，我就觉得，对于以后自己培养子女、照顾父母，其实这份工作就比较合适。①

教师薪酬待遇究竟能否满足教师群体的生活需求，是否给他们带来了经济压力呢？调查表明，薪酬待遇水平确实给很大一部分教师带来了经济压力，有67.3%的教师表明他们面临较大或很大的经济压力；28.8%的教师认为经济压力较小或一般，即在可控范围之内；只有3.8%的教师认为完全没有经济压力。而且，笔者发现，实际上面临较大或很大经济压力的教师（67.3%）明显比对薪酬待遇不满意（48.1%）的教师要多，这在一定程度上可以说，教师群体对于薪酬待遇的不满并非空穴来风。相反，其中一些人可能因对职业的情感承诺等其他因素削弱了对待遇不公的不满与抱怨。

---

① TF06-1。

薪酬待遇是个人生活机会的直接作用因素，而对晋升机会的作用则相对间接。一方面，晋升意味着薪酬待遇的提升；另一方面，职称晋升也是一种个人实现，是一种经济资本之外其他资本的综合积累机会。因此，晋升机会对于教师个人生活机会来说意义重大，因而也是其压力的来源之一。然而，教师所面临的晋升压力似乎比经济压力更大，如表 3-4 所示，70.2% 的教师表示他们在晋升方面的压力较大或很大。由此可知，大多数教师在生活方面承受着经济和晋升的压力，即大多数教师面临着工作与生活的双重压力考验。

表 3-4 职称晋升困难的压力

晋升困难	样本数（人）	占比（%）
没有压力	5	4.8
压力较小	3	2.9
压力一般	23	22.1
压力较大	33	31.7
压力很大	40	38.5
合计	104	100.0

2. 社会地位（社会声望）

2018 年 9 月 10 日，习近平总书记在全国教育大会上的讲话中，专门强调："全党全社会要弘扬尊师重教的社会风尚，努力提高教师政治地位、社会地位、职业地位，让广大教师享有应有的社会声望，在教书育人岗位上为党和人民事业做出新的更大的贡献。"（中国新闻网，2018）在中国传统文化中，教师与"天、地、君、亲"并称，有所谓"天地者，生之本也；先祖者，类之本也；君师者，治之本也"（王先谦，1988：349）。尊师重教的氛围较为浓厚。目前，教师们感觉到存在"教师地位低、学生地位高"的反常态，教师职业可能没有获得应有的尊重。所以，这就导致了教师对自身职业地位偏负向的评价。笔者通过调查发现，较少有人认为教师的社会地位"非常高"和"比较高"，认为"比较低"和"非常低"的则分别占到 37.5% 和 18.3%，即认为教师社会地位较低的人占到了一半以上，还有 42.3% 的教师认为目前地位一般。

有意思的是，男教师和女教师对于教师地位的社会认可度的感受和自评有所不同。18.9% 的男教师认为教师职业得到了社会应有的尊重，而持此观点的女教师则较多，达到 27.1%，比男教师高出 8.2 个百分点；认为教师职业没有得到社会应有的尊重的男教师则多达 81.1%，相比之下，持此观点的女教师只有 72.9%。可见，相较于男教师，更多的女教师认为受到了社会应有的尊重。除此之外，男女教师对于目前教师社会地位的总体评价也有所不同，与上述趋势相似，女教师中有更多的人对教师职业地位持积极态度。笔者的调查显示，认为教师的社会地位处于一般水平的女教师明显比男教师多，女教师中只有不到一半（47.9%）的人认为教师职业地位偏低，而男教师中则有 66.0% 的人认为教师职业地位偏低，其中 20.7% 的人认为教师职业地位非常低。教师对于自身职业地位的社会认可度的感受和自评的男女差异很可能与社会对于男女两性的角色定位不同有关。正如上文所举的例子，整个社会都对男性有更多的经济能力期待，故而，在相同的收入水平下，男性教师比女性教师感受到的压力更大，因此，对于这一职业的自我地位评价也就更低。同样的逻辑，社会对于女性从事收入虽然较低、但是稳定的教师工作的宽容度更高，从而她们感受到的社会认可度也更高。

总体而言，师生关系中教师地位以及社会对于教师职业的尊重程度在现代社会中都有所下降，加之一半以上的教师认为自己的职业地位偏低，另有 42.3% 的人认为教师职业地位处于一般水平，也就无怪乎"教师是弱势群体"这一说法得到了绝大多数教师的认可。对于"教师是弱势群体"这一说法，多达 82.7% 的教师给予了肯定，其中 40.4% 非常同意这一观点，另外 42.3% 比较同意这一观念，相比之下，只有 7 人不同意这一观点，只占到 6.8%。且持非常不同意观点的只有 1 人，另有 10.6% 的教师未发表明确意见（见表 3-5）。

表 3-5 "教师是弱势群体"的认同度

教师是弱势群体	样本数（人）	占比（%）
非常不同意	1	1.0
不太同意	6	5.8
说不上同意不同意	11	10.6
比较同意	44	42.3
非常同意	42	40.4
合计	104	100.0

在当前教师地位关系的评价上，既不同于传统意义上的"师道尊严"背景下对于教师地位的推崇，也不同于现代社会中所强调的师生地位平等，而是大部分教师（53.8%）认为当前处于"学生地位高、教师地位低"的局面。教师形成此种职业地位认知的影响因素有以下两个方面。

其一，当下这种职业地位认知的形成和目前的师生关系结构密切相关。在教学理念中，当前"素质教育""快乐教育"成为教育场域中所倡导的主导教育理念，强调以学生为中心开展教育活动。因此，学生评价成为教师教学效果评估的重要标准。同时，在办学理念中，既有的教育体制将"安全第一"作为教学活动开展的基石，并在此理念下将教师作为控制教学活动中可能存在风险的直接责任主体。上述教学和办学理念限制了教师的管教行为，容易将教师的严厉教育解读为越界的惩罚行为，事实上成为弱化师生关系中教师地位的重要因素。最终，造成了当前"教师是弱势群体"的自我评价，以及"不敢管"的局面。

其二，除了在与学生互动中感知社会地位之外，社会整体对教师的评价也是教师自我职业地位认识的重要来源。在被访的教师中，76.0%的教师认为教师职业没有得到社会应有的尊重，只有24.0%的教师认为得到了社会应有的尊重。尽管教学和办学理念影响了教师职业地位，但是究其本质，教师在师生关系中的地位衰弱还是源于其社会地位的降低。在独生子女背景下，子女成为全家"唯一的希望"，集万千宠爱于一身。家庭对孩子的重视弱化了传统上教师在管教孩子方面的权威地位。而且，教育的商品化以及师生关系的贸易化，都在弱化教育的神圣性和教师的权威性。当教育权威被拉下神坛，无怪乎大多数教师认为自己没有得到社会应有的尊重。

（四）职业压力

在分析了教师职业地位之后，现在将视线聚焦于教师本身及其本职工作，探讨其职业压力，因为职业压力也是塑造其情感态度的一个重要方面。职业压力是针对教师在学校内的生活而言的，与其在学校内的本职工作密切相关，主要包括教学压力、行政压力，以及专业发展压力。

1. **教学压力**

任何工作的职业压力都直接来源于其工作强度，教师作为一种职业，也不例外。那么教师认为自己的工作强度如何呢？92.1%的被访教师认为工作其工作强度大，且其中68.0%的人对于"教师工作强度大"的认同程度较高，而只有8位教师不认为工作强度大。这种高强度工作首先就明显地体现为教师每天的工作时间，笔者在后续第五章的内容中，以图示的形式展示了朗水中学一位班主任教师一天的工作时间和内容（见图5-1）。由图5-1可以发现，班主任教师几乎每天要工作17个小时。由此可见，高中教师的工作强度之大。

教师的本职工作主要是围绕学生展开的，因此学生人数是决定教师工作强度的重要因素。班级规模并不能直接反映教师的工作强度，因为教师也存在个体差异，个体能力不同其所感知到的工作压力和工作强度也不同，因此，还需要通过了解每个教师自己对于班级规模的看法，来了解当下的班级规模给教师带来的工作强度上的压力。笔者的调查数据显示，58.6%的教师对于班级规模持消极观点，其中31.7%认为现有班级规模给其造成了较大的压力，还有26.9%则认为现行班级规模给其造成了很大的压力；24.0%的教师认为班级规模带来的压力适度，而只有17.4%的教师认为班级规模没有带来多少工作强度方面的压力。从超过58.0%

的教师对于班级规模持消极观点这一数据可以看出，现行班级规模确实给大多数教师带来了职业压力。

班级规模带给教师的压力不仅体现在课堂和班级的管理之中，还体现在教师在课堂授课之外的付出之中，即教学准备工作和作业批改工作。笔者的调查数据显示，朗水中学的教师每周花在备课和作业、试卷批改上的平均时间分别为15.3小时和11.9小时。虽然15.0%的教师没有体会到教学准备和作业批改的工作量压力，38.0%的教师认为这两项工作量的压力一般，但有近半数（47.0%）的教师认为这两项课堂之外的工作带来了较大的压力。

2. 行政压力

除了围绕学生的教学活动，教师本职工作中还有很重要的一部分是配合学校和教育部门的行政工作，这方面的工作也可能对其造成压力。所谓"行政压力"，在本书中主要指来自学校行政管理方面的压力。笔者的调查发现，半数以上（53.8%）的教师感受到了学校或教育行政部门的各种要求对其造成的压力，其中有22.1%的教师认为行政要求给其带来了很大的压力，另有31.7%的教师认为行政要求带来的压力一般，只有15名教师认为行政要求没有给其工作带来困扰或困扰较小。

在我国大力推行"素质教育""快乐教育"的政策背景，以及孩子越来越成为家庭重心的社会文化背景之下，与传统的教师职责相比，当今教师的本职工作除了教书育人，还有保障学生安全，这项工作在很大程度上借由行政力量施加在教师身上，因而学生的安全也是教师行政压力的一个重要组成部分。笔者的调查数据显示，58.7%的教师认为学生安全给其工作带来了压力，且其中33.7%的教师认为这种压力很大，只有8.7%教师认为学生安全对其工作没有或较少造成压力。

笔者所访谈的班主任都表示，即使是高中生，安全问题也要时时讲、天天讲。一位班主任老师更是表示，安全教育已经像上课一样，要提前准备并做记录：

不管你当不当班主任，只要你上这一节课的时候出了问题，就是你的责任……（所以，）我们这个地方实行制度化，每周都要讲安全问题。我们提前列了内容，把课都备好了，要讲什么……我该讲的都讲了，每次安全事故，该讲的我都记到。我们在本子上记了的，学生也记了的，还有我们班主任本子上全部都记了的。①

3. 专业发展压力

在一定程度上，教师是一项需要专业知识的职业。这里的专业知识，不仅指所教授的学科知识，还指教师所需要的教育知识（包括教学技能等）。当然，无论是学科知识还是教育知识都不是一成不变的，而是随着社会的发展和环境的改变而处于不断的变更之中。因而，教师在本职工作当中还面临着来自自身技能水平提升的压力。实际上，教师因自身技能水平而产生的工作压力并不罕见，朗水中学有94.1%的教师认为自己承受着专业发展压力。

在信息技术时代，知识的生产方式日新月异，知识的传播途径也更加多样、便捷，教师作为传授知识者，必须做到与时俱进。现代社会的知识更新速度使教师面临另一个重要的自身能力压力。笔者调查了教师对知识更新速度及自我能力之间协调度的评价，即知识更新速度在多大程度上给教师带来了压力。调查数据显示，认为完全没有压力的只占全体的12.5%，认为压力较大和很大的教师约占1/4（26.9%），而绝大多数（60.6%）教师认为这种压力较小或一般，即压力在可控范围之内。

一般认为，年龄越大的人越不容易与时俱进，将年龄因素纳入考量，知识更新速度与工作压力确实存在一些差异。如表3-6所示，以教龄作为教师年龄和经验水平的复合指标，将其与知识更新压力进行列联，可以发现，虽然绝大多数人认为现代社会迅捷的知识更新速度带给教师个人知识能力的压力处于可接受范围，但是，随着教龄的增加，认为压力在可接受范围内的教师比例呈

---

① TM09-1。

逐渐减少的趋势。也就是说，年龄越大的教师越可能因知识更新速度而处于较高的压力之下。

表 3-6 不同教龄教师对知识更新压力的感知

知识更新压力	教龄10年及以下	教龄11~20年	教龄21~30年	教龄30年以上
压力在可接受范围之内	30（76.9%）	27（73.0%）	16（69.6%）	3（60.0%）
压力较大	9（23.1%）	10（27.0%）	7（30.4%）	2（40.0%）
合计	39（100%）	37（100%）	23（100%）	5（100%）

那么，在知识日新月异的今天，教师接受进修和进一步教育是不是能对这种压力的缓解有所帮助呢？教师如何看待接受进修和进一步教育的机会？事实上，这种机会在一定程度上是稀缺资源，机会的稀缺性是否给教师带来压力呢？笔者通过对教师进修机会稀缺的压力感知调查发现，35.6%的教师对此感知到较大的压力，而58.7%的教师感知到的压力较小，只有5.8%的教师认为进一步学习机会的稀缺不对其造成压力。

对于年轻教师而言，专业发展压力更大。一方面，他们对自身专业成长有更强的渴望；另一方面，限于资源的稀缺性和分配方式的特殊性，他们较少能获得外出进修的机会。一位年轻教师表示：

> 备课其实没什么压力，因为他们（学生）本来基础就差嘛，又不需要拓展太深……虽然我考过了专八，现在在这里，可能过几年高考还没有学生考得好。教久了，你的专业素质都下降了。这里较少有机会提升。你看像那种好的学校，我当时实习的成都九中，动不动就派老师出国去学习，派老师去各个地方教研。我们这里，我来了这么久了，就没有参加过教研，就是到其他地方去的教研。一旦有了这个机会，基本上是比我有资历、年长的人去嘛，因为我才刚来，他们这种都没有机会，我不可能有机会，也就是机会太少了。我想要学习，但找不到门道。就是我有继续发展的愿望，但是机

会落不到我头上。[1]

二 教师的职业情感

毫无疑问，教师进入教育行业的目标、对教师角色的认知、对教师地位的评价以及对职业压力的感知会直接影响其对于教师职业的情感态度。前文已述，大多数教师选择教师职业的原因是这一工作的稳定性。当然，进入教师职业之后，也可能因为在工作中感受到该职业的价值和意义，从而增加对该职业的兴趣和激情。然而，正如调查显示，在当下的环境中，教师感受到的职业角色的尴尬与地位的低下，影响着其对职业的兴趣。表3-7显示，目前，大多数教师对教师职业的兴趣是"比较感兴趣"和"一般"，很少有人表示"非常感兴趣"和"不太感兴趣"。

既然没有强烈的兴趣来"拉入"，也不是完全不感兴趣，继而将其主动"推出"。那么，是否他们"一旦有合适的机会就会做别的工作，而不会在中学当老师"呢？笔者的调查数据表明，一半以上的教师是比较认可这一说法的。而对这一说法表示反对的不到1/4，还有26.2%的教师持中间态度。

表3-7 对教师职业的兴趣

职业兴趣	样本数（人）	占比（%）
非常感兴趣	8	7.7
比较感兴趣	60	57.7
一般	32	30.8
不太感兴趣	4	3.8
合计	104	100.0

当然，前述问题具有较强的条件性。事实上，"合适的机会"在现实中可能并不是那么容易得到的。但如果从另一个角度来看，这些教师的从教时间或长或短，通过教育工作实践之后，在很大

---

[1] TF05-1。

程度上将形成对教育职业不一样的看法和情感,而这可能与其进入教师行业之初的认知和情感不一样。那么,如果能够重新选择,这些老师是否会选择教师职业呢? 数据显示,结果并不容乐观。因为,仅有21.6%的教师表示"肯定会",而约60%的教师表示"不一定",还有18.6%的教师明确表示否定。需要注意的是,这一调查的对象是已经进入教育行业的教师。在其当初不管是因为对于教师职业的热爱还是这一职业所具有稳定性以及较长的假期等而加入,至少他们对这一职业有过一定的情感承诺。但如果他们重新来过的话,可能都对这一职业缺少向往性。那么,其他广大非教师职业的人员对加入教师行列的态度可能更加消极。

既然有大约80%的已经加入教师行列的教师对于重新选择教师职业不那么坚定,那么他们在日常工作中对该职业的感受如何呢? 笔者以"是否对教师行业感到厌倦"这一问题进行询问,结果显示,只有4位教师从未对教师行业感到厌倦,而占96.2%的教师都曾对教师行业感到厌倦。虽然一半以上的教师只是偶尔对这个行业感到厌倦,但也有34.6%的教师厌倦的频率更高一些,且有6.8%的人经常感到厌倦。正如前文所述,大多数教师对于教育的兴趣仅仅处于一般和比较感兴趣,大约80%的人对于选择教师作为职业并不坚定,可以想见,在如此低的职业情感作用之下,对教师职业产生倦怠的比例较高这一现象也就不足为奇了。

选择成为教师行列的一员已经是既定事实,所谓"重新选择"也更多的是一种教师自身的感慨。在现实生活中,他们可能会因为各种各样的原因或压力而无法重新选择。但是,对于子女将来的发展或职业规划,则是可以提供建议和意见的。这种建议或意见中必然包含自身对某一职业的认识和体会,也包含一种强烈的情感倾向。毋庸置疑,教师对于教育职业的情感倾向也必然投射到其对子女从事教师职业的态度上来。那么,这些教师对其子女从事教师职业的态度如何呢? 表3-8显示,47.6%的教师表示"如果是男孩,不希望他当教师",有27.2%的教师表示"无论男孩女孩,都不希望他当教师",还有14.6%的教师表示"如果是女孩,希望她当教师"。从表3-8的数据可以看出对于教师职业的两个基本趋向。第一，总体上而言，教师群体对子女从事教师职业持有否定倾向，即不希望子女再从事教育工作。第二，教师对子女的职业期待呈现明显的性别分化。大多数教师不希望男孩当教师，而对女孩当教师态度并不明确；还有部分教师则希望女孩能够从事教师这一职业。这一明显的分化跟当下社会中教师职业（尤其是中小学）的性别分化相一致。

表3-8 对子女从事教师职业的态度

对于子女从事教师的态度	样本数（人）	占比（%）
如果是男孩，希望他当教师	7	6.8
如果是男孩，不希望他当教师	49	47.6
如果是女孩，希望她当教师	15	14.6
如果是女孩，不希望她当教师	1	1.0
无论男孩女孩，都希望他当教师	3	2.9
无论男孩女孩，都不希望他当教师	28	27.2
合计	103	100.0

三 教师的教育行为

这一节的前两部分探析了朗水中学教师的从教原因，以及他们对于教师职业的认知、评价与感情。整体而言，朗水中学大部分教师的从教原因相对被动，对于教育职业的认知、评价和感情倾向于负面。但是，职业信念的缺乏或不足并不必然导致教育激情的缺乏，考量教育者的职业行动本身，可以发现职业伦理对从教者起到了一定的约束和规范作用。

在激情的三要素中，除了前文已经探讨的对于教育的认知和情感之外，还有一个重要因素便是行动。在瓦勒朗等的界定中，充满激情的活动一定是个体愿意投入大量时间和精力的。那么，当前的教师对于教育活动的投入状况如何呢？在这一小节内容中，将回答这一问题。

对于教育活动的投入，不能简单地从教师花在教育工作中的时间来衡量，因为上课时间、作业批阅等，学校管理部门有明确的规定和要求。不管是基于内在激情还是外在压力，教师一般都会按照规定完成量的要求。但是，正如诸多教师所表示的，教育是一项育人的工作，课堂质量的好坏不是由时间来决定的，而是由教师的用心程度来决定的。因此，在这一节内容中，笔者主要从教师在课堂上的投入程度和教学状态来刻画教师的教育行动。

教师最本职的任务在于通过课堂教学传授知识和道理。教师的教学态度通过其在课堂上的状态传达给学生，在一定程度上直接影响着学生对知识的接受程度。尽管正如前文已经揭示的那样，大部分教师缺乏内生的职业信念，并且面临着较大的职业压力，但他们的职业行动表明，绝大多数教师在课堂教学中积极投入。

教师在课堂上的投入程度是衡量其教育能力的重要标准。笔者的调查显示，绝大多数教师在上课时能保持非常投入的状态，75.0%的教师上课投入的频率很高，19.0%的教师能够做到在一些情况下保持投入，而难以投入课堂的教师仅占6.0%。

教师的职业伦理要求其对自身情绪加以克制，即不应将自己因私出现的情绪波动传递给学生，尤其是负面情绪，这也是现代职业的基本伦理。对于这一伦理，教师需要做到的就是不将自己的负面情绪带到课堂上，即使自己心情不好，也不应当在课堂上表现出来。笔者的调查发现，64.8%的教师在很大程度上能做到这一点，但近1/4的教师（22.5%）只有部分时候能做到，另有12.7%的教师很难或几乎做不到这一点。

除了投入课堂，并在课堂上尽力克服自己的负面情绪，教育者的积极性还反映在其主动营造课堂氛围的努力中。为达到这一目的，教育者本身在授课时饱满的精神状态和引人注目的授课方式是关键所在。笔者的调查表明，76.5%的教师表示，无论自己状态如何，基本上可以做到在课堂上努力保持精神饱满的状态，而16.7%的教师只有部分情况下努力让自己提起精神，另有7名教师几乎不在意这种保持自身精神饱满状态的努力。

教师上课时保持声音洪亮、抑扬顿挫也是其提醒学生注意，从而达到良好教学目的的一种教学行为，对自己上课声音及语调的要求也是职业伦理规范教师行为的一种表现。笔者的调查显示，绝大多数（76.4%）教师能够奉行这条职业伦理规范，无论自己是否疲倦，尽力保持声音洪亮、抑扬顿挫，以提醒学生注意，但是仍有近 1/4 的教师不能很好地奉行这一点，并且其中有 7 名老师几乎放弃了这项职业伦理。不过，总体而言，教师中绝大多数人还是奉行职业伦理所倡导的职业行动的。

需要指出的是，按照瓦勒朗等的界定，对于某一活动的认知和情感是两个必要条件，如果缺乏其一，个体与行为的关系就不应该被看作"有激情的"（蒋昀洁等，2017）。所以，再回过头来看目前教师的教育行动，尽管大多数教师在课堂上能够克服自己课外的负面情绪，以积极饱满的状态来开展教学工作。但是，这种行为表征的背后，并不意味着教师对该职业持有激情，而更多的是一种教师长久以来所内化的职业伦理支撑的结果。正如一位老师所讲的："上课是自己的职责，必须去。可能在上课之前，口头上抱怨，要怎么样。但一走到课堂上，就该怎么就怎么，不能在班上去抱怨社会上的东西或自己的不愉快。作为职业操守嘛，面对学生不能去念叨这些东西。因为从事这个职业，就没有必要（去念叨）了。"[①]

第二节 道德与伦理："良心"驱使下的坚持

"良心"一词具有道德含义。作为古老的伦理概念，它本身指的是天然的善良心性。朱熹解释为："良心者，本然之善心。即所谓仁义之心也。"（陈东利，2014：48）在康德看来，"良心是自己对自己做出裁决的判断力，良心以善良意志为根据，良心通过义务意识而对道德法则产生敬重感情"（陈新汉，2010）。马克思在批判性吸收前人研究成果基础上，将良心范畴界定为认知、判断、情感和趋向四个部分。认知是以道德主体对社会道德要求和规范体系的理解与认同为基础和前提的；在此基础上对自身行为进行道德判断和评价；道德情感是良心本质的要求，它使道德主体感

---

① TM01-1。

到愉悦或痛苦，从而激发其行为动机；在此基础上产生的行为趋向，体现在道德意志和信念上（陈东利，2014：163）。可见，良心是一种对自己行为的道德评价，表示了内心对是非善恶的正确认识；同时，良心也是一种责任意识，而且对自律和自省的要求比其他意识更高。

如前文所述，在教育激情下降的背景下，"教良心书"是中西部农业县城中学教师总结当前工作状态的情感性话语。那么，应该如何理解这一话语？这一节内容将结合有关"良心"性质的相关研究，回答前述问题。

一 "教良心书"的多样性

不可否认，"良心"对于个人行为具有导向和驱动性。但是，"教良心书"具有多样性的内涵。笔者在调研中发现，尽管教师都自评为在"教良心书"，或者说"凭良心教书"，但是其所指涉的维度并不一致，存在较大差异。

有的教师从知识传授完整度的角度来谈良心，认为自己不像过去的师傅带徒弟，在技艺的传授上有所保留。教师更希望将个人所掌握的知识全部传授给学生，这就是一种良心。还有教师从对学生发展的角度来谈良心，认为个人的工作没有耽误学生的发展（尤其是指学生升学），甚至还对学生的发展有一定助力，这便是一个教师应有的良心。还有教师是从个人付出与回报之间平衡的角度来谈良心，认为即使在个人的回报低于付出的情况下，依然在竭尽所能地做好教育工作，这就是良心。还有教师从管教学生工作尽力程度的角度来谈良心。尤其是对那些难以管教的学生，做了多次思想教育工作之后依然难以见到成效的情况下，教师会选择如"冷处理"等方式。但需要注意，这并不等于教师没有"良心"，只是教师个人尽其所能之后的无奈选择。教师对良心的理解呈现多样性，表明了教育工作的复杂性。

二 "教良心书"的类型混合性

几乎所有行为都可以被解释为受到"良心"的"支使"。在各种经验的表现形式里，呈现不同种类的"良心"，而且其教学实践还呈现多种"良心"类型的混合。

弗洛姆将良心分为权威主义良心和人道主义良心两种类型。权威主义良心是外在权威内化了的声音。权威主义良心的规定并不是由人自己的价值判断所决定的，而是由权威的要求、权威所明确的戒律所决定的（弗洛姆，1988：140~141）。相反，人道主义良心则存在于每个人的心中，不受外界制裁和奖赏的影响。它不仅代表着我们所表达的真正的自我，而且也包含生活中个人道德体验的本质（弗洛姆，1988：152）。在弗洛姆看来，"人道主义良心表现了人的自身利益和人的完整性，而权威主义良心则与人的顺从、自我牺牲、责任或他的'社会适应性'相联系"（弗洛姆，1988：152）。

在教师的"教良心书"这一话语中，既有人道主义良心也有权威主义良心（蔡辰梅、刘刚，2010）。具体而言，部分教师所呈现的权威主义良心，体现在两个看似完全相反的方向。正如上文所提及的教师从付出与回报之间的平衡来谈良心，是外在权威内化之后的声音。一方面，将"付出要对得起回报"作为评价良心的标准时，其本身反映的是当下整体社会价值观念的理性化走向，即追求付出与物质回报的平衡性。改革开放以来，中国社会的价值观发生了从整体价值观向个体价值观、从神圣价值观向世俗价值观、从精神价值观向物质价值观的转变（周晓虹，2009，2018；廖小平，2013）。市场经济发展中内生的个人平等与契约观念，作为一种外在的权威性观念，深刻影响并内化进教师个人的思想。一些年轻教师所持有的"拿多少钱、干多少事"，以及认为提高教师的物质待遇是提升其工作积极性的首要因素，都是权威主义良心的体现。另一方面，在部分中老年教师看来，"办人民满意的教育"就是要让学生考得上大学，甚至考得上重点大学。在此主轴下，教师将个人的教育行动是否耽误学生升学，甚至是否对学生升学有所助力作为衡量"良心"的标准。而且，对学生的严格批评，甚至不带来严重后果的轻微体罚（如打手板、打屁股）都被他们认为是合理且可接受的。因为，从主观意图而言，这些措施不在于惩戒学生,而是促使学生拼搏、考上大学。可以看出,由于考试选拔制度以及"知识改变命运"这一信条在教师日常生活中的长期作用和渗透,"逼着学生出成绩"也成为"对学生负责""为学生好"的公认的教育行为方式(蔡辰梅、刘刚,2010)。由此可见,不管是强调物质层面的付出与回报平衡的良心观,还是为了学生能够考上大学而不惜代价的良心观,本质上而言,都是外在权威的声音已经内化并成为自我的一部分,并以"良心"的形态和名义对个体发挥作用。

当然,在权威主义良心之外,教师个人同样也存在人道主义良心。这种人道主义良心,最明显的体现就是当教师看到学生处于对知识很渴求的状态时,会竭尽所能地去帮助、教导学生,即尽管教师对自身的社会地位、物质待遇、由社会赋予的职业角色期待等可能存在不满,呈现对教育工作的情感能量低沉、缺乏激情的状态,但是一旦有来自学生的积极反馈,就能够有效唤醒教师内心这种最本真的情感,即面对学生在知识方面的渴求时,一种发自内心的自然状态。同时,这种人道主义良心还体现在教师内心对于现有教育制度和教育方式的反思方面。比如,有教师就对目前在教育实践中的题海战术进行反思,还有教师对"知识改变命运"这一信条在实践中异化成的只强调成绩的应试主义教育进行质疑。他们认为,学生个人素养的提升比成绩更重要,是教育中更应该注意的维度。只不过,正如蔡辰梅和刘刚(2010)所指出那样,"很多时候,外在权威的声音太强大了,以至于他们很难听到自己内心的声音,即使听到了,因为内在声音的微弱,也很难对他们的行为产生实质性的影响"。在教育实践中,尽管有诸多内在的声音在提醒教师个人应该注意的行为,如不应该放弃每一个学生、不要搞题海战术、要注重学生个人社会情感能力(social and emotional competence)的培养等,但是在面对强大的外在权威时,教师更多地还是遵从外在权威力量的要求行事,并认为这就已经是个人在凭良心做事、教"良心书"了。

三 "教良心书"的伦理性

虽然不同教师对何谓"良心"的认知存在差异，但他们的教育行为都受到"良心"的导向和驱动。"教良心书"作为一种内在伦理对其教育实践发挥支配作用，正如"过日子"这一概念被视为一种农民的生活方式（吴飞，2007）、生活伦理（陈辉，2015：1）一样，"教良心书"本身是教师的一种工作方式和工作伦理。在教师的教育实践中，"良心"这一内在框架无时无刻不在发生着对教师行为的"支使"作用，教师教育激情的变化也正是在个人良心评价体系中不断计算和调整的结果。教育激情在本质上是一种情感能量，它包含个人内心对于教育行为的意义和价值的评价及预期。这种评价必然涉及个人内在的良心（它本身具有道德和情感的意涵）框架的调节。所以，在某种意义上，教师教育激情随着时代、社会环境、个人人生阶段的变迁而发生变化的过程，也是个人内在良心评价体系发生变化的过程。"教良心书"作为一种工作伦理，始终要求教师个人按照内在的良心框架行事。这种要求或规定性并不是外在的、明确的，而是被教师个人内化为一种职业道德、职业伦理，进而，教师自愿（而非强迫性）地按照这一伦理框架行事。

而且，需要看到的是，"教良心书"作为一种情感性话语的背后，更体现出教师基于职业道德和职业伦理的坚持和坚守。不可否认，部分教师会从付出和收入的角度来衡量工作付出是否值得，但这并不必然作用于其工作投入。在课堂之外，教师可能会有抱怨、不满，但一旦要走进教室，他们都会尽力调整个人的情绪状态，以饱满的热情投入教学工作之中。笔者在调研中发现，许多教师会在课间分享与学生互动中的一些小惊喜。这些来自微观情境中的积极反馈又在一定程度上肯定并强化了教师对于该职业的情感承诺和坚持。在此意义上，作为"人"的教师会让位于作为"专业人士"的教师。而"教良心书"恰好是作为"专业人士"的教师的专业情感与专业伦理的彰显。

第三节 本章小结

本章通过案例和数据呈现了当前朗水中学教师的教育激情现状，并对作为支持性力量的"教良心书"这一概念的特征进行了探析。在进行简要小结之前，需要再次说明的是，"教良心书"这一情感性话语概念本身不属于教育激情的范畴，而是教师对于目前教育激情下降背景下教育工作现状的形象性概括。

概括而言，朗水中学大部分教师的从教原因是教师职业外部吸引"拉力"，而非个人发自内心对于教育行业的热爱之"推力"。教师对于该职业的认知基本趋向于"世俗化"，不再强调教师职业的神圣性和特殊性，而是将教师职业纳入现代社会分工体系之中，将其看作与其他职业无本质差别的工作。此外，在"素质教育""快乐教育""安全至上"的教育政策理念和家庭关注重心下移的社会文化作用下，教师对学生的管教受到约束，教师与家长之间的权力关系发生变化，教师的社会地位逐步下降，自身的"弱势群体"感强烈。但是，在教师地位弱化的同时，教师群体所面临的压力增大。教师群体在面临前述各种现实压力的情境下，其职业情感也更趋向于负面或中立，怀有强烈正面情感的人较少。尽管如此，大多数教师在教育行动中依然能保持较高的投入程度，并且在课堂授课中尽量克服自己的负面情绪，以精神饱满的状态投入教学工作之中。需要指出的是，这种积极性不是教师教育激情的体现，而是作为一种外驱力的职业伦理发挥的重要作用。

"教良心书"作为教师形容个人当前工作状态的情感性概念，首先，其内涵具有多样性，即教师群体内部如何评价良心的标准和维度并不一致；其次，这一概念还有道德性，尽管不同的教师对于"良心"一词的内涵理解多有不同，但有一个共同的特点，就是强调自己的行为对得起自己的良心，是符合自己所秉持的道德框架的；最后，"教良心书"也是一种工作伦理，教师个人将各种要求或规定内化为一种职业道德、职业伦理，进而，自愿（当然也是一种外在权威的隐性强迫）按照这一伦理框架行事。

第四章 从志业到职业：情感体制的影响

> 读得多书胜大丘[①]，
> 不耕不种自来收。
> 白天不怕人来借，
> 夜里不怕贼来偷。

在笔者的父亲尚为少年的时候（20世纪七八十年代），上述打油诗在四川农村广为流传。其大意是：多读书、多学知识远胜于拥有大片的土地[②]，因为它不需要（像土地一样）耕种就能够有收获。而且，它不怕别人来借、来偷。在构思这一本书稿之初，笔者的母亲也曾讲到她们当年对于无须从事农业生产的人的殷羡，尤其是在自己无论烈日当头还是瓢泼大雨都要去操持农事的时候[③]。

在这一阶段，"跳出农门"成为广大农村人口的强烈愿望，但"跳出农门"的仅有出路是参军和升学。参军要在规定年限内提干才可能跳出农门，难度较大。因此，参军对于农村人并没有太大的吸引力。故而，升学成为唯一的选择。此时，"知识改变命运""学好数理化、走遍天下都不怕"等口号广泛流传，营造了尊师重教、努力学习的氛围。相应地，教师普遍受到重视，拥有较高的地位。就笔者亲身经历而言，至少在笔者的家乡朗水县，到20世

---

① 大丘，俗语，指大片土地。
② 在中国历史上，长久以来（大致到20世纪八九十年代），土地都是农民最为重要的资产和投资对象，拥有大片土地往往象征着家庭富裕。
③ 在20世纪七八十年代，中国还没有出现明显的务工潮。几乎所有的农村人口都要依靠农业生产来维持生计。

纪 90 年代,教师都极受尊重。每年到宰杀年猪的时候,基本上农村每家每户(尤其是有子女上学的家庭)会盛情邀请乡村学校的教师到家做客,"喝肝子汤"[①]。这一阶段的教师,尽管工资不算高,但是能够从与学生、家长的互动中赢得尊重,并感受到工作的意义与价值,故而在教育中表现出较高的积极性。然而,到了 21 世纪,不管是涉及家-校关系的相关报道还是教师个人的自我披露,都能够让人真切地感受到原本融洽、温情脉脉的关系正在逐渐发生转变,教师的教育情感和工作投入也在嬗变。

可以看到,教师社会地位和教师自身对于教育行业的情感正在随着社会历史背景发生变迁。这种变迁事实上体现出的是现代化的一个过程和剪影。因此,解读教师职业,需要将教师纳入现代化进程中加以分析,探索教育激情在现代化过程中是如何发生变化的。

自 1978 年改革开放以来,中国走上了快速的现代化道路。40 多年来,中国社会发生了巨大的变迁,有研究者认为中国已经进入一个新的社会转型时期(李培林,1992),转型的主体包括社会体制、社会结构、社会形态、价值观念等多个方面(宋林飞, 2002;孙立平,2002,2005;陆学艺,2003;李强,2005)。或许,对当下中国社会的一个形象化概括就是"转型社会"。这一正在进行的转型席卷了社会生活的方方面面,也包括教育领域。事实上,教师社会地位的变化及其对教育行业的情感变化,正体现出社会转型的一个过程和剪影。因此,分析教师的教育激情,必须依托社会转型这一时代背景。

这一章将聚焦于超越具体情境的、连接宏观社会结构的情感体制,分析社会转型中的情感体制及其对教师教育激情的影响。当然,正如笔者在界定情感体制这一概念时所指出的,中国这一特定社会中存在特定的、整体性的情感体制,在教育这一领域中

---

① 四川的农村地区盛行养猪。基本上常年在农村生活的人会自己养猪,到年末的时候杀猪。"肝子汤"即"猪肝汤",当地农村常见做法是将猪肝和瘦肉混在一起做汤。在物质较为匮乏的年代,杀猪的第一顿饭邀请教师,体现出的是对教师的极高尊敬。

也存在特定的情感体制。当然，不同的群体中包含着不同的情感体制。基于此，这一章内容将从两个方面展开：首先，探析统领社会的、整体性的情感体制为何，这一情感体制如何影响教师情感和意义系统，又如何影响社会对教师的评价；其次，探讨在整体性情感体制影响下的教育领域具有什么样的情感体制，其又如何作用于教师的情感能量和情感劳动实践。

第一节 现实主义：统领社会的情感体制

成伯清（2015）在定位数十年来中国社会的变化时，借用威廉斯感受结构（structure of feeling）这一视角来刻画社会成员生存于世的基本体验，并将这一嬗递概括为从"理想主义激情"到"消费主义狂欢"。他指出，自20世纪50年代以来的持续运动，包括数不清的政治仪式和集体活动，型构了五六十年代的理想主义激情，而改革开放以后，人们强调以经济建设为中心。这一变迁在实质上就是从集体走向了个人，激情燃烧的岁月让位于平凡为己的生活。

那么，这一席卷全体社会成员的情感体制的变迁，是如何投射到教育领域，进而影响教师的教育激情呢？在这一小节的内容中，笔者将以教育领域为例，分析改革开放以来社会统领性情感体制的变迁过程以及在这一整体性的情感体制下，教师群体所秉持的意义体系的变迁和社会对于教师群体社会地位评价的嬗变。

一 从"理想信念"到"经济至上"：社会情感体制的嬗变

改革开放40多年以来，中国走上了快速的社会转型之路。与此同时，社会总体性的情感也在发生着嬗变。1978年12月13日，邓小平同志在中共中央工作会议闭幕会上，做出了《解放思想，实事求是，团结一致向前看》的讲话，并提出"解放思想、实事求是"的伟大思想。这一思想激发了亿万人民内在的积极性，广大人民群众均以极高的热情参与到生产生活之中，并给各行各业带来了无限的生机。以此为端到20世纪90年代初,整个社会呈现追求理想信念的情感体制。而90年代初以来,随着对外开放的深化与扩展,整个社会的情感体制又发生了变化,走向了"经济至上"。在这一部分,笔者以教育领域为例,来解释整个社会情感体制的变迁过程。

(一) 追求理想信念(20世纪70年代末至90年代初)

从20世纪70年代末到90年代初,"解放思想、实事求是"的思想春风同样吹拂到了教育领域。教师精神振奋、信心百倍地投入工作,要为"早出人才,多出人才,快出人才"奉献自己的绵薄之力。一位老教授曾深情回忆道:"改革开放的第一个10年,它确实是一个激情燃烧的岁月,我们那个时候是被'文革'耽误的一代。一启动改革开放,虽然那时候还很贫穷,但人们的精神面貌不一样了。我们要为中华崛起而读书,要把失去的青春补回来。"由此可见,教师群体呈现以追求理想信念为目标的情感体制。当然,这一情感体制得以产生,既有外在的环境激励,也有内在的理想强化。

1. 外在环境激励

改革开放以后,国家意识到教师对于整个社会发展的重要性。因此,改革开放,教育领域是最先开始的。早在1977年,邓小平就表示:"我们要实现现代化,关键是科学技术要能上去。发展科学技术,不抓教育不行。"[《邓小平文选》(第二卷),1994:40] 1978年4月,邓小平在《在全国教育工作会议上的讲话》中强调:"一个学校能不能为社会主义建设培养合格的人才,培养德智体全面发展、有社会主义觉悟的有文化的劳动者,关键在教师。"[《邓小平文选》(第二卷),1994:108] 因此,邓小平要求要"要特别注重调动教育工作者的积极性,要强调尊重教师"[《邓小平文选》(第二卷),1994:50]。

邓小平从实现现代化的目标出发,强调要尊重知识、尊重人才,并亲自推动和积极督导教育领域的拨乱反正、解放思想。比如,党的十一届三中全会以来,尊师重教的战略意义再次得到重视。国家通过制定法律、建构话语体系等方式来宣传教师形象。在这一阶段,原本在10年"文化大革命"中被打击的教师群体得到了前所未有的尊重,社会地位也迅速提高。

教育领域的改革在地方得到迅速的落实。1978年9月,朗水县委召开朗水县教育工作会议,批判了"四人帮"炮制的"两个估计",明确了知识分子是工人阶级的一部分。1983年12月,朗水县委、县政府及各区党政领导,分别在各地举行隆重的授章大会,给教龄25年及以上的公办、民办中小学教职工发"园丁纪念章";1985年9月10日,在我国第一个教师节,朗水县委、县政府召开隆重的庆祝大会,表彰全县中小学评选出的优秀教师270名和尊师重教单位21个。除了恢复教师的政治地位和提高社会地位之外,朗水县还对教师工资进行了大幅度的调整。1977年和1979年,两次调整中小学教师工资,升级面均达到40%。1981年,再度给教师调资,普升一级的有2521人,其中有1123人调升两级。1985年,中小学教师工资制度改革,实行由基础工资、职务工资、工龄津贴和奖励工资4个部分组成的结构工资制。退休教师在原有工资的基础上,每人每月增加17元。工资改革之后,中学教师人均提高25.16元,小学教师人均提高22.94元(朗水县志编纂委员会,1989:621~622)。

由此可见,改革开放的头10年,教师的政治、经济和社会地位提高,在整个社会中重新形成了一种尊重知识、尊重人才、尊重教师的氛围。在这种氛围中,教师感受到前所未有的尊重,也感觉到实现自身价值的希望。故而,大部分教师以较高的激情投入教育工作之中。比如,尽管这个阶段收入并不高[1],但是各位教师都会不计回报、自觉地将大量时间和精力投入教学之中。而且,除了教学,教师的教育激情还体现在对学生的关爱方面。

以前我在SH中学读书那会(1981~1983年),中午老师

---

[1] 但需要注意的是,与周围人比较,此阶段的教师收入也并不低,处于平均水平,因而不会让教师有失衡感。

一吃了饭就来守着我们。还有周末，星期六下午上了一节课之后开始分批次放学，但三节课老师都守到。我们星期天下午要上自习，老师又守到那里了。那个时候老师没得钱哦。①

关爱学生这一块吧，像我们高二的时候，关爱培老师当我们班主任，冬天的时候，他烧好水就把这些学娃儿喊起去洗脚啊。②

此阶段尊重教育、尊重教师的社会氛围还体现在教师与家长的互动之中。

我才到胡氏祠③教书时（1985 年），村民很朴实、很尊重老师。那时候，旁边社员杀猪了，就邀请老师去耍、吃肉。他请老师确实出于对老师的尊重，那时候我也确实教得好，让他娃儿有收获。④

教师在这一互动中强化了对教师职业的价值认同。正如上述案例所呈现的，在这一阶段中，农村教师能够明显地感受到社会地位的提高。因为，正如李涛和邬志辉（2015）以及于翠翠（2016）等的研究指出的，在读书改变命运成为农村人强烈认同的观念时，乡村社会尊师重教的传统再次被提倡，并进一步强化了教师的职业认同，使得教师具有全身心投入教育活动的澎湃激情。

2. 内在理想强化

除了社会环境的外在驱动之外，个人价值、理想等内在力量也激励着教师投入大量的情感和精力到教育工作中。

那时候，"文化大革命"才结束。前面那几年，教书也没

---

① TM02 - 1。
② TM08 - 2。
③ 朗水县一个村小的名字。
④ TM02 - 1。

有搞到名堂样,给我们的感觉就是"文化大革命"耽误了10年。这期间教书的也没有教书、就在耍。作为一个教书的,如果不教书,像"文化大革命"时那样耍,还要在生产队去做活路①,那种感觉不一样。(所以一回到教学岗位)就想着要把损失夺回来。而且,本来国家也缺人。还有就是,才架势的时候②,社会分配还是比较公平的。所以,那时候的老师都很玩命啊,大家都是这样的。我们才出来,也是这样。好像不这么整呢,很对不起学生一样。③

由此可知,在这个阶段中教师教育激情的高涨,是客观环境、过往经历和价值理想三重力量共同作用的结果。从客观环境而言,彼时社会财富分配较为平等与公平,教师群体不会处于一个悬殊的状态之中;从过往经历而言,那些在"文革"前就已经进入教育行业的教师感觉到,在过往的农业生产经历中并不能实现个人在职业社会化过程中所内化的情感目标,所以"感觉不一样";从个人价值理想而言,进入教学岗位能够"把损失夺回来"、为国家培养人才,进而能够实现自身的教育理想。这些要素共同型构了教师应该具有不计物质回报地尽力付出("迫到整"④)这种内在的道德框架,否则,就会感到愧疚("很对不起学生一样")。这种愧疚感作为个人内在的道德框架的反向驱动力,也在驱使着个人的行动。

更加重要的是,充满激情的教育工作还能够实现自己的教育理想。在尊重人才、培养人才、发展科技这一大的时代背景下,教师个体的职业理想与国家所倡导的理念相融合,并内化为一种全新的职业理念——考大学。毫无疑问,对于教师职业而言,其最大的成功在于引导与改变学生、给学生以美好未来的希望,也就是让学生成长与成才。但是,教师心中的成才观念经由国家主

---

① "做活路",指"干活"。
② "才架势的时候",指"刚开始、刚起步"。
③ TM08-2。
④ "迫到整",指"全身心投入"。

导性价值观念的塑造，其内涵被简单化为"考大学"。正如一位20世纪七八十年代就奋斗在教学岗位上的退休老教师所坚信的：

> 我有一个看法就是，哪怕某个学校吹自己办得很好、校长又能干，但如果学生考不起大学，那等于零。要说行，要有升学数。不管说德育还是别的，都要抓升学数，因为老百姓认可的是升学数。①

这一信念的形成与现实环境的推动相关。在此阶段，如果学生能够考上大学，其命运将完全改写。所以，升学能够得到社会的认可并成为社会评价学校和教师的标准。同时，如果教师能够让学生考上大学，他也会赢得学生和家长的尊敬与感激。当然，需要再次明确的是，此阶段教师抱有极高的教育激情，在目的上并不是直接指向物质待遇或物质回报，而是通过升学这一种形式真正给予学生以希望。

(二)"经济至上"（20世纪90年代初至今）

如果说从20世纪70年代末到80年代末，教育领域中体现的是尊重教育、尊重教师的情感体制，并塑造出教师高涨的教育激情的话，那么，随着90年代初以来对外开放的扩展，整个社会开始拥抱市场经济逻辑之后，情感体制又发生了什么样的变化呢？

1992年初，邓小平前往南方武昌、深圳、珠海、上海等地视察并发表重要谈话。在其讲话中，强调了：不坚持社会主义，不改革开放，不发展经济，不改善人民生活，就没有出路；革命是解放生产力，改革也是解放生产力；改革开放的胆子要大一些，敢于试验，看准了的，就大胆地试，大胆地闯；要提倡科学，靠科学才有希望；要坚持两手抓，一手抓改革开放，一手抓打击各种犯罪活动，这两手都要硬。[《邓小平文选》（第三卷），1993]这一讲话从理论上深刻回答了长期困扰和束缚人们思想的许多重

---

① TM19-1。

大认识问题,提出了对整个社会主义现代化建设具有现实和长远指导意义的重要思想,为推动我国改革开放和社会主义现代化建设进入新阶段做出了重大贡献。这一次讲话也进一步掀起了"下海经商"和人口流动的热潮。

在市场经济和现代化运动过程中,除物质增长和人员流动之外,整个社会转型呈现技术主义、经济主义、物质主义的务实取向(陶东风,2008),也更容易发生理想主义式微、终极关怀失却(徐贵权,1998)。换言之,社会整体性情感体制也在发生变迁,那就是"经济至上"(现实主义)逐渐成为总体性的情感体制。在这一情感体制下,一方面,社会成员将货币收入作为最主要的目标;另一方面,社会成员也将物质收入的高低作为衡量价值的重要手段。

1. 追逐经济收入

社会变迁是如何被社会成员所感知和体验到的呢?首先,伴随着社会整体对于货币的追求,在之前不计回报、拼命奉献的教师们,其价值观念也开始动摇了。

> 我1987年到SH中学时,老师都还有这种(不计回报的奉献)精神。20世纪80年代末、90年代初,在下海经商等影响下,观念改变,就不一样了。从我内心来讲,变化比较大的可能还是90年代。那时候,其他完小[①]发钱都比较高,奖金那些也比较多,比我们那时候多,心里还是有点不平衡。[②]

其次,随着日常生活日益货币化,在工资收入方面的不如意也将直接影响到教师的工作行为,包括时间的投入和工作钻研的程度。比如,另一位教师就表示,"在90年代比较穷,就去做生意,专业的话就没有去太钻研过"[③]。

---

① 完全小学的简称。
② TM08 - 2。
③ TM02 - 1。

2. 以经济成就衡量价值

在近几十年,社会成员逐渐把经济上的成就作为评价个人的较为重要的指标。与此相应的是,"有钱"成为衡量一个人价值的重要标志,"人们总是将艳羡、崇拜的目光投向有钱人、当权者"(于翠翠,2016)。与教师相关的"经济至上"观念至少体现在两个方面。一方面是"读书无用论"思潮的复兴。乐志强和罗志敏(2017)认为,新中国成立以来我国出现了三次比较典型的"读书无用论"思潮。其中,第二次"读书无用论"思潮发生在改革开放初期,表现为全民下海经商、知识分子收入偏低等;第三次"读书无用论"思潮出现于 21 世纪初,表现为不少中学生辍学、大学生厌学、大学生就业难等。值得注意的是,第二次"读书无用论"思潮的影响力较强,延绵至今。以至于在当今社会中,呈现两种思潮并存,相互交织、共同影响学生学习观念的状态。具体而言,一是全民下海经商潮中,部分没有知识的个体在经济上的成功对现在学生起到一种负面示范效应。二是当今大学生就业难的现实也在逐步刺破学生群体"知识改变命运"的信条。比如,笔者在调研中就发现,部分高中毕业生在暑期就开始外出做临时工、积累工作经验。他们坚持认为,如果不能上一个比较好的大学(指本科),就不如外出务工,甚至一位家长就坚决反对自己的孩子上专科院校,认为这就是浪费金钱和时间。与此相对应的则是"家长也把老师看得淡"①"比如学生犯了错,班主任把家长请来,家长跟班主任对着干的都有"②。社会环境的快速变迁,以及社会价值观念的变化,直接影响了教师长久秉持的教育理想的实现,也客观上造成了教师社会地位的下降与成就感的降低。

另一方面则是教师在日常生活与交往中所产生的落差感。在 20 世纪七八十年代,"教师的收入水平跟周围人差不多,(所以教师)心中要平衡些"。然而,随着社会财富的分化,尤其是与周围的同学、朋友对比之后,这种落差就更大。比如,一位女教师就

---

① TM01-1。

② TF02-1。

表示：

> 我们同学比过，那个时候班上的同学比我们各方面条件都很成熟、非常好！我有个高中同学，当时在班上成绩也不好，还复读了一年才读到本科。自己在上海那边开了一个公司，反正搞得非常好。我们和他就莫法比①。在层次上莫法比，在生活质量上就更是莫法比。②

如果说在与原本认识的同学、朋友交往中，这种教师地位的落差感还不会很明显，那么在与其他人的交往中，教师群体则会更加明显地感受到这种落差。正如一位年轻老师所说：

> 我们出去吃饭，见到别的人。他问你干啥呢，"教书"。然后，如果他职业地位高，他就会觉得，"妈呀，教书的"，就这种。虽然没有说这种话，但是你能感受到。③

结果便是，教师对自身身份的否认或隐瞒。

> 我出去，别人问我啥子④职业，我一般都不得说我是老师，除非非常熟的人问，我才说。一般情况下，我就直接说没得职业的，或者就是说我是打工的，都不得说是老师。⑤

总体而言，市场化的扩展正在逐步塑造一个全新的、总体性的情感体制，那就是"经济至上"。在这一情感体制下，经济收入方面的成功变成了衡量一个人的价值和社会地位的重要标准。在这样一个"能者居上"的社会中，教师"在金钱和权威下都不是

---

① "莫法比"，指"没有办法比"。
② TF02-1。
③ TF03-1。
④ "啥子"，指"什么"。
⑤ TM13-1。

成功者"。当"学生、家长、管理者和社会都没有把教师当作专业人员来给予他们必要的尊重"（岳欣云，2012），甚至有些家长对教师只有要求与命令时，教师"自己也觉得悲哀"[①]。所以，很多教师把教育定位为一种谋生的职业，而非因为教育行业的特殊性而被吸引加入，并没有爱上这一职业，甚至对于社会所建构出来的各种神圣化比喻，如园丁、蜡烛、灯，"有些教师心里面也嗤之以鼻"[②]。

二 从情感到利益：教师情感能量的内涵嬗变

在从"理想信念"走向"经济至上"的整体性情感体制嬗变过程中，教师作为社会的一员，其价值追求也相应地发生着嬗变，进而影响到其情感实践状态。概括而言，部分教师正在从重视"情感回报"转变为追求"物质利益"。这不是绝对的二元划分，而是一种渐进的嬗变过程，体现为在从情感回报到物质利益的连续系统中的流变过程。在这个连续系统中，绝对的情感回报或绝对的物质利益回报都是理想状态，在现实中更多地体现为"情感"和"物质"的成分孰多孰少的区分。

（一）追求情感回报

前文已经呈现，在20世纪七八十年代追求"理想信念"的情感体制影响下，尽管收入水平并不高，但是教师们愿意在"莫得[③]钱"的情境下"争着上课"，在上课中"追到整"，以及"自愿守自习"，甚至"烧好水叫学生去洗脚"。正如柯林斯（2012）所讲，这些行为并不能增加教师的物质利益，因此不能用理性论的角度来解释，但是情感能量却是"个人在可选择的互动仪式中做出决策的共同标准"（柯林斯，2012：224）。也就是说，人们行为不是追求利益最大化，而是情感能量最大化（王鹏、林聚任，2006）。

---

① TF01-1。
② TM01-1。
③ "莫得"，指"没有"。

那么，此阶段教师所追求的情感能量是什么呢？通过对教师的访谈，我们可以发现其核心就是教育工作中的情感回报。具体而言，这种情感回报体现在三个方面：一是由国家建构的价值目标能够实现所带来的情感回报，包括能够尽量夺回在"文革"期间不能教书育人的损失，以及能够为国家培养人才；二是在日常与学生、家长的互动中所感受到的尊重，它属于一种外在的驱动力，是一种社会认同方面的情感回报；三是由通过个人的工作能够改变一个人的命运，以及能够在教育中传输自己的思想、观念，带来的一种教育理念实现、自我价值实现的情感回报。

在此意义上，方能凸显教师情感工作的特殊性与教育职业的神圣性。正如埃森巴吉尔和赞比拉斯所指出那样，关爱伦理是教师工作中的一个非常重要的成分，而关爱能让教师在情感劳动中得到内在的、情感性的回报，比如自我满足、学生的感恩等，进而教师可能享受并进一步寻求情感劳动，这就是教师情感劳动与其他行业情感劳动的区别之处。当然，也正因为这种不同，教师的情感劳动或可被视为"积极的情感劳动"（Isenbarger & Zembylas, 2006）。

（二）走向利益追求

然而，随着市场经济理念向教育领域的席卷，教师的诉求也在发生变化，从追求情感回报到注重物质利益的回报。在教师的情感劳动过程中，所考量的重点部分变成了物质追求。具体而言，这种影响体现在四个方面，一是日常工作与收入挂钩；二是以物质待遇决定工作积极性；三是以高考成绩衡量绩效和成就；四是教师情感的功用化。

1. 日常工作与收入挂钩

教师诉求转变的重要表现便是，日常的教学工作必须与经济回报挂钩。一位年轻老师表示：

> 我觉得物质上面还是很重要的。比如，让我做个啥子事情，只要物质上到位了，我肯定毫无怨言。给我那么多钱，

我就肯定要做那么多钱的事情撒！但有时候、很疲惫的时候，我就想"给我这点钱，让我做这么多事情，还要做好，我才不干呢"。①

由此来看，在当下的社会中，有些教师对于工作的衡量以物质收入为主，而不再认同奉献和追求"情感回报"。

反正我就觉得，付出的努力要和收入成正比，要不然我心里不平衡。我觉得一切都是建立在平等、互惠互利基础上的。我不愿意拿身体去透支，去做那些奉献、志愿的事情。②

可见，在当下的环境中，教育行动的情感能量内核变为"物质"，而非20世纪七八十年代教师的"情感回报"。因此，教育情感能量的高涨与否就直接与物质收入挂钩，这也形成了当今教师的公平观，即公平与否体现为物质回报与付出是否画等号。

2. 以物质待遇决定工作积极性

教师对教学的态度和积极性也反映出一个事实，即以物质待遇决定工作积极性。以朗水中学为例，不同职称级别的教师收入差距较大，而同一职称级别的教师的收入差距则主要体现在绩效方面，而这又主要与上课量挂钩。一位老师就明确指出了这一差别：

平时就是超课时，每个月也就一两百，一年下来也就一两千块钱，差距不大。主要还是基本工资和绩效的差别。像我们办公室的L主任，他是高级（职称），基本工资就是3000多，我们才1000多嘛。绩效的话，我们中（学）二（级）才2100多，他们中高是3000多。③

---

① TF03 - 1。
② TF05 - 1。
③ TF02 - 1。

特别是刚入职的新教师,其收入水平更低,"才1000多块钱的基本工资,领到手的也就2000多块钱"①。因此,在这种物质等价计算的逻辑下,很多评上高级职称的教师会主动申请只教一个班,或者至少存在这种想法。正如一名老教师所说:"好多人肯定是这种想法撒②……好多人都是评上高级就只教一个班了。"甚至,一些觉得自己没有希望评上高级职称的中学一级教师也选择只教一个班。"我们组评了中一(中学一级)的有好几个,他们现在都只教一个班了。他们对于评高级就不抱希望,明显评不到。"③ 所以,学校系统中的教学主力是中级教师。一位中学一级教师(也是学校中层领导)就直言不讳地表示:

> 我还是直言不讳地说,为了晋升,为了职称。因为班主任工作与你的工作量、业绩(挂钩),那是最原始的(动力)。你看我们,很多时候,评了高级职称以后,第一,班主任可能不当了;第二,课也上的少了。现在普遍是这种现状。实际上学校里面的顶梁柱,都是我们的中级教师。因为他面临的是要评职称、晋级这些最切实的需求。④

可以看出,在当下环境中,不管是对教育工作积极投入还是授课班级能躲就躲、能少就少,都体现出一种理性计算的思想。

3. 以高考成绩衡量绩效与成就

在理性计算这一观念体系下,教师认可把高考成绩作为衡量绩效和自我成就的标准。从教育理念而言,高考不应该成为高中教育的核心目标。相反,对学生素质和能力的培养才应该是最重要的目标。尽管许多教师都认识到了这一点,但是都不约而同地表现出对于社会现实压力的屈服。一位教师就表示:

---

① TM02-1。
② 即笔者所提出的"评上高级(职称)的教师,就选择只教一个班"。
③ TM07-3。
④ TM11-1。

学校、教师本应该要对孩子进行关注和呵护，但是为了适应社会要求（高考压力），普遍多进行知识传授，对心灵呵护偏少。一般情境下，教师除了在学生违纪、成绩不好时与学生进行交谈，对其修养、礼仪的要求较少。当然，虽然我也意识到这个问题，但也主要还是进行知识传授。①

而且，教师自己也"不愧疚"。由此可见，将物质的满足作为个人情感追求的目标，已经侵入了教育领域。在这一情感体制下，可以明显地发现教师成为被异化的群体，尤其是教师群体在职业社会化过程中所内化的教育理念和理想被现实刺破，并将物质诉求替换为个人的价值目标。在这一崭新的、以物质为衡量标准的价值体系的影响下，才会出现教师的"不愧疚"。

4. 教师情感的功用化

"谈心"作为师生之间情感交流的重要机制，也是建立良好师生关系的感情基础（姚兴华，2009），受到诸多教师的欢迎。然而，在目前看来，谈心变成了方便教师管理、继而服务于高考的一种手段。一位年轻的班主任表示（也代表了诸多老师的心声）：

> （谈心）不晓得是不是功利，出发点还是想跟这群娃儿把关系搞好。当然，师生关系搞好，是为了更方便你的管理，知己知彼嘛。你要晓得娃儿这个想法，到底是啥子。特别是他的性格，到底是啥子性格，他的心里到底是咋想的，主要目的是方便管理。②

当然，日常的管理也是服务于高考的。"在高中三年期间，最主要是在意他的成绩。以成绩为主导线，之所以关心他一切的发展，包括心理方面、身体健康啊，都是为了服务于他的学习，让他的成绩提高。所以，一旦高考结束之后，已经成为定局了，就

---

① TF01-1。
② TM20-1。

没有必要了。"①

如何看待教师群体这种以追逐物质利益为目标的情感付出呢？这种情感付出的本质是什么？这些问题可以从情感工作和情感劳动的划分加以分析。20世纪90年代后期以来，一些学者开始关注教育教学中的情感投入，认为教学是情感劳动（emotional labor）的一种形式，教师在其中需要付出大量的情感劳动（Hargreaves, 1998a）。陈晨（2019）通过研究工读学校的教师情感投入问题，对教学属于情感劳动提出了质疑。她认为，"教学中的情感工作（emotion work）对于教师而言是重要的工作要求，也是必要的教育要求，与服务业相比，教师的情感劳动在于育人，而不是直接获取薪酬"。在她看来，工读学校的教师展现出的是一种情感工作，但是其情感付出与目标不一致，是超越目标的情感付出。或许，对于工读学校的教师而言，这确实是一种情感工作。但是，就普通高中的教师而言，这是典型的情感劳动而非情感工作。这是因为，教师将原本属于私人领域的情感投射到学生身上，其主要目标是方便管理和促进学习，最终是想让学生在高考中取得更好的成绩。学生的高考成绩，一方面与学生个人将来的发展相关；另一方面在当下的很多教师看来，还直接与其物质待遇、社会认可挂钩，是个人价值的重要体现，也是其在同事群体中获得尊敬和羡慕的重要资本。在此意义上，虽不能否认教师的情感工作在育人方面所起到的重要作用，但是至少就教师自身的关注点而言，还是将其作为换取物质利益的工具。所以，这是一种与其他行业无异的、典型的情感劳动，折射出教师情感的异化。

三　从"传道者"到"服务者"：社会对教师期待的嬗变

"师者，所以传道授业解惑也。"唐代诗人韩愈在《师说》一文中指出了教师的应然职业角色。长久以来，这句话也被教师奉为圭臬。当然，这一说法既是对教师的角色期待和职业责任的要

---

① TF03-1。

求,更是赋予了教师崇高的社会地位。就教师自身的认知而言,当前在教育领域中出现的各种问题,其根源就是师道尊严的丧失。所谓"师道尊严",不是简单地强调教师地位高、学生地位低,学生应该服从教师的威严。同样,"师徒如父子"这一隐喻也不完全是强调师生关系中的伦理钳制。相反,这对教师也是一种伦理要求,包括对学生的身心关爱、无保留地传授自己的学识和思想。所以,在某种意义上,教师口中的"师道尊严",更等同于"尊师重教",即希望学生尊重和听从教师的教导。这一说法所要维护的是教师作为教育者、学生作为接受者的角色关系。

然而,伴随着整个社会情感体制的变迁,不仅教师的自我价值追求在发生嬗变,而且社会(尤其是家长)对于教师的职业角色评价和职业地位赋予也在相应地发生变化。概言之,就是教师角色从"传道者"向"服务者"转变。需要指出的是,这些转变背后有一个一致性的内核,那就是教师的地位建立在其功用性的基础上。而社会对于教师角色的认知以及地位赋予的变化,在某种意义上,也恰好是教师在特定场域内所能发挥的功效弱化的结果。

(一)作为"传道者"的教师

在上一部分已经指出,在改革开放的初期,教师在教育工作中表现出的激情高昂,在很大程度上是跟其社会地位的提高分不开的。在这一阶段,教师不仅受到国家和政府的尊重,而且在日常的交往中还受到家长和学生的尊敬。其中,国家和家长的尊敬尤为重要,这是因为,它们的尊重从整体社会氛围和微观互动情境两个方面形塑了教师的角色价值,让教师有从事教育工作的意愿。而且,这种较高的社会地位也在某种程度上生产出了教师对学生进行教育的权力,尤其是按照传统的教育方式(特别是指适当的惩戒)来开展教育工作的权力。正如一位教师回忆的:

> 我小的时候,是强调师道尊严嘛,天地君亲师!尽管父母没有读多少书,但是坚决不允许我去冒犯老师。我记得小学时跟老

师顶撞了一次，就着了（父母）修理（教育）的。①

在这个阶段，家长配合教师，将一部分惩戒权赋予了教师，并充分信任教师对学生的管教行为的合理性。因此，教师在整个社会中享有较高的教育自主权和社会地位。当然，教师社会地位的提高与时代环境密切相关。一方面，高考制度的恢复所带来的公平的受教育机会让人们找回了信心，看到了向上发展的可能，每个知识青年都期待通过知识改变自己未来的命运。另一方面，尤其是对朗水县这样的贫困地区来说，在城乡二元结构下，大量的农村年轻人只能通过努力考大学进入城市中，获得城市居民粮本进而改变农民身份。这种阶层上流渠道的畅通性和直接性使读书成为极具功用性的身份改变方式；而且，相比于原子化和分散化的农民职业来讲，捆绑在单位工作岗位上的收入稳定性、高额的福利回报以及畅通的身份晋升渠道无疑具有强烈的刺激性（李涛、邬志辉，2015）。因此，升学率得到社会的认可并成为社会评价学校和教师的标准。当然，如果教师能够让学生考上大学，他也会赢得学生和家长的尊敬与感激。概言之，知识价值的重塑，对教师社会地位的提升有着直接的推动作用。在当时的社会背景下，教师作为为数不多的知识拥有者，不但受到国家的重视，也得到了民间的认同与肯定。与此相对应的是，乡村社会尊师重教的传统得以被认同和提倡（于翠翠，2016），这也让教师能够很好地承担起"传道者"的角色。

需要明确的是，在这个阶段，也许部分家长对于教师的尊重不是基于人格的，而是期待教师能够给予自己子女更多的关注和关照，但不可否认教师在当时享有较高的社会地位。

（二）走向"服务者"的教师

然而，随着整个社会逐步向现实主义的情感体制嬗变，并把物质利益上的成功作为衡量个人社会地位的标准，教师的社会地

---

① TF02-1。

位逐渐下降，甚至连职业角色也出现了异化。一位从教 20 多年的教师直接明确地表示："现在的教师对于学生而言，是服务者！"①事实上，这一观点被大多数教师所认可。笔者对朗水中学教师进行的问卷调查结果显示，66.7% 的教师认为自己是"学生的服务者"。

"学生的服务者"这个角色暗示着在教师的认知中，师生关系②的特殊性和教育的特殊性已经被抹去，变成了跟其他行业无异的经济交换关系（Truta, 2013）。事实上，伴随着中国市场化而来的是教育商品化，教育被作为一种可以在市场上进行交易的商品（Guo, 2016）。在一些学校（尤其是一些私立学校）中，教师和家长之间的关系变成了"服务者"和顾客的关系（Guo et al., 2018）。在学生的学业成就方面，教师单纯扮演着提分机器的角色；而在学校生活方面，教师又变成了需要照顾学生安全和健康的"保姆"（Hu et al., 2023）。当然，"服务者"这个词本身蕴含着两层意思：一是师生之间的角色由教育者与被教育者的角色向具有市场交易意涵的服务提供者与购买者的角色转变；二是相互之间地位的变化，即由师生之间的平等地位（甚至师强生弱的地位）向教师地位低、学生地位高的方向转变。毕竟，与"服务者"相关联的"顾客是上帝"本身就强调了学生作为顾客的强势地位。

1. "保姆"式的教师职业角色期待

所谓"服务者"或"保姆"③，不同于"传道者"所强调的教师要承担知识和道理的传授工作，它们在字面意义上强调了外在的服务或照顾。那么，为什么教师会形成这样的职业角色认知呢？这其实与部分家长对子女的期待密切相关。

在 2018 年 6 月 7 日（高考第一天）下午的数学考试快结束

---

① TF01-1。
② 正如邵晓枫（2007）所指出的，师生关系是教与学的关系。"教师是具有某方面专业知识的专业人员，其任务是传承人类文明，帮助和促进学生发展；学生是不成熟的发展中的人，其任务是学习并创新人类文化，并使自身获得可持续的健康发展，而要实现这个目标，就离不开教师的引导。这二者的角色和任务决定了他们之间是教与被教、引导与被引导的关系。"
③ 第三章有关教师的角色认知的调查结果显示，66.7% 的教师同意是"学生的服务者"，还有两位教师指出是"保姆"。

时，笔者在朗水中学考点门口听到一位家长对另一位家长说:"反正四川高考压力也大，能够考起的基本也就 1/3。现在娃儿又小，出去打工又不现实，反正就让他读嘛。作为父母的，只要尽力就行了。"当然，家长所持有的这一教育期待背后也折射出了在当下宏观社会结构和教育机会分配格局中，县乡中学里面大多数学生"教育无望"的现实窘境（谢爱磊，2017）。这一现实窘境也导致了部分家长对于教师职业角色期待的转变。也就是说，对于家长而言，如果子女的学习基础好、升学有望，他们会尽力地通过自发流动的方式进入教育水平更高的地区和学校。而留在县城中学就读的学生，很多是没有希望考入大学的。而且，子女的年龄不够大，也不能外出务工，那就只能"反正就让他读嘛"。一位教师就对目前部分家长对子女不抱期望但继续送来读书的现象做出了描述：

> 对于家长而言，他也晓得娃娃成绩不好，也晓得读不出来。其实，那些家长让娃娃来上高中，就是想让他们把年龄混大一些，然后进入社会，或者读个专科。你晓得现在，高中实际上已经普及了，基本上想读的就能读。但是，如果现在把这些娃娃送出去打工、做事，则根本不合适。[①]

在对子女升学不抱期望的背景下，家长对于教师的角色期待也发生了变化，其中最重要的变化就是管教方式。如果说 20 世纪八九十年代的家长之所以配合教师，并将一部分惩戒权赋予教师的根源在于期待教师能够给予自己子女更多的关注和关照，进而给子女带来美好的未来（考上大学）的话，在目前的环境下，在将子女留在县城中学上学的家长中，已经有很大部分并不期望教师能够给子女以美好的未来。当然，家长缺少这种期望，除了基于对子女升学无望的判断之外，还有一个重要的现实因素，那就是生活机会的增多。换言之，伴随着社会转型而来的是广大社会

[①] TM07-2。

成员有了更多改善生活、改变命运的渠道，而不再仅仅依靠"知识改变命运"。而且，伴随着高等教育的扩张以及教育回报率的降低，他们也在一定程度上信守"读书无用论"的说法。进而，也就不再希望教师去严格管教，教师只需要承担照顾其子女安全成长的责任即可。如果通俗地讲，家长对教师的此种期待，不就是对保姆的期待与要求吗？当然，这也是教育领域出现"安全第一"情感体制的重要缘由之一。

2. 弱化的教师地位

家长对于教师职业角色期待的变化，也相应地带来了教师地位的变化。这是因为，教师的地位也与家长的期待相关。正如笔者在前文所述，在20世纪七八十年代，当家长将教师视为给学生带来改变命运的希望的"重要他人"时，对教师表现出极高的尊重和敬意；而当家长认为不再需要通过教师给学生以希望时，教师的地位也相应变化。正如阎光才（2006）所提出的，自古以来，整个社会对于教师的期待本身就具有功利性的色彩。中国传统"师道之尊"被建构，与其说是教师的"启蒙"功能，不如说是他为幼童所启开的哪怕最初的一线仕进希望，更受人关注。在当下的环境中也是如此。

笔者在田野调查中，时常听到教师自我感慨为"弱势群体"。笔者的问卷调查结果也显示，多达82.7%的教师同意"教师是弱势群体"这一说法。当然，"弱势群体"这个词从词义来讲就有地位低下的意涵。教师的弱势地位感知，直接体现在两个方面：一是社会对于教师期待的"扭曲化"；二是教师在日常互动中感受不到被尊重，以及在涉及师生冲突时所遭受到的不公平待遇。

家长（或社会）对教师期待的"扭曲化"表现为两个方面，一是社会对于教师期待的二元背离，即社会对教师持有较高的要求，但与此同时并没有赋予教师相应的地位；二是家长和学生对于教育成败的归因的"扭曲"。

> 对教师要求较高，但是对于教师的社会地位、社会服务、社会福利啊，较少甚至压根没有。也就是说，在教室里面，

他希望你是神一样。但是你出了这个地方,他们就不这样想了。①

社会期望值对老师要求很高,只希望你们老师怎么去辅导别人。社会只是强调老师该怎么样,因为老师是圣人、神人,就该这样。②

有些家长认为,我这个娃儿在学校学得好是娃儿能干。在学校有了啥子事,一切都是老师的。③

在日常互动中,教师在很多时候感受不到学生的尊敬和尊重。比如,很多学生在校内外碰见老师时,并不会主动打招呼;很多学生不知道授课教师的姓名④;当教师对其进行教育批评时,还可能当面顶撞;等等。而且,一旦师生之间出现矛盾冲突,教师就容易遭受不公平的对待。事实上,在目前涉及师生关系问题的处理上,一直存在"强教师、弱学生"的假定,即教师是强势的,学生是弱势的。一旦师生关系出了问题,那么在很大程度上都是教师的责任。

或许,教师职业之所以被称为一个"悲剧的职业"(尹弘飚,2009),则是在教师社会地位下降过程中,整个社会还对教师角色抱有较高的要求,甚至在师生冲突中也认为教师应该有所牺牲。也就是说,当下教师的社会地位一直处于"尊卑相悖、德福背离、重心失落和关系错位"的二律背反境地(陈永明,2010;徐静、任顺元,2009)。具体而言,在社会转型过程中,整个社会在对待教师的问题上,存在用古代中国教师的声望、职业道德规范来衡

---

① TM07-1。
② TM11-1。
③ TF01-3。
④ 笔者针对学生的调查问卷显示,绝大多数不能写出给其上课的所有教师的姓名,尤其是音乐、体育、信息和美术课教师的姓名,甚至其中少部分学生,除了班主任教师的姓名之外,其他科任教师的姓名都不能写出来。

量和要求现代的教师,未能正视商品经济冲击下教师队伍变化的现实。一些人一方面既不尊师又不重道,还苛求教师"谋道不谋食""安贫乐道"(郑新蓉,1998),或者对教师抱有如上文所谓的"圣人""神人"的期待。事实上,不只朗水县,这种现象在全国范围内都很普遍。比如,2007年的一项调查表明,91.6%的公众都希望全社会最优秀的人当教师(成梅,2007)。但现实是,既无大量优秀学子心甘情愿报考教师教育专业,也无足够数量的优秀教师心甘情愿从事教师教育工作(吴康宁,2009),根源则在于这种二律背反的处境。这种情况在朗水县这类偏远农业县城,更加凸显。当然,这样矛盾的社会地位感知也必然会导致教师自我身份认同的混乱,并极度消耗教师进行情感劳动所需要的情感能量。

第二节 应试主义与安全第一:教育领域的情感体制

教育领域作为整个社会的有机组成部分,必然受总体性情感体制的影响。当然,每个领域也有自己的特殊性。教育既是一个培养心灵的行业,受到教育传统和教育理念的影响;也是为国家经济社会现代化培养人才的行业,受到国家对于教育的整体定位和规划的影响;还关涉到学生和家长等主体,也必然受到家长对子女教育期望的影响。因此,在多种力量的影响下,教育领域呈现一种既与总体性情感体制有关联、又有区别的情感体制,概括而言,那就是应试主义和"安全第一"两种情感体制的并存。

一 应试主义

1963年,教育部提出反对片面追求升学率;1983年,教育部又发布纠正片面追求升学率倾向的十项规定。20世纪90年代初,"片追"上纲为"应试教育"并于1993年发布的《中国教育改革和发展纲要》、1996年发布的《国民经济和社会发展"九五"计划和2010年远景目标纲要》等国家层级的政策文本中确认"由'应试教育'向全面素质教育转变"。然而,应试教育却越来越严重,"高考指挥棒"在基础教育(尤其是高中教育)中的实际作用越发凸显(戚务念,2019)。所谓"应试主义",周序(2017:5)在《应试主义》一书中将其界定为:将"应试"作为整个教育的核心工作而不仅是考前行为,"应试"从考前的短时阶段变成了贯穿整个基础教育的主线,甚至遮蔽了教育的其他目的。这一概念与原国家教育委员会副主任柳斌(1998:3)所界定的应试教育——以考试得分为手段,以把少数人从多数人中选拔出来送进大学为唯一目的的、片面追求升学的教育——的内涵基本一致,即把应试作为整个教育的核心工作,以片面追求升学率为主要目的的教育制度(戚务念,2019)。

社会中随处可见应试主义的影子。比如,每年高考季,各中学大力宣传高考成绩、各省高考升学率排名,以及各地对于高考成绩优秀的学校和教师的表彰等,都在不断强化学校和教师的一种信念,那就是一切围绕"高考指挥棒"转。事实上,尽管国家的各种教育规划、政策都在努力纠正这一倾向,但应试主义教育的力量强大到不管是地方性教育主管部门[①]的政策规划还是学校的各种规章制度,几乎都围绕"升学率"这一重要目标运作。在此意义上,应试主义成为统领教育领域的一大情感体制。

应试主义这一情感体制何以产生,目前已有许多研究者从不同视角进行了探讨,并且得出了诸多很有启发性的结论。这一议题不是本书的关注重点,因此,笔者不再对此进行讨论。笔者更关注的是,这一情感体制如何作用于一线教师的情感劳动。这是因为,作为教育系统的一员,不管是有意还是无意,教师都被卷入这一情感体制之中,进而调适自己的工作行为。当然,应试主义对教师情感劳动的影响不是空泛的,而是通过一系列主体的相互交缠而形成的。具体而言,应试主义其实就是一条围绕获取考

[①] 本书所指的地方性教育主管部门更多的是强调地市级及以下(县、区和乡镇等)的行政部门,而不包括省级或中央政府。正如戚务念(2019)所说,参与应试主义竞争的目标是高考指标。而高考指标是分省定额制,国家按照一定的原则给各省份分配招生名额,省与省之间不需要竞争。因此,省级层面更多会响应国家层面、教育部的政策与文本,提倡素质教育,反对应试教育。

试分数及依附在分数上的以利益为目的的作用链条。这个链条上包含地市级政府以及教育主管部门、县级政府以及教育行政部门、学校、教师和学生等主体（戚务念，2019）。由此可见，政府部门、学生（和家长）以及学校是影响教师情感劳动的重要主体。因此，在这一部分中，笔者将从这三个方面来分析应试主义情感体制对教师情感劳动的影响，即家长教育选择、政府招生制度安排和学校教育管理。同时，分析应试主义下的教师情感劳动。

（一）自发流动：应试主义下的家长教育选择

在当今社会，时常能听到"读书无用论"及相关的说法。与此同时，在家长教育期待和资源投入方面呈现的地域、阶层差异越来越大。2016年，一篇题为《底层放弃教育，中产过度焦虑，上层不玩中国高考》的文章引发了诸多的关注，并引起了大众对"教育是否还能改变命运"这一问题的广泛讨论。除了阶层流动固化的问题，该文还揭示了一个现实，即不同的阶层对于教育的态度存在巨大的差别。在态度的影响下，不同的阶层所采取的教育行动大相径庭。不谈比重较小的社会上层，中产阶层的过度焦虑在某种程度上正反映出其对于教育重要性的认知。而社会底层之所以放弃，则是发现在教育层级中的边缘化位置并不能给其带来等值的回报。由此可见，现代化文化模型依然发挥着重要的作用（冯文，2018），对于社会底层群体而言，放弃教育的行动不是对现代化文化模型的否定，而是一种"读书无望"的体验在发挥作用（谢爱磊，2017）。

在现代化文化模型下，每个家庭都会在可能的情况下，去追求更加优质的教育质量（冯文，2018：15~33；丁小浩、翁秋怡，2015），这就自然而然地产生了教育流动与学生分层的问题。所谓"教育流动"，本书指的是在追求更加优质教育资源的目标下，学生（及家长）在升学阶段（包括小升初和初升高）进行的学校之间的流动；而学生分层，则指的是以学生升学考试成绩为基准，不同层次学生群体之间的分化。

教育流动的一个总体趋势是：随着优质教育资源的扩充和招生限制的减弱，生源呈现层级向上流动的样态。其结果便是，除了最优质的教育资源集团保持着优势集中与扩大和最低级层次学校生源萎缩以外，中间绝大部分层次的学校出现"生源降级"的现状，进而通过作用于教师的教学成就感的方式来影响教师的情感劳动。这种"生源降级"及其对教师情感劳动的影响在县城中学体现得非常明显，因为县城中学作为市级中学和乡镇中学的中间层次，它恰好经历着优质生源流失与相对劣质生源进入的局面，即它更加明显地感受到"生源降级"的影响。

在笔者读高中期间（2006～2009 年），县域间高中生源流动并不明显，基本上中考成绩占全县前几十名的会选择在本县高中学校就读，在此之前更是如此。而 2010 年之后，生源的流动呈现加速化的趋势。到笔者调研时，中考成绩位于全县前 100 名的初中毕业生几乎都选择流向了安汉市区或其他城市的高中就读。以 2016 年为例，中考成绩占全县前 100 名的学生中，有 66 名学生选择去安汉市区的学校就读。朗水县"生源降级"这一现实产生的一个重要因素就是部分家长群体出于对优质教育的追求而自发流动。

自发流动性的增强，一方面是家长对不同层级学校教育质量评价的结果，另一方面也跟家庭收入水平提高、交通便利性增强相关。在 2010 年之后，随着生源流动的逐渐加剧，朗水县这类县城的中学囿于层级劣势，并不能很好地留住优质生源。有关家长和学生的自发教育流动情况，可以从朗水县初中学校学生家庭构成和高中学校学生家庭构成的对比中清晰地呈现。

目前，在朗水县城初中就读的学生中，其父母主要包括如下三种。第一部分人，也是占主要的，就是本县行政机关、事业单位、医疗单位的人，或者说是与政府单位有关联的人。他们之所以要将子女留在自己身边，是意识到父母陪伴对子女身心发展的重要性。第二部分人，就是"留守-陪读"群体，即自身在外地打工，但在城里买房的群体。第三部分人，则是对子女教育期待较低的有钱人。然而，到了高中阶段，上述第一部分人的子女继续留在本县读高中的极少，而是流动到了安汉、成都、绵阳等地教育质量更优、升学率更高的学校。而留在本县继续读高中的，则主要是上述的第二部分、第三部分人的子女。

通过上述我们可以发现，县域高中优质生源的流失，从某种角度，也正折射出社会对教育的认知和重视程度的差异。当然，这也显示出应试主义价值观念的影响。这是因为，对于家长而言，如果子女升学有望，他们就更加坚信通过升学来改变命运这一说法。但是，如果更加深入地探究，则可以发现，家长的这种应试主义信念背后还有现实主义的影子。换言之，当子女升学有望时，则期待子女在应试竞争中取得优势并采取自发流动的行动，继而希望升学能够给子女带来更高的人力资本回报。当然，在此背景下，教师作为子女应试竞争中的重要推手，则相应地得到了家长更多的尊重与配合；相反，像朗水中学这样的县域中学，囿于自身教育质量的相对弱势，在应试竞争中缺乏竞争力，部分留下的学生的家长本身就对子女升学不抱有期望，对教师的尊重相对较低。须知，来自家长的地位赋予和来自学生的学业成就，是教师进行情感劳动的重要能量。但是，自发流动下的生源降级以及由此而来的地位下降，并没有起到补充情感能量的作用。

（二）等级录取制：应试主义下的政府招生制度安排

自发性流动之外，制度安排则起到了推动生源流动的作用。当然，地方教育部门之所以采取如此方式，其核心目标同样是高考升学率，因为地方教育部门也在应试主义教育的链条之中，它们同样需要在省域范围内参与升学率的竞争。为了这一目标的实现，一个最可能的方式就是优势集中，使优质生源与优质教育资源相匹配。为了满足家长对于优质教育资源的需求，地方政府的教育部门等级制录取的政策也就自然出现了。

自 2014 年以来，安汉市教育和体育局对全市高中阶段招生进行统筹管理，这在制度层面承认了生源流动与高中学校进行生源竞争的现实。具体而言，在招生方面采取了全市统一划线、"志愿填报－录取"这一等级制录取的措施。其中，分批次录取这一方法则直接对朗水中学这一类县城内市级示范中学产生了影响。因为，与此配套的"志愿填报－录取"制度①将其竞争优质生源的可能性降低。

从表4－1可以看出，公办高中的录取层级被划分为从"提前批"到"第四批"共五个层次。处于不同录取批次的学校，表现出等级的差异；同时，这一等级差异也转化成了吸引优质生源优先秩序和能力的差异。比如，第一批次的六所中学属于国家级示范高中（俗称"国重"），它们被允许在全市范围内招生。而且，除了LM中学之外，其余五所中学还被允许跨市（州）招生。在某种程度上，它们作为安汉市的顶级中学，已经在全市范围内采取了一次"拔尖"行动，将最优质生源录走。随后，才是其他中学在本县域内招生。

在朗水县，尽管朗水一中和朗水中学均属于第二批次招生，但是朗水县教育局规定，两所中学不能同时填报②。当然，县教育局的规定同样是基于应试竞争的逻辑。由于朗水一中在过往高考成就和社会认可度等方面均高于朗水中学，它对优质生源的吸引力明显大于朗水中学。因此，县教育局的规定实际上就是将朗水中学置于了第三批录取学校的行列。正如朗水中学的招生办公室主任所说：

> 留在朗水县的就是第二层的学生了。这个第二层次学生的优生哇，因为历史原因主要就选择朗水一中。朗水一中的招生规模一直接近我们学校的两倍，招生规模大，那么优生大部分就被录取走了。③

---

① "制度填报－录取"制度，通俗地讲，就是初中毕业生需要提前填报高中志愿。而且，一旦被所报考的学校录取，就只能去该校就读。因为，只有正式录取的学校才能给学生办理学籍。
② 见《朗水教育局关于做好2018年初中学业水平考试及高中阶段学校招生工作的通知》（朗教〔2018〕83号）文件。
③ TM18－1。

表4-1　安汉市2018年高中学校录取批次及人数安排

学校类别	志愿批次	招生学校	录取人数	设置机构	备注
民办高中（公费生）	第一批	安汉一中 安汉十中	安汉一中360人 安汉十中100人	市教育和体育局	两校公费生只面向S区招生
公办高中	提前批	举行自主招生考试的学校	学校计划数的5%	市教育和体育局	省级示范高中具有自主招生考试资格
公办高中	第一批	安汉高中 L市中学 X县中学 BT中学 N县中学 LM中学	各校在其所在地以外的县（市、区）录取人数不超过当地参考人数的1%；在其所在地县城内录取人数不超过学校计划数的10%	市教育和体育局	安汉高中（S）在S区按计划录满；安汉高中（J）在J区按计划数录满
公办高中	第二批	当地省一、二级示范高中，部分市级示范高中	省一级示范高中录取计划的90%，其余学校按计划录满	各县（市、区）教育局	
公办高中	第三批	市级示范高中或一般高中	按计划录满	各县（市、区）教育局	
公办高中	第四批	一般高中	按计划录满	各县（市、区）教育局	

资料来源：朗水中学招生办公室提供的《安汉市教育和体育局关于做好2018年初中学业水平考试及高中阶段学校招生工作的通知》（安汉市教体办〔2018〕41号文件）。

（三）质量＝升学：应试主义下的学校教育管理

周序（2017）在《应试主义》一书中曾指出，在应试主义的背景下，学校的各种规章制度成为将全体学生纳入"应试主义教育"体系的强制性保障。此时，学校便不再是一个"教育性"的环境，而是一个"简单规训"的场所。事实上，除了学生之外，在应试主义背景下，学校的各种规章制度也同样将教师纳入"应试主义教育"的体系之中，教师也同样是被规训者。那么，学校管理的基本理念是什么样的呢？这种管理方式又如何影响教师的情感劳动？

笔者通过调研发现,在学校管理中,始终坚持"质量是学校的生命线"这一理念。那么,什么是质量?关于高中教育的质量观,朗水中学主管教学的副校长做出了充分解释:

> 老百姓把娃儿送到你这里来是为了考上大学。他娃儿如果能在别的地方考上大学而在你这考不上大学,那肯定不得行。所以说,这有一个关键的问题,就是正确的教育质量观。现在是"高考指挥棒",你说你质量好、思想工作做得好、搞了各种活动等,但娃儿莫法考起(没法考上)大学,谁信呢?家长肯定就认为这个学校没办好嘛。高中教育和义务教育不同,义务教育是全面发展,提升他们的素质。高中教育是高考题能做起、分数考得好,你能说他素质不好吗?肯定好。[①]

由此可知,在学校的理念中,"质量"一词已经被剥去了多重含义,而仅剩下了"升学率"这一意涵。换言之,"质量是学校的生命线"可以被简单地理解为"升学率是学校的生命线"。当然,这一理念的形成与家长对于升学的诉求密切相关,也与整个教育系统的评价体系密切相关。所以,在学校的实际运转中,对于升学率、传授知识等方面的强调要更多一些。

当然,在应试主义这一情感体制下,学校的各种管理条例都围绕升学而定。就有关教师的管理规章来看,包括《朗水县中小学教职工绩效考核试行办法》《教学质量评估制度》《朗水中学晋升中、高级职称考核方案》等一系列条例,都赋予了学生升学率这一指标以极高的权重。比如,就《朗水中学晋升中、高级职称考核方案》(2017年10月版)来看,教师在两个教学周期(6年)中的教学质量在考核中占有极大的比重,甚至直接关系到教师的职称评定。而且,在组织教学工作时,班级的分层以及教师的搭配等方面,均以高考为主轴。

---

① TM02-3。

（四）应试主义下的教师情感劳动实践

应试主义情感体制对于教师情感劳动实践的影响是显而易见的。笔者在调研中发现，教师在与学生进行互动时所采取的各式各样的策略中，很多与应试主义情感体制密切相关，甚至很多看似完全相反的互动策略，其背后的根源都指向了应试主义。比如，为了更好地激发学生的积极性、提高教学效果，教师在大部分时间要真诚表达所感受到的正面情感，如欣慰、开心、惊喜等；同样，为了让学生不受到教师负面情感的影响进而无法专注于听课，教师在大部分时间会压抑负面情感。但是，教师在部分场合压抑性地发泄负面情感，或者压抑高强度的正面情感，同样是基于让学生专注于学习、提高教学效果的目的。而有效完成教学任务、提高教学效果、让学生更加专注的背后，无一不与应试主义的情感体制相关。

与此同时，我们还需要看到的是，在应试主义这一链条中，尤其是从地市级政府以及教育主管部门—县级政府以及教育行政部门—学校—教师—学生这一层级性的作用链条下（戚务念，2019），县城中学处在弱势地位，并由此给教师情感劳动资源带来了负面影响。那就是，基于对优质教育资源的追求而形成的自发流动，以及来自政府部门的为了实现优势资源聚集的等级制录取制度，将县城中学置于了招生层级的下端（乡镇中学则处于底端），继而使得县中面临生源降级的现实。生源降级的现实一方面使得县中教师通过高考而实现自身价值以及获得物质报酬的可能性减低；另一方面还使得县中教师职业责任发生转变，那就是要更加注重维护学生的身心安全。这一转变背后，涉及家长对子女教育期待的变化。当然，这两个方面的因素既使得教师进行情感劳动所需的情感能量得不到有效补充，也让教师的教育工作重心发生偏移，那就是更加注重学生安全，甚至这一责任压力要明显强过升学的压力。

二 安全第一

除了应试主义之外,在教育领域中还有另一个重要的情感体制,即"安全第一"。"安全第一"背后,暗含着不出事的逻辑。所谓"安全第一",它包含以下两层意思。一是要求学校和教师将学生的身体和心理健康放在第一位(在某种意义上可以说是处于最重要的位置),甚至对于学生的违规行为也不要过分管教,以防止学生出现事故。二是教师在教育工作中,首先考虑的不是教育的本真性目标,而是维护自身的安全。教师自身的安全既包括身体安全(避免与学生发生冲突而受到身体伤害),又包括职业安全(即教师不能因为处理问题不当而让自己的职业前景受损)。当然,"安全第一"的两重内涵之间具有内在的相关性。具体而言,教师的工作实践要求其不可避免地要(而且主要)与学生发生互动,因此,学生的安全问题也就必然关涉到教师的安全问题。如果教师在与学生互动中,充分关注到学生的各种状态,让学生在自己的课堂上不出事,那么也就是保障了教师自身的安全;相反,如果学生出现事故,教师也必然受到相应的责任处罚,严重时甚至被开除教育系统。

需要指出的是,正如上一部分结尾所述,在县域范围内,"安全第一"这一情感体制的力量甚至要强于"应试主义"的力量。许多教师表示,升学压力也就在高考时或学校召开教师大会时能感受到,而安全压力则时时刻刻存在。这背后的一个重要原因就是,在县城中学就读的部分学生的家长本身就没有对子女的升学抱有过高期望,更多的是希望子女能够在学校得到教师的管教,从而不出任何安全问题地顺利成长。那么,"安全第一"何以成为教育领域的情感体制?其又会对教师的教学实践产生何种影响呢?

(一)安全第一情感体制的产生逻辑

有研究指出,学校教育中的"不出事"逻辑是2000年之后才逐步形成的。20世纪90年代,学校管理较为严格,教师都很负责,多数学生不敢跟老师作对,以班级为单位的管理还很有效

(王会，2017)。在田野调查中，很多教师也感慨道，在2000年以前，教师还敢对学生施以惩戒教育，而到现在甚至连罚站都不敢。"不能出事，要将学生的安全放在第一位"这一情感体制的产生，大致可以从四个方面来理解：一是对"快乐教育"的庸俗化理解；二是有关"体罚"的模糊化界定；三是政府和学校"不出事"逻辑的强化；四是整个社会风险处理机制的变化。

1. 被庸俗化的快乐教育

西方崇尚快乐的教育思想历史悠久。所谓"快乐教育"，其基本观点包括三个方面：第一，快乐是人的心理需要的满足状态，主要指的是情感的享受和精神的愉悦，其最高境界是理性的智慧之乐、德善之乐；第二，快乐是发自内心的情感满足，指的主要是内在之乐，追求的是幸福之感、幸福之乐；第三，快乐是自由的、积极的和享受的，但并不排斥艰难困苦和意志努力，快乐教育也不是娇生惯养、放任纵容、娱乐玩耍(郭戈，2015)。由此可见，快乐教育强调的是高层次的、基于心灵和情感得到满足之后的快乐，而非肤浅的、表层的、肉欲的快乐，所以不能庸俗化地去理解快乐。正如卢梭(2001：71)强调的："庸俗的理论家，竟把放纵同自由、快乐的儿童，同娇养的儿童，全都混淆起来，我们必须使他们了解这中间是有区别的。"

然而，在快乐教育思想传入我国并被快速接受的同时，社会却出现了卢梭所批评的庸俗化理解的倾向。其中，最明显的就是将快乐教育简单地理解为单一的情绪体验的快乐。所以，父母在培养子女过程中，更多的是采取溺爱等方式去尽力满足子女的各种有理或无理的需要。

当然，庸俗化的快乐教育还与社会转型背景下剧烈的社会流动以及说服教育思想"联姻"，共同推动了家长对于子女期待的变化以及管教方式的变化。

一方面，伴随着改革开放而来的，既有自由流动资源和自由活动空间的出现(孙立平，1993)，也有生活机会(living chance)的增加。如此，自20世纪80年代以来，中国农民开始了进城务工的流动。然而，相应的保障制度不完善以及农民工自身收入的低下，限制了以家庭为单位的流动，导致了留守现象。留守儿童便是其中一个重要的主体。20世纪90年代以来农村劳动力流动规模持续增长，农村留守儿童呈现常态化趋势（周韵曦，2019）。2016年，首次农村留守儿童摸底排查的数据显示，留守儿童高达902万人（央广网，2016）。尤其是在朗水县这类中西部贫困农业县中，留守儿童现象非常突出。笔者对朗水中学学生的调查数据表明，父母都没有外出务工的学生仅占到17.8%。换言之，有82.2%的学生，父母双方之中至少有一人在外务工。其中，父母均长期外出务工①的留守儿童占到被调查总体的33.0%（275人）。

由于工商业不发达，本地吸纳劳动力有限。缺乏知识和技能的大量农民，主要是去外地寻求工作机会。农民工的流动带来的是其与子女在时间与空间上的分割，从而只能将对子女的照料责任转移到其父辈的身上。需要注意的是，在因时空分割而对子女情感关怀缺失的背景下，其父母多采取物质的方式进行补偿。当然，这种物质补偿和溺爱也与独生子女政策背景密切相关。正如伯娜丁·徐（2016：39）所指出的，由于计划生育的限制，独生子女成为其实现父母身份的唯一机会。因此，孩子的成功与欢乐成为他们为人父母履行职责、寄予希望和付出努力的唯一标尺，故而父母对孩子的感情更加深重。基于此，孩子也必然受到更多的溺爱。

另一方面，在说服教育思想大肆传播的背景下，广大家长也逐步接受并坚信这一思想。他们更认同在目前的社会环境下，通过讲道理、情感沟通等方式就能直接对子女进行很好的引导，而反对过往的惩戒教育。笔者与一名学生家长交流时，家长就如是说：

> 我不赞同老师打学生。即使是为娃儿好也不能打，因为打确实不能发挥作用。我们当父母的，在家里也没有说把娃儿捉着打。我觉得最主要的还是要讲道理，要从情感方面来

---

① 指每年在本县以外区域务工超过6个月。

感化娃儿。现在的娃儿啊，比起我们那时候，脾气更冲动易爆些。所以，打真的解决不了问题，有时候反而起到反作用。而且，老师处理不当，还可能发生悲剧。①

在社会转型过程中，农村父母为了寻求生活机会而被迫与子女时空分割而在内心形成的愧疚感，以及独生子女政策下因子女作为父母"唯一的希望"而寄托的强烈情感，让父母形成了"舍不得打骂子女"的情感状态，当然，也不希望教师在管理学生时进行严厉的批评甚至体罚。而快乐教育与说服教育这两个具有内在亲和性的观念，通过相互融合的方式而被社会成员所接受，并且成为家长不希望教师采取如批评和轻微体罚等惩戒方式的理论支撑。这些要素相互交织，共同塑造了父母对于子女的心态，即不能打骂、不能出问题。这既是目前教育体系中出现"安全第一"情感体制的时代背景，也是导致教师"不敢管"的重要思想根源。

2. 模糊化的责任界定与管教风险

如果说快乐教育的庸俗化理解成为教师不能按照过往的教育方式严格管理学生的思想基础的话，那么《教师法》、《义务教育法》和《未成年人保护法》中有关教师不能体罚、变相体罚学生的相关规定则直接从法律角度否决了教师过往管教方式（主要是体罚等形式的惩戒）的合法性。

但是，尽管现在的教师不敢采取过往的那种方式来管教学生，甚至觉得"不敢管、不想管"，但整个社会还是赋予教师以极大的管教责任。尤其是在朗水县这样的西部县城中学，在其学生多为留守儿童的情况下，大量家庭教育责任向学校和教师转移。教师在面临如此重大责任的同时，还面临着模糊化的责任界定问题，这直接增加了教师的风险，也进一步强化了"安全第一"的观念。

具体而言，这种风险产生的原因是家校关系的观念以及家长的心态发生了变化。前文已经有所提及，部分家长将子女送进学校之后，对其升学抱有的期望并不高，更多的是一种"交钱来让

---

① JZ01-1。

老师管娃儿"的心态。在这样的心态下,家长期待的是学校和教师要对学生的身心健康和安全负责。在市场交换的逻辑下,既然已经"交钱将娃儿送到学校了",那么,在部分家长的意识中,也就相当于将安全责任转移给了学校和教师。此时,如果子女在学校受到了伤害,毫无疑义,应该由学校和教师负责。事实上,这种事情经常发生。

> 以前在 SH 中学 ZDF 当班主任的时候,一个学生有一回脚扭到了。他给家长打电话呢,家长就说:"在你们学校扭了的,你就把他带到医院去看嘛。"①

> 有一次,学生自己打篮球,两个学生碰到了。最后家长来找学校麻烦,然后学校就要贴医药费啊。②

而且,这背后还涉及责任界定的困难性。尤其是学生心理健康问题,在很大程度上缺乏手段来进行明确的归因。在此,可以通过发生于朗水县另一个初级中学的真实案例来揭示这一问题。

> 2017 年,朗水县 H 中学一名初二的学生,父母均在外地打工。在某个星期六的时候,在家里面与奶奶发生了矛盾。其原因是他奶奶叫他不要玩手机、要写作业,最后他跟奶奶起了冲突,在家里面跳楼自杀了。但最终,家长找到学校要赔偿,说没有教育好。而且,家长还说学校作业布置过多和教师在上课期间批评了他,导致他心理不健康而最终跳楼。③

理论上而言,上述事件可以通过法律程序来处理。但是,最大的困难是没有办法界定学校是否有责任,比如学校布置的作业

---

① TM07-3。
② TF09-2。
③ 这一段资料根据多位教师讲述内容融合而成。

是否适当。正如一位教师评论的:

> 他说你作业布置多了,你说没有布置多少,那么多和少怎么界定呢?没有办法。然后,他说你批评了他娃儿,从某种意义上来说,学生做错了,或者行为习惯有什么偏差,批评学生很正常。①

尽管责任界定具有困难性,但这并不意味着就绝对没有办法。在实践中,一旦出现类似的事情,不管是家长、社会还是地方政府,都倾向于归责于学校和教师。在教师看来,家长寻求学校责任主要有两个方面的原因:一方面,国家法律赋予了学生受教育的权利,这往往被家长加以过度化的解读,变成了"负责学生一切";另一方面,则是在教师社会地位降低的背景下,内心缺乏对教师群体的尊敬。

3. 政府和学校"不出事"逻辑的强化

而且,在类似"学闹"事情上政府与学校"和稀泥""大事化小"的逻辑也起到了负面的示范作用。近些年,我们时常在网络媒介中看到所谓"学闹"的相关消息。"学闹"的产生,大体而言,正是政府维稳逻辑与家长"闹大"逻辑共同作用的结果。在当下的环境中,尤其是在媒介建构出的教师负面形象下,以及"强教师、弱学生"的逻辑假定下,整个社会中呈现的一种心态便是:学生出了事情应该是学校和老师的责任。而且,地方政府本应该维持社会的公平正义,但是在行动实践中往往倾向于以维护"稳定""和谐"为重要原则。

需要指出的是,政府和学校所追求的"不出事",正是基层治理中"不出事逻辑"向教育领域的延伸。其背后涉及的是学校属性的问题,那就是公立化转型中学校隶属官僚体制(曹永国,2012),进而对官僚体制具有依附性。以朗水中学为例,它本身隶属朗水县政府,受到朗水县政府和教育局的指导和管辖。基于此

---

① TM13-1。

种隶属关系和依附性，学校更多的是对教育局负责。而教育局本身属于行政机构，在强调和谐社会的背景下，其更是将社会和谐稳定摆在突出的位置（贺雪峰、刘岳，2010）。以此为主轴，行政机构在处理事宜时，更多会采取各种权宜性治理策略。就教育领域而言，基本上出了事情是认定学校和教师有责任，进而让学校和教师进行道歉或赔偿。这种治理策略在一定程度上又强化了家长的"闹大"逻辑，进而形成一种恶性的循环。

4. 风险处理机制的变化

不管是政府部门还是学校的领导，都不希望出现任何安全事故。但是，如果真的出现了安全事故，它们也会有一整套的机制进行风险分配，即将风险责任分散，这也进一步加深了教师的"高风险职业"体验感。

具体而言，现在社会存在很多风险，但在教育领域中，或者说在教师所面临的风险中，其风险处理与规避机制发生了变迁。在以往，教师之所以敢按照传统的教育方式来管教学生，根本在于，它有一套不同的风险处理机制。在这一套风险处理机制中，教师被排除在风险责任承担主体之外。诸多教师表示，在过去，他们是敢于采用体罚（包括打、骂）的方式来管教学生的，而且家长也认为教师有体罚的权利，认为是因为学生犯错才受到惩罚。也就是说，此阶段的家长能够理解并支持教师的行为。

但是，随着社会的发展，风险及其处理机制发生了变化。正如前文指出的，在教育领域，一个明显的趋势就是责任逐渐向学校和教师转移，与此相对应地则是风险也向学校和教师转移。当然，这一转移背后涉及家校关系的变迁问题。过往，家长认为学校和教师主要承担知识传授的责任；现在，随着部分家长让子女上学目标的转变（尤指前文所提及的让学生在学校安全成长），其心态也相应发生了变化。一个典型的心态就是，把子女送到学校之后，所有的责任也都转移到学校。同样，学校校长分散责任，将部分责任转移到班主任、教师身上。教育责任的泛化，使教师承担了诸多原本不属于他的责任。现在的教师不仅承担教书之责，还承担学生安全、身心健康等诸多方面的责任。由于责任界定的模糊性，以及当前的风险分配和处理机制，教师感觉自己处在一个风险社会之中。

综上可知，"安全第一"这一情感体制得以被生产，是多种因素综合作用的结果。其一，因流动而导致的时空分割以及独生子女政策下子女作为父母"唯一的希望"，在情感上让父母不愿意子女受到任何挫折（当然也包括惩戒）；而被庸俗化理解的快乐教育和说服教育的"联姻"则为父母不能让子女受到任何形式的惩戒提供了思想的合理性。其二，目前有关不准体罚或变相体罚的规章制度从法律的角度否定了教师惩罚的合法性。但是，对于体罚和变相体罚的标准缺乏明确界定，这又使得教师因害怕违规而自我强化"不出事"的心态。其三，一旦出现安全问题，政府部门会基于"不出事"或维稳的逻辑而将责任归结于学校和教师。与此同时，学校系统内部的风险分配机制也在进一步将风险进行传导和分散。上述各要素相互影响与相互强化，继而在教育领域中出现了"安全第一"的情感体制，甚至这个情感体制的力量比"应试主义"更强，正如许多教师所说："安全比升学的压力更大，安全问题是一票否决。出了安全问题，可能就把自己一辈子都搭进去了。"①

（二）"安全第一"情感体制下的情感劳动实践

"安全第一"情感体制同样对教师的教育实践产生重要的影响。前文已指出，在教育领域中，教师个体被卷入越来越多的教育责任之中，并且现有风险处理系统将诸多的风险责任转嫁到教师个人头上，使其面临着"生命不可承受之重"。在"安全第一"这一情感体制下，教师在教育实践中首先考虑的不是教育本真性目标，而是如何在这个风险系统中规避责任。以个人风险规避为主轴，进而展开一系列的教育活动。

当然，刻画"安全第一"情感体制下的教师情感劳动实践，可以从"教育"本身所指涉的"教书"和"育人"两个方面来展

---

① TM07-3。

开。这是因为，在诸多教师的认知中，作为科任教师，只需要尽教书之职即可，而班主任教师还要承担育人的责任。相应地，因为不同类型的教师所承担的责任不同，其互动策略也存在明显的差异。

1. 教学中的情感劳动策略

就科任教师的教育实践而言，大体可以归结为三个方面的特征，即有限管理、接触抽离和"察言观色"。

（1）有限管理

在常规性教学工作中，教师采取"有限管理"的策略，也可称之为"形式上管理"。所谓"有限管理"，在诸多教师看来，就是维持基本的教学秩序，但不深入管理。有限管理这个概念包含以下两个层面的意思。

第一，从整个班级的管理角度来讲，强调要维持基本的教学秩序。维持基本的教学秩序包括如下两个层面。一是课堂纪律，其基本要求是学生不要说话、不要干扰别人以及不要打瞌睡。当然，学生不打瞌睡、保持听课的基本样态，一方面符合教师心中所认可的学生基本状态；另一方面不好的课堂纪律是教师不愿意让家长或学校领导看到的一面，因为这可能使其在家长或领导心中形成"不负责"的印象。良好的课堂纪律即对学校领导、家长的基本交代。二是课堂之外的基本秩序，主要是指作业完成情况。在教师看来，如果放纵其中一部分不愿意学习的学生，允许其不按照要求提交作业的话，可能对全班其他同学形成负面的示范，进而影响教师的作业检查与威望。故而，对于其中部分不愿意认真完成作业的学生而言，就必须执行基本要求，也就是"抄起也作数"。当然，教师也明白，这种做法并没有太大作用。但是"给人感觉就是管他的，只要他交来，我们也就在维持教学的基本秩序了。当然，更多情况下，现在维持的都是一种表面现象"[①]。有限管理也意味着，只要学生没有严重违纪，科任教师都可以置若罔闻。当然，在维持表面秩序的过程中，还暗含着教师的一种期

---

① TM07-2。

待，即通过这种方式让学生吸收到部分知识。

第二，有限管理也有取"群体中的有限部分"之意，即只对部分愿意学习的学生负责。正如一位教师所说："目前并没有明确的规定，面对不同的情况，教师应该怎么做。所以，教师们就形成了一个默契，那就是'不管他，把该做的事情做了，就可以了'。这么做对学校、对自己、对家长都是最好的选择。"① 此外，"有限管理"还涉及在对学生的管理中，将学习部分与其他部分分开，教师仅对其学习方面负责。

（2）接触抽离

"接触抽离"（contact detachment）也是科任教师在教学实践中经常采用的策略。所谓"接触抽离"，一方面是指教师与学生之间的接触与交流减少；另一方面还指在遇到问题的时候，主动将其转移给班主任处理，而不直接与学生接触并处理问题。"接触抽离"从根本上而言，是因为在目前的环境下，许多科任教师对自己职责的理解就是"教书之职"。事实上，现在教师的共识便是，"尽职"包括两个层面的意涵：一是教室里面不出现安全事故，二是完成自己的教学任务。而且第一个层面的重要性更胜于第二个层面。在此基础上，则可以将"传授知识"化约成剥离情感的教育技术。

当科任教师在课堂上碰到突发问题的时候，也会选择"接触抽离"，将处理的责任转移给班主任教师。之所以如此，一则，前文也提及，在很多教师看来，科任教师只需要对其教授的某一门课负责、在其上课期间负责，而不负责学生的其他问题。因此，他只需要负责其课间的安全即可，没有责任也没有必要去解决其他问题。二则，基于责任与可能风险的考量，"这里面有一个责任的问题，说实话，现在怕出问题"②。因此，"一般科任教师都是把事情遏制到"③。三则，就处理问题的能力与效果来看，科任教师

---

① TM17-2。
② TM04-2。
③ TM04-2。

处理问题的效果也远远不如班主任。当然，在涉及一些师生冲突的问题时，班主任也是采取"维持基本秩序"的处理方式，也就是"形式上过得去"。

(3)"察言观色"

科任教师在必须管理时，多采取"察言观色"的策略。尽管教师在课堂上进行有限管理，但是在维持基本教学秩序的过程中，也必然会涉及对于违规学生的管理。这就引出了教师在实践中的第三个策略"察言观色"。所谓"察言观色"，是指教师在处理学生问题的过程中，需要时刻注意学生的情绪反应。一旦发现有引发冲突的可能性，则立马放弃管教。之所以如此，对教师尤其是女教师而言，是因为害怕发生冲突进而导致个人受到伤害。但是，更加重要的则是，教师害怕由此引发自身难以承受的问题。"看到学生状态不对的时候，不敢管啊，我感觉再管，他就跟我闹起来了。万一他要是一下打过来，我还经受不起。而且，如果我打了他，我也承担不起责任。"①

2. 育人工作中的互动策略

不同于科任教师，班主任的责任更大。因为班主任除了上课之外，还需要肩负全班的管理工作。当然，管理工作这一概念较为宽泛。细化来看，班主任的管理工作涉及多个方面，包括学生的吃穿住行、心理状态、班级建设（包括班级规章制度、班级内部矛盾冲突调解）、协调科任教师、配合学校相关部门工作安排等。其中，最重要的就是学生的身心健康问题。事实上，就高中的目标而言，是安全责任与升学指标并存，一旦二者之间存在张力，必然是以安全为主线。在全校教师大会上，学校领导就会时常强调学生的安全问题胜于升学压力。鉴于班主任是班级管理责任的主要承担者，也是学生风险处理机制中的重要一员，他们不能像科任教师那样接触抽离与责任转移。但是，同样，他们在处理学生相关事宜的时候，也是以个人责任最小化和职业前途为主线。具体而言，其在育人方面行动实践的典型特征是痕迹管理与

---

① TF05-1。

放弃。

(1) 痕迹管理

所谓"痕迹管理",简言之,就是班主任在管教工作中要留下痕迹(证据),以此证明其进行了必要的教育工作。目前,学校成为风险系统中重要的责任承担方,因此从学校领导到普通教师,都极为重视痕迹管理,强调做任何事情要"留痕迹"。就学校层面而言,笔者在朗水中学就发现,学校每次放假(尤其是寒暑假)时,都要求学生签署《告学生书》,其中主要强调了安全问题,并进行免责声明:"……严格遵守各项安全规定,否则,一切责任自负。"而且,在全校教师大会上,与学生相关的事宜,如禁毒宣传等,学校领导都反复强调要通过拍照、摄影等方式留下痕迹。事实上,在安全风险压力过大的现实处境下,安全教育已经被学校制度化了。以朗水中学为例,班主任被要求每周都要对学生进行安全教育。而且,还要求班主任要像备课一般,提前备好每一周要讲的内容。

对在学校内部风险责任分配系统中承担主要责任的班主任而言,其更是在日常管教工作中将痕迹管理这一方法进行了最大化使用。一位班主任教师就说到了他进行痕迹管理的方式:每次在班上进行安全教育,都要留下文字或视频等佐证材料。比如,在班上让安全委员或班长做记录,而且还要让学生拍照,并进行存档保管。否则,"如果有学生真出了安全问题,你没有佐证资料,是不得行的。你就是天天讲了的,都不行"[1]。当然,有资料证明班主任教师已经进行了相对全面的安全教育,一旦学生出现安全问题,教师并不能完全免责,只是说其责任减小。"有资料,你也会负责任。只是相对而言,你证明你做过的,责任要轻一些。如果莫得这个的话,肯定责任就大得很。"[2] 也就是说,即使进行了痕迹管理,在当下这种教师(尤其是班主任)被迫承担诸多原本不应该承担的责任的情况下,一旦学生出现某种安全事故而被家

---

[1] TM13-1。

[2] TM13-1。

长追责时,教师依然要面对诸多的麻烦,如写各种说明、提供各种材料等。当安全压力变为班主任最大的压力,而且安全风险还具有不可控的特征时,就极少有人愿意担任班主任了。

(2)放弃

放弃主要是指班主任对不服从管教学生的放弃。当然,放弃也可以分为以"劝退"为方式的直接放弃和以冷处理为方式的间接放弃。

(A)劝退

在很多教师看来,"劝退"也许是一个保护自己的最好方法,甚至可以带来"双赢"。具体而言,当面对极个别不服从管教,甚至还妨碍到其他同学正常学习的学生时,班主任在以往可以采取一些相对暴力的方式来"压服"。但是,在教师被风险包围的当下环境中,教师往往不能再采取类似的手段,甚至不敢过分管教学生,害怕学生的情绪失调进而引发师生冲突。此时,正如很多教师所表示的,自我保护的最好方法就是劝退。而且,在教师看来劝退不仅是其自我保护的方法,也有益于整个班级的管理与班风建设,而且对被劝退的学生而言也有益。这是因为,极个别在学校里面不学习、不服从管教的学生,他们在班级里面可能会因为违反纪律而妨碍其他学生的学习,或者因为其负面示范作用而影响班级风气。所以,将其劝退不会影响班级的其他学生,甚至班级的学风还会因此而变好。当然,这里面就存在一个"舍小取大"的逻辑,正如一位班主任所言:"如果是为了大家,肯定是舍小取大,把个别的踢了。"① 而且,如果学生在学校里面既没有明确的学习目标也没有学习兴趣,那么他在学校里面更多的是浪费时间。相反,从知识技能学习的角度而言,很多老师认为,他完全可以利用这些时间去发掘自己的兴趣、学习一门有用的技能。所以,这是一个双赢的局面。

尽管劝退是一个比较有效的自我保护手段,但是教师在使用劝退这一工具时十分谨慎。这既是对教师教育良心的考量,也是

---

① TM15-1。

现实约束的结果,而且劝退还考验班主任教师的管理技术。

首先,就教师的教育良心(或者说道义)而言,教师应该对每一个学生负责,不轻易放弃任何一个学生。尤其是面对那种并不影响班级秩序、破坏班级风气,只是因为自身的心理问题而给教师带来潜在安全风险的学生时,教师在放弃其的过程中面临着巨大的内心张力。正如一位班主任所述:"万一你劝退了他,他不读了,但是他心里又非常想读。那当然,我觉得过后还是会后悔,就是有一些内疚。而且,学生可能以后还会恨我。"① 在"有限管理"的逻辑下,如果学生自身不愿意学习,班主任将其劝退则不会存在这样的心理矛盾。

其次,在县域范围内,社会关系网络的复杂交织性也限制了教师劝退的使用能力。一位教师表示:"劝退在朗水县这个环境中也不好做。因为小地方,'走三个弯就碰到了'。所以说你想真正把一个学生劝退,是很难的。"② 而且,在部分家长看来,将孩子送到学校就是希望教师能够发挥管理的功能。如果孩子被劝退,则又将管教责任转移回了家长身上,因此部分家长不希望孩子被劝退。那么,如果没有足够令人信服的理由而劝退某一学生,教师反而可能被家长找麻烦。

最后,客观现实的约束一方面限制了教师劝退的过度使用,另一方面也促使教师采用更加高明的劝退手段。概言之,就是让家长认识到孩子被劝退是学校及教师已经尽力帮助但无果之后的无奈之举,而且还要让学生心甘情愿被退学。一位班主任就讲到:"我们要劝退一个娃,要把证据收集得特别齐全,证明我该做的工作都做到位了。有这些证据,家长也感觉到,教师也尽力了,主要的责任就在学生身上。就是说,我要让学生和家长心服口服,感觉到是学生自己的问题。"③

---

① TM15-1。
② TM17-2。
③ TM20-1。

(B)"冷处理"

劝退是最后的无奈之举,这一手段既可能让教师良心难安,而且操作起来还具有很高的难度以及风险。因此,教师对劝退的使用保持十分谨慎的态度,更多的是将其当作威慑不服从管教的学生的一种手段。对于班主任而言,他们更愿意也更可能采取的是一种隐性的手段,即教师口中的"冷处理"。

> 现在,很多时候学生不能劝退,很多班主任采取其他一些方式,比如冷处理。虽然,这种方法说起来不好,但有时候也确实莫法(没有办法)啊。我都用过这个方法的,就是让他坐特殊位置,他坐到哪一天坐不住了,来求你的时候,他就不得跳①了。②

需要指出的是,虽然教师将其称为"冷处理",或是一种"隐性的放弃"。但从教师此种管教的目的来看,恰恰是其在积极地采取措施应对难以管教的学生。在某种程度上,"不得跳了"正是教师管教成效的体现。

或许,教师职业的悲剧性恰恰还包括这一点,即在一些班主任看来,能够有效地处理问题学生、管好班级体现了个人较高的管理技艺与能力。换言之,在班主任的意识(也可能同样存在于学校领导的意识)中,将管理班级的技能视为个体的能力问题,可以通过学习来提高。这种意识存在的潜在风险就是忽视了系统性、结构性的制约因素,比如前文提及的在当今的风险处理机制中,责任向教师个体转移这一系统性问题。这一问题的出现,从根本上而言,与现代化进程中的个体化进程密切关联。成伯清(2007)指出:个体化进程消除了阶级区分的社会认同作用,但社会不平等并未消失,只是从个体化角度被重新界定了,其结果就是人们越来越从个体的心理倾向来看待和感知社会问题。当人们

---

① "跳",指"嚣张跋扈,有恃无恐"。
② TM17-2。

无法找到准确的结构性根源时，往往从当事人或受害者的个人心理中寻找问题的答案。进而，将结构性的因素转化为班主任个人能力问题，在很大程度上加重了班主任的身心负担，甚至会影响班主任的角色认同，造成岗位退却。比如，学校会要求班主任教师（尤其是年轻班主任）多向有经验的班主任教师学习，将更多的时间和精力放在学校和班级上。

甚至，朗水中学还专门举办了班主任论坛，让班主任工作做得优秀的教师分享成功经验。这些举措，都强化了这样一种印象，即班级管理是可以做好的，而在班级管理中出现了问题，一般是班主任工作没有做到位，是自己能力不足、责任没有履行到位的结果。在整体安全责任压力巨大的现实环境和此种印象观念的双重约束下，班主任不仅要在工作中投入更多的时间和精力，还要面临因害怕工作不到位而出现问题的巨大心理压力。

三　扩大化的"应试主义"与"安全第一"之张力

尽管国家加大政策实施力度纠正应试主义倾向，但应试主义强大到不管是地方教育主管部门还是学校、教师、家长和学生，均被卷入其中。在生源降级背景下，处于应试主义链条中的县城高中，面临的升学压力更大，学校对教师的要求和管控更严。这是因为，一方面，各级政府和教育行政部门、学校、教师和学生均被绑定在以分数为绩效的利益链条上（戚务念，2019）。教师处在链条的下端，被层层传导的升学压力"捆绑得手足无措"。另一方面，县城高中处于生源竞争的劣势，面对升学指标考核时，唯有强化对教师和学生的应试主义规训，才能得到微乎其微的胜出空间。因此，生源降级进一步强化了教师的应试主义压力。

生源降级还带来了教师安全责任的扩大。如前文所述，当家长和学生对升学不抱期望时，教师已经成为家长"花钱买服务"的服务者，服务的重点之一是保证学生在学校的安全，进而形成了教师口中"安全第一"的行为逻辑。所谓"安全第一"，包含两层意思：一是要求学校和教师将学生的身体和心理健康放在第一位，甚至可以姑息学生的某些违规行为，以防学生出现事故；二是教师在工作中，首先考虑的不是教育的本真性目标，而是维护自身安全，比如身体安全（避免与学生发生冲突而受到身体伤害）、职业安全（教师不能因为处置不当让自己的职业前景受损）。当然，二者之间具有内在关联。教师工作要求其不可避免地要（而且主要）与学生发生互动，学生的安全问题必然关涉到教师的安全问题。教师努力确保学生在自己的课堂上不出事，也就保障了教师自身安全。相反，学生出现任何事故，教师必然受到相应处罚，严重时还会被开除。

"应试主义"与"安全第一"之间存在内在张力。这是因为，留在县城高中就读的学生大多成绩不理想，学习习惯不好且学习目的性不强，生性顽劣或个性存在缺陷，保证他们安全稳妥地毕业离校，已属不易。但"应试主义"还要向学校、教师要成绩、要升学率，比如，日测、周考、月评、刷题，对学生的规训不断加码，对教师的压力不断加大。显而易见的是，应试规训与学生诉求相矛盾，成为学生安全问题的诱因。笔者调研时亲身经历了一位学生因不愿意参加语文课测验而冲出校园，进而引发科任教师、班主任乃至学校领导均卷入的安全事件。在县域范围内，"安全第一"的压力甚至要强于"应试主义"的力量。许多教师表示，升学压力也就在高考或学校召开教师大会时能感受到，而安全压力时时刻刻存在。"安全比升学的压力更大，安全问题是一票否决。出了安全问题，可能就把自己一辈子都搭进去了。"[①]

在上述多维结构交织下的师生互动实践，较难让教师获得工作成就感和意义感，他们更多体验到的是情感能量的消耗，进而形成"教良心书"这一低情感能量的困境状态。

首先，教育流动与生源降级直接影响处于竞争劣势的县城中学教师的教育激情。一方面，"生源降级"直接作用于教师的日常体验。很多教师表示，"现在教书更难了，学生不听啊，大片大片地睡觉"。日常教学活动难以得到学生的有效反馈。用柯林斯的话来讲，就是失败的互动仪式。当然，也就难以聚集情感能量。另

[①] TM07-3。

一方面，在以学生高考成绩换取奖励和社会地位的背景下，"生源降级"影响学校高考成绩，进而影响教师待遇和自我成就感。换言之，教师内化和认同的价值目标，因为生源降级而难以达到，意味着作为教师意义和价值构成的情感能量难以增加。

其次，"服务者"或"保姆"角色使教师处责任泛化状态，进一步消耗着教师的情感能量。就自身责任方面，教师认同其应该承担"教书"和"育人"的责任[①]。但是，在教师看来，育人需要各方共同配合，"育人不仅是教师的责任，而且是家庭和社会、老师三方共同的责任"[②]。特别是在学生心理健康方面，教师囿于时间、精力、专业知识构成的不足，无法独立承担这一责任。然而，面对县城中学学生的"留守儿童化"和家长对教师"服务者"的角色期待下，安全责任极大地向教师转移，客观上增加了教师的管教压力，加深了教师的不平衡感。笔者在调查中发现，面临泛化的教育责任，教师时常呈现"生气""不爽"等低沉的情感能量状态。

在情感能量难以增加，日常互动仪式大量消耗情感能量的情况下，教师呈现缺乏教育激情的低情感能量状态。

第三节　本章小结

本章从宏观情感体制的层面出发，探讨了影响教师教育激情的因素及机制。其主要包括统御社会的整体性情感体制和教育领域的情感体制两个维度。

改革开放以来，社会的情感体制发生了从20世纪七八十年代的追求理想信念的情感体制向90年代以后追求物质利益的现实主

[①] 笔者在针对朗水中学全体教师的调查问卷中，有一题专门问及"您认为学校教育的最主要目标应该是？"，调查结果显示，选择"培养学生综合能力"、"培养良好品德"和"让学生快乐安全地成长"这三项的比例最高，分别达到85.0%、78.0%和60.0%。然后才是"传授基础知识"（占比为55.0%），而选择"升学率"的仅为16.0%。

[②] TM04－1。

义情感体制的转变。在现实主义情感体制下，社会成员开始逐渐把经济收入作为评价个人成就和社会地位的重要的指标。这一整体性情感体制的变化也同样影响了作为社会成员的教师群体，进而使得教师群体的情感能量内核也相应地发生了嬗变，那就是从注重内在的、情感性报酬逐步走向更加关注外在的、物质性报酬。其中，最主要的表现就是，日常工作与收入挂钩、以物质待遇决定工作积极性、以高考成绩衡量绩效和成就，以及教师情感的功用化。当然，在"利益驯服激情"的机制下（赫希曼，2015），教师教育工作本身的特殊性与神圣性也在逐渐消解，由具有"情感的主体间性"的"积极的情感劳动"逐步走向与其他行业无异的情感劳动。在此意义上，教师职业也逐步从"志业"变成了"职业"。

除此之外，在现实主义情感体制的影响下，社会对于教师群体的职业角色认知也发生了变化，即从"传道者"向"服务者"的转变。受到现实主义情感体制的影响，一方面，社会成员从市场交易的角度来看待师生关系，将师生关系视为服务的提供与购买之关系；另一方面，社会成员同样以经济收入来衡量教师的社会地位。这二者的交互影响，强化了教师的弱势群体感知，也同样在消耗着教师开展教学实践所需的情感能量。

当然，整体性情感体制同样作用于教育领域，进而使教育领域呈现应试主义和"安全第一"的情感体制。在应试主义情感体制下，家长和学生开始了自发性的教育流动，而教育行政部门则在制度上确保了流动的合理性。在二者的合力下，县城中学面临着生源降级的窘境。但与此同时，学校基于应试目标而对教师设立了各种管理制度。这使教师一方面面临巨大的升学压力，另一方面又因为生源降级而难以看到希望。这一推一拉之间，出现情感能量匮乏的问题。而且，庸俗化的快乐教育思想、模糊化的责任界定、政府基于维稳逻辑的责任处理方式和安全风险分散化传导的处理机制而生产出的"安全第一"情感体制，还在进一步消耗着教师的情感能量。这一情感体制的力量甚至远大于应试主义对教师的影响，使教师的教学实践呈现以规避安全风险为主轴的特点。比如，科任教师在教学中会采取有限管理、接触抽离和

"察言观色"的策略，而班主任教师在育人工作中，则更多的是采取痕迹管理和放弃（包括劝退的直接放弃和"冷处理"的间接放弃）的策略。

如果说在现实主义情感体制下，教师对于物质回报的主动追求是导致教育行业从"志业"向"职业"转变的主要因素的话，那么来自社会对于教师角色地位的评价和教育领域中的应试主义情感体制和"安全第一"情感体制则起到了推波助澜的重要作用，它们进一步压缩了教师在教学实践中获取情感性报酬的空间，并消耗着教师的情感能量，也进一步让教师远离"积极的情感劳动"，而更多感受到教学实践所带来的负面体验，如倦怠和职业无力感。

第五章　责任、自主性与支持：组织层面的影响

  遇到伤害事件，老师要尽力保护学生，也要尽力保护自己。如果做不了活着的英雄，就做永生的烈士吧。千万不能像范跑跑一样逃跑。

——广州市教育局督导主任华山鹰（搜狐网，2015）

  2015年4月14日上午，在广州市中级人民法院和广州市教育局联合举办的"校园伤害案件处理与预防"论坛中，广州市教育局督导主任华山鹰在谈论应对校园伤害事故中学校和教师的责任问题时表达了上述观点。新闻一出，便引发了大众的广泛关注与热议，《北京晚报》还直接以《与其让老师当烈士 不如提些更靠谱的要求》为标题，参与这一话题的讨论（张翔，2016）。这一观点及议论背后，反映的是中小学教师在当前这一具体教育环境中，面临的不堪重负的教育要求和责任。

  在上一章中，笔者探析了宏观情感体制对教师教育激情的影响。但是，宏观情感体制不仅直接影响教师个体，还影响嵌入社会结构中的组织。不管是教育行政部门还是学校，其行动与决策无不与整体性情感体制相关。而教师个体又归属特定的组织（学校），组织的要求、管理以及支持都会直接作用于教师个体的情感劳动。在此意义上，宏观的情感体制也会通过组织这一要素间接影响教师的教育激情和教学实践。当然，这种影响更多的是隐性的、期待性的。组织作为一个能动的主体，它的行为抉择除了受到宏观情感体制的约束外，还跟自我的目标定位、价值追求密切相关。所以，尽管处于同样的情感体制下，也可以发现不同学校

对教师的管理方式、要求与支持方面存在明显差异。

现有相关研究已经证明,组织层面的工作要求、工作自主性和社会支持同样影响教师的教学实践,并可能造成各种积极或消极的后果。那么,组织层面的各要素又如何影响教师的教学实践呢?在这一章中,将重点回答这一问题。具体而言,本章以教师为主线,考察与教师密切相关的组织层面中,不同要素是如何作用于教师的教育激情和教学实践的,包括过度的要求与泛化的责任引发的主体身份的迷惘、精细管理与弱化的自主性,以及激励与组织支持的弱化等。

第一节 过度的要求与泛化的责任

"非学校化社会"理论创始人伊万·伊利奇(1994:41)曾指出,学校是基于学是教之结果这一信条而建立起来的一种制度。而学校教育制度的兴起,在根本上则是现代化进程中对于教育神话的信奉。布莱克(1989:10)曾指出,"知识赖以存贮、发展和传播的组织形式——教育,在现代社会而言就是学校教育"。在他看来,"现代化的经济方面十分引人注目,以致许多人把它看作现代化过程中决定性的中心力量。然而,事实上,经济发展在很大程度上依赖于现代化过程中的知识和政治方面,依赖于知识的增长和领导人动员资源的能力"(布莱克,1989:17)。其中,"现代化最为普遍认可的方面是知识的积累以及获得它的理性解释方法,这一内容处于现代化过程的核心位置,正像灵魂内在于人体那样"(布莱克,1989:16~19)。除了教育处于现代化的核心地位并作为现代化的原动力这一观点之外,还有人认为教育处于现代化的从属地位。贝迪阿·纳思·瓦尔马(1983:109~110)在《现代化问题探索》一书中就指出:"教育虽然是一重要的'社会目标',但其广度和特征却决定于政治和经济目标。教育的作用之一是发展官僚政治,因为后者在目前是使大多数搞现代化的国家中政治和经济机构正常运转所需要的。"其实,这两种冲突性的观点背后有一个共同点,那就是都强调了教育的社会价值。教育不可避免地担当着某种历史或现实的责任。尤其是20世纪五六十年代以来,现代化理论与人力资本理论的盛行,使一些西方国家将教育置于优先发展的战略地位。当然,这也反映出国家对于教育社会价值膨胀的需求,伴随而来的是延续至今的教育神话的产生(荀渊,2005)。

同样,自改革开放以来,我国在处理教育现代化与经济现代化的关系时,不管是在理念上还是政策上,都不断强调教育在经济现代化中的战略地位,教育的意义也不断被提升。改革开放的总设计师邓小平早在1975年第一次恢复工作时就表示:"我们有个危机,可能发生在教育部门,把整个现代化水平拖住了。"[《邓小平文选》(第二卷),1994:34] 1977年,在《关于科技与教育工作的谈话》中,邓小平专门指出:"就今天的现状来说,特别要注意调动教育工作者的积极性,要强调尊重教师。我们科学研究的希望,在于它的队伍来源。科研是靠教育输送人才的,一定要把教育办好。"[《邓小平文选》(第二卷),1994:50] 他提出要抓科教,"不抓科学、教育,四个现代化就没有希望,就成为一句空话"[《邓小平文选》(第二卷),1994:68]。1983年,邓小平提出"教育要面向现代化、面向世界、面向未来"[《邓小平文选》(第三卷),1993:35]。1996年,科教兴国战略成为基本国策。但是,国家提升教育地位背后,更多的是强调教育对于经济的意义和价值。或者说,在经济现代化面前,教育现代化是具有较高地位的被动依从者(张旸,2011:186)。

教育的神话效应和教育的依附性,使教育系统在运转中,被动接受了很多的责任,并给教育从业者带来了过多的压力。以朗水中学的教师为例,他们既承担着诸多来自学校内的责任要求,如安全教育、课题研究、禁毒宣传,还承担着来自上级行政部门的责任要求,如扶贫、控辍保学等;既有来自教学方面的要求,也有来自行政方面的要求。概言之,就是过量化的要求使教师承担着泛化的责任,让教师感受到"原本应该是纯粹的教学,弄得现在的教学都不纯粹了"。而且,泛化的责任还带来教师的角色迷茫感与情感能量的过度消耗。当然,需要注意的是,教师所面临的教育责任泛化,在某种意义上,其思想根源正是教育现代化对经济现代化的依附性。

在这一节内容中,笔者将从教师所承担的两个责任典例——教育责任转移和教师扶贫来分析教师的责任泛化,及其对教师教育激情的影响。

一 教育责任转移与教师责任泛化

笔者的调查显示,高达 66.7% 的教师认为自己是"学生的服务者",还有两位教师直接回答了"保姆"。"学生的服务者"或"保姆"等角色认知,一方面反映出师生关系地位的变化,另一方面也折射出了社会转型背景下教育责任失衡与教师教育责任泛化的问题。

所谓"教育责任失衡",是指学生家庭和社会把本应由各自予以承担的相应教育责任转移到学校和教师身上,进而导致家庭、社会和学校的教育责任"此消彼长"的不合理分化现象(刘春花,2005,2006)。一些研究者指出,在我国的不少地区都存在教育责任转移的问题,尤其是在农村(徐一帆、曾荷茗,2018)和城乡接合部(韦乡逢,2008)等区域,这种现象呈渐趋上升的态势。教育责任失衡导致教师社会责任的功能性扩展(项贤明,2004)、发生在青少年学生身上的各类问题突出、家庭和社会对学校过于依赖等诸方面的问题(刘春花,2005)。

对教师个体而言,教育责任失衡直接导致其功能性扩展,笔者在调研中也发现了这一问题。但是,从教师的个体感受而言,相较于"功能性扩展"一词,"教育责任泛化"能更加生动地刻画这一现实。因为,"功能性扩展"更多的是客观描述在教育责任转移过程中教师承担社会功能增多的现实,但忽视了增多这一现实对教师心态的影响。相反,"教育责任泛化"一词则明确反映了教师对其所承担社会责任增多这一现实的态度和情感。那么,"教育责任泛化"何以产生?又对教师的教育激情造成了何种影响呢?

(一)教育责任泛化的产生

教育的社会功能和教师的社会责任随社会的发展而变化(项

贤明，2004）。毫无疑问，教育责任泛化这一事实，是随着我国社会的政治、经济发展和工业化、城市化、现代化的推进而出现的。这些要素对于教育责任泛化的影响，可以从两个层面来理解。

一是社会转型背景下农村人口外流，进而导致家庭教育责任的被迫转移。笔者通过问卷调查发现，在朗水中学的学生中，66.9%属于留守儿童，其中，父母均长期外出务工的留守儿童高达33.0%。仅有17.8%的学生父母没有外出务工。人口外流所带来的时空分割使得父母并不能有效地承担起家庭教育的责任，如陪伴、情感交流等。当父母被迫将子女的监护责任交给老年人时，老年人囿于自身的时间、知识水平等，并不能很好地承担起家庭教育的责任，而更多的是承担起生活照料的责任（段成荣等，2014；叶敬忠、孟祥丹，2010）。

> 我们县城学校的学生，好多都是农村娃儿啊，是爷爷婆婆在带。虽然说送来读书，但是说多关心娃儿的教育嘛，也未必。他们只是给了这么多钱来，包括学费、生活费，但是说有多关系娃儿的成绩、心理问题啊，其实并没有。爷爷婆婆呢，本身文化水平有限，又要在家里忙农活，根本莫得法辅导娃儿，就只有放任他们要了。[①]

而且，祖辈在监护过程中，还面临着缺乏权威、"管不住"等问题。有研究表明，基于隔代溺爱等原因（刘贝贝等，2019），部分学生并不遵从祖辈的管教，而这一问题在农村留守儿童方面体现得尤为明显（范先佐、郭清扬，2015）。所以，现实中的隔代教养，往往演变成了"隔代养，莫得教"的困境。因此，这部分学生的家长也只能将孩子的管教全部寄希望于教师。有班主任就表示，外出的学生家长在跟教师通电话的时候，往往表示："老师你管嘛，随便管。"[②]在此意义上，教师所面临的教育责任泛化是一种

[①] TF03-1。
[②] TM04-1。

被迫之举。

　　二是家庭教育责任的主动放弃并向学校和教师转移。如果说上一种是被迫的教育责任转移与教师教育责任泛化，给教师增加了工作压力并消减其情感能量的话，那么，在教师看来，家长在子女管教方面缺乏配合或直接放弃管教则是一种主动的责任转移。主动的责任转移除了给教师增加了客观的管教压力之外，还带来了"过高期待的愤怒"。在教师看来，如果父母在自己都管教不了子女并放弃管教责任的情况下，还希望教师能很好地承担起其子女的管教责任，这是一种过高，甚至过分的期待。进而，教师对这种期待也会感到"愤怒"。家长之所以对教师抱有过高期待，是因为伴随现代化进程而来的计划生育政策实践下，子女是父母实现自身价值、寄托情感的"唯一的希望"（冯文，2018）。而且，"现在大多是独生子女，父母培养这个苗苗儿要花很多钱、很多心血"[1]。故而，有家长主动将管教责任推卸给学校和教师，且对教师的管教还抱有较高的期待。

　　当然，家庭之所以到最后主动转移教育责任，与其过往对子女教育的认知偏误有很大的关系。比如，家长对小孩子缺乏从小管教的意识，甚至将一些错误的行为当作"可爱"或以"还是小孩子"为借口进行搪塞，甚至直接将负面的结果归咎于他人。一位教师就感慨道：

> 　　一个有趣的现象是，三年级以下的小孩子，也就是我们俗称的"熊孩子"，如果做了错事，家长不但没意识到并及时批评纠正，反而还认为他们是活泼、有动手能力，这个时候还惯着。但是随着时间的推移，到了之后，孩子性格越来越怪癖，家长自己就管不了了。[2]

　　而且，这种认知的偏差还体现在将教育责任转移给教师时，

---

[1] TM14-1。
[2] TM17-2。

家长并没有很强的配合意识。SH 中学的校长曾提出"5+2=0"的说法,就是针对家长不配合的批评。所谓"5+2=0",是指学校和教师对学生进行了五天的教育,而在周末两天中如果父母(或其他监护人)不配合学校的教育而放任学生,最终,还是没有效果。对这一现象,有教师就无奈地感慨道:

> 我经常在班上说,开家长会时我跟家长也这样说:"老师在学校教得再好,你回来不这样执行,那等于零、是空的。"比如我们在学校喊学生千万不能耍手机,或者给家长说千万不要让娃儿耍手机。结果,孩子做作业,他在旁边玩得嗨,你看学生啥子心态呢?我们喊学生在学校不要抽烟,有害健康,结果家长毛起抽①。②

在教师们看来,"中国教育中缺少了智慧家长"③。而且,悲哀的是,缺少智慧的家长在学生成长中并没有很好地起到引导作用,而到了"管不了"的阶段,就直接将这一责任转移给学校教师。至少笔者在朗水县的调研中发现,这一现象具有一定的代表性。很多班主任表示:

> 家长都希望(老师)管他的娃儿严格些。说白了就是,有好多孩子,家长都管不了,他就希望你老师管。④

(二)压缩现代化下的系统失衡:缺少智慧家长的背后

如何理解家长管不了这一问题?对于这一问题,不能简单地理解为缺少智慧家长,这只是表层现象,其背后还有更加深层次的、共通的结构性因素,那就是压缩现代化背景下的社会各子系

---

① "毛起抽",指"不停地抽烟"。
② TM04-1。
③ TM17-2。
④ TM03-2。

统的失衡。

韩国社会学者张庆燮（Chang Kyung-Sup）曾提出了"压缩型现代化"（compressed modernization）这一概念来阐释东亚地区快速的经济社会变迁过程（Kyung-Sup，1999，2010）。当然，这一概念与西方的现代化概念是相对立的。在西欧的现代化过程中，传统和现代并不挤压在一起，而是用了几百年的时间来展开这一转变过程。同样，现代性和后现代性之间也是如此，大体上总是后者接替和取代前者，不存在压缩在同一个时空的问题（景天魁，1999，2015）。而中国在全面迈向现代化的进程中，直接跨越了前现代社会、工业社会和后工业现代社会的界限，用了30年的时间便走完西方两三百年的现代化历程（贝克，2008：5），处于"压缩的现代性"状态（贝克等，2010）。传统性、现代性和后现代性压缩在同一个时空之中，三者不是取代关系而是包容关系（景天魁，1999，2015）。在"压缩型现代化"这种文明状态中，经济、政治、社会与文化变迁都以时间和空间高度压缩的方式发生，不同的历史与社会文化因素在这一文明状态里动态共存，建构了一个高度复杂和流动的社会系统，同时也产生了较高的政治、经济、环境与社会系统风险（Kyung-Sup，1999）。

具体而言，中国的现代化有着不同于西方世界现代化的独特特征。在西方社会中，工业化和现代化的推进需要个人进一步解放思想，摆脱传统思想的束缚，以便能更好适应经济社会发展的要求。因此，个体化是随着社会经济的发展，在自然状态下逐渐形成的。然而，中国社会则呈现完全不同的社会生态。国家在个体化的进程中发挥着十分重要的作用。在国家的一系列强力政策和措施下，中国社会从新中国成立开始，迅速地与传统分裂，从而开始个体化的过程。这一变迁不是现代性自然成长的结果，而是国家规划式变迁的有意为之。其结果便是，现代化的诸维度（尤其是知识、政治、经济、社会和心理）并不是相互配合、协调推进的。

典型表现为，伴随中国经济快速现代化推进的是个人心理、价值认知等方面的滞后。比如，就家长的教育观念而言，尤其是那些文化、知识水平较低的家长，他们更加缺乏社会主导的、恰当地管教子女的观念和意识（蔡笑岳、于龙，2007），缺少对子女责任意识和正确价值观的培养，而更多地将对子女的溺爱等同于全部的爱。一位教师就自己带班的感受表示：

> 现在的高中生，很多人没有学会面对责任、承担责任，而是在逃避责任。当需要承担责任的时候，往往都是想办法投机取巧（这跟家长从小的示范有关）。比如，在班上让学生打扫卫生，很多学生会想办法偷懒。可以说，这是家长在言传身教方面没有做好！①

这些家长在管教子女方面所存在的问题，在很大程度上具有普遍性。而其根源，则在于压缩性现代化发展中，个体并没有足够的时间或机会学习适应现代性需要的价值理念。在此意义上，就可以理解为什么家长在学生教育方面缺乏配合了。

（三）泛化责任的范围扩展与区域差异

在快速的城市化进程中，教师教育责任泛化这一现象的范围也在逐步扩展。前文已述，现有探究教育责任转移问题的研究者多聚焦于农村或城乡接合部等区域，而笔者则发现，朗水县这类中西部农业县城中学的教师同样面临教育责任泛化的问题。事实上，这与城市化进程中社会成员的阶层更替相关，而县城恰好处在阶层更替中最具有张力的区域。概言之，在快速城市化进程之前有能力居住在县城的社会中间阶层开始向大中城市流动，而伴随着快速的城市化进程，县城又进驻了诸多原本居住于农村的社会中下层成员。在此意义上，县城中的人口流动不再是单纯的人口流入或流出，即不是简单的人口空间流动，而是具有社会学意味的阶层更替。快速城市化进程的结果便是，"很多原来是乡下的，突然进了城之后，各种问题很突出。城市化进程加快之后，

---

① TM17-2。

人口素质没有跟上，尤其是县城"①。由此可见，当下县城学校教师面临着教育责任泛化的问题，在一定程度上，可以说是快速城市化的必然结果。

但是，这一问题在"大城市还好点"。正如一位老师就在对比之后表示：

> 成都的家长就不一样，不仅给予学生经济上的投入，还有生活上的投入。所以说成都的教学其实是更轻松的。当然压力也更大，因为必须达到更高的升学率。但是家长和老师的联系也更紧密，其目的就是最大限度地发挥他娃儿的潜力，让其考得更好。都是教书，大城市的环境更好、更舒适，而且家长更重视。如果学生有啥子问题，老师向家长反映之后，家长自己就非常重视，是不是更轻松？②

这也表明，传统上的"乡－城"二元分割，可能在当前的社会变迁中，其内涵在某种意义上已经发生了变化。至少，在教育的维度，县城和乡镇、农村的中小学教师所面临的处境更加相似，而他们作为一个整体，与处于大中城市的教师的工作环境差异较大。

（四）泛化责任下的教师角色认同与教学实践

教育泛化如何影响教师的教学实践？教师的教学工作需要有足够的情感资源，即柯林斯意义上的情感能量，因为它作为一种"力比多"而起到发动机的作用。而情感能量本身具有价值与意义指向，涉及教师个人对教育责任泛化这一事实的认知与评价。当然，这种认知与评价包括两个层面：一是教师对其本身所应该承担的责任的认知，这是其对于泛化教育责任进行评价的基础；二是对于泛化教育责任这一事实本身的认识与评价。

---

① TM04－1。
② TF03－1。

在自身所应承担的责任方面，教师基本上认同应该承担"教书"和"育人"的责任[1]，尤其是班主任（相较于科任教师）更是承担着重要的育人工作。所谓"育人"，在教师看来其重点就是培养学生的道德品质和心理素质。但是，教育是学校、家庭和社会三方共同的责任，不能仅仅将其认为是学校和教师的责任，否则，就是"5+2=0"。而且，家长应该承担更多的教育责任。正如著名教育家李镇西所言，"学校教育非常重要，但无论多么重要，都只是家庭教育的重要补充"。

教师不能单独承担教育责任，其也没有单独承担教育责任的能力。特别是在快速城市化进程中，县城学校的招生规模逐渐扩大，以致每个班级的班额逐步扩大。以朗水中学为例，平均每个班的人数超过60人。在此背景下，教师并没有足够的时间和精力来充分关注每一名学生。特别是在学生心理健康方面，班主任老师囿于时间、精力，甚至专业知识构成的不足，并不能很好地关注每一个学生。比如，朗水中学仅有三名教师拥有初级心理咨询师证书。而其他大多数老师，并没有接受过专业的心理咨询相关知识的培训。所以，在学生的心理健康方面，教师只能起到把握大方向的作用，更加细致的心理健康教育还需要依靠家长。而且，在学生的心理健康、品德修养的培养方面，"家庭教育还是有更加重要的影响的"[2]。

综上可知，就其应该承担的责任而言，教师认为自己既应该承担教学（知识传授）的责任，又应该承担育人（关注道德、行为、心理健康）的责任。但是，教师只是三方责任主体（家庭、学校和社会）的其中一方，不能将所有责任全部转移给教师。教师既没有能力独自承担这一泛化的责任，也不认为教师是育人责

---

[1] 笔者在针对朗水中学全体教师的调查问卷中，有一题专门问及"您认为学校教育的最主要目标应该是什么"，调查结果显示，选择"培养学生综合能力"、"培养良好品德"和"让学生快乐安全地成长"这三项的比例最高，分别达到85.0%、78.0%和60.0%。然后才是"传授基础知识"（占比为55.0%），而选择"升学率"的仅为16.0%。

[2] TM17-2。

任的唯一主体。

教师除了不认可应该独自承担如此重的教育责任之外，更不认可家庭转移教育责任的理由，尤其是主动的责任转移。事实上，很多教师表示，如果父母在连自己都"管不了"孩子的时候将管教责任转移给教师，就会对教师的情感能量造成极大的消耗。

> 在教育方面，特别是自己当班主任的时候，经常会听到"你要管严点哦，我们管不到了"。在这种时候我就会很生气、心里很不爽，"自己都管不了，老师怎么管？"有时候就会直接回怼家长说："你管不到生起爪子①？"②

教师之所以会有"生气""不爽"等负面情感，是因为在教师看来，针对学生的育人工作，尽管教师有责任，但是家庭应该承担更重要的责任。家长不能也不应该将这一责任直接转移给教师。尤其是当家长发现管不了的时候，将这一责任转移给教师，一方面客观上增加了教师的管教压力，另一方面则让教师产生了心理失衡。而且，在教师承担管教责任的过程中需要寻求家长配合时，一部分家长不配合或"不在乎"的态度更是让教师的情感能量陷入了低沉。

> 有部分家长，就是不在乎、无所谓的感觉。我给一些家长打电话过去通报娃儿的情况时，就感觉他们对老师不怎么尊重。比如，"喂，你哪个"，根本就没有存我的电话。然后，接电话时不会太热情、比较冷淡。就是这种，反正不是很关心的感觉。当然，娃儿成绩也不是很好。③

尽管教师没有能力也不认可独立承担泛化的责任，但在"安

---

① "你管不到生起爪子"，指"既然管不了，为什么要生？"。
② TM17-2。
③ TM15-1。

全第一"的情感体制影响下,还是会尽力履行好这一泛化的责任。其结果就是泛化的教育责任会导致教师的角色认同迷惘,尤其是班主任对此感受更加强烈。

> 班主任就像学生的父母,科任教师像保姆。因为班主任要管学生所有方面,比如,吃没吃饭、几点到学校、穿啥子。科任教师则是定点定时地去关心学生,比如某一个方面,但都不是全面的。所以,班主任是最辛苦的、付出最多的。①

关注学生的吃穿住行,不正是父母应该承担的角色责任吗?在学生成绩不好,而且父母对学生的成绩不抱期待的情况下,父母为什么依然花钱送学生去学校呢?

> 家长的想法就是,"我娃儿在学校里,多少要学点东西"。还有更多的家长的想法是,学校把他娃儿管着,他就不会出去上网或者和社会上的不良青年混在一起。否则,娃儿一旦不读书了,回去过后怎么办、做啥子,家长也很痛苦。实际上,很多后进生在我们这种学校里面,想的是,"得过且过,日子混大"。家长想的是,"我反正交学费,把娃儿这几年青春叛逆期度过去"。我经常给学生开玩笑说的是,"我们哪里是高中呢,我们是幼儿园,专门来带娃儿的。"②

概括而言,在压缩现代性的文明状态中,现代性的各维度并没有充分一致地发展,进而建构了一个高度复杂和流动的社会系统,并产生了高度的政治、经济、环境与社会系统风险(Kyung-Sup,1999)。这种系统风险在县城教育中的呈现,一方面是对"农民工外出务工的过度放任"所带来的家庭责任关系的瓦解(景天魁,2015),以及家庭教育责任向学校和教师的过度转移;另一方

---

① TF04-1。
② TM13-1。

面则是经济发展进程中家长教育理念与意识的相对滞后，导致家庭教育的无力或失败，进而主动向学校和教师转移。这些转移使教师承担了更多教育责任，且面临着潜在的、扩大化的管教风险。与此同时，这种来自家长的要求（不管是主动还是被动转移），对于教师的情感能量也造成了直接的负面影响，那就是在极度消耗而非补充教师的情感能量，进而引发教师在管教过程中动力不足的问题。

二 教育之外：教师扶贫与主体性迷惘

前文曾指出，在当前的环境下，教师面临着繁杂多样的要求。除了来自学校内部或与教育相关的要求之外，还有很多来自上级行政部门的、与教育工作完全无关的要求。这些要求一方面分散了教师投入教育工作的时间和精力，另一方面还让教师感觉到角色的错位与迷惘。用一个教师的话来说，就是"我到底是教师还是啥子？"这种与教学无关的行政工作的典例之一就是教师扶贫。

教师扶贫与精准扶贫、全面脱贫的时代背景是密不可分的。习近平总书记在党的十九大报告中提出，要"深入实施东西部扶贫协作，重点攻克深度贫困地区脱贫任务，确保到2020年我国现行标准下农村贫困人口实现脱贫，贫困县全部摘帽，解决区域性整体贫困，做到脱真贫、真脱贫"（习近平，2017：48）。其中，教育扶贫具有十分重要的意义，它是切断贫困代际传递的重要因素（杨凤平，2018；孟照海，2016）。在2019年2月发布的中央一号文件中，重点强调提升农村学前教育、义务教育、职业教育等教育质量以促进农村脱贫（人民网，2019）。在这场轰轰烈烈的扶贫攻坚战中，教师也作为重要的主体参与进来。西部县乡教师参与扶贫工作的逻辑为何？教师群体对这一行动的认知又为何？这一行动又如何影响教师的教育激情？

（一）教师参与扶贫的实践及其逻辑

朗水县在推进扶贫攻坚的过程中，要求全县所有属于事业编制的教师参与到扶贫工作之中,并且,全县统一部署,将扶贫任务细化到每个学校,再由学校细化到每位教师。最终,每位教师直接负责两户左右贫困户的帮扶工作。那么,教师作为扶贫工作的帮扶责任人,在实践中应该承担哪些责任呢?在《朗水县脱贫攻坚贫困户精准帮扶手册》中"帮扶责任人承诺书"这一部分明确了其职责要求。

①向贫困户宣传党委、政府关于精准扶贫、精准脱贫的政策,协调落实应当享受的惠农政策。
②与贫困户商定脱贫计划,帮助实施脱贫计划,实现"两不愁三保障"的脱贫目标。
③指导贫困户及时、准确、完整记录家庭收入和生产经营费用支持等相关信息。[1]

由此可见,在职责要求中,教师作为帮扶责任人,与其他政府、事业单位的工作人员一样,被要求承担了诸多超出其能力范围的责任,包括政策宣讲、信息统计和制定脱贫政策等。一位教师这样描述她参与的扶贫工作:

政府把学校分到某一个乡、某一个镇,然后学校再给某一个人(老师)指定两三户扶贫对象。一般第一次去的时候就是了解家庭成员状况、工作情况、读书情况;第二次去的时候就是统计他家里田地、家禽方面的情况,然后给他预算、验收,如果达不到要求就给他做下一步工作;第三次去的时候就是统计贫困户需要的家禽,然后就去送小鸡、幼苗等。下一次去就看小鸡、幼苗的成长情况,然后再统计一下大小、成活量,并考虑回收方法。比如,上次我们组去统计的时候,就在两户人家中买了两只母鸡,给了200块钱,就相当于把他养的家禽回收了。明天去的话,就是向他们再买一部分鸡和

---

[1] 《朗水县脱贫攻坚贫困户精准帮扶手册》。

帮他们做一部分农活。①

教师在扶贫实践中投入了过多的时间与精力。而且，快到扶贫成果验收时，教师不仅在寒假期间要参与到扶贫实践之中，甚至还要花费上课时间去扶贫。可以说，扶贫工作已经妨碍到其正常的教学秩序。

> 这一学期花在扶贫上的时间太多了。学校要求我们每周最少去两次。有一次我们因为扶贫工作开会，只有一个人在学校里面值班。我们前天刚考完试，周五就又要开始去扶贫，要腊月二十几号才能休息。明天去送物资，包括棉絮②、米、被子。（2019年1月）25日到31日，我们要天天去他们（贫困户）家里面，给他们讲政策、告诉他们享受了哪些优惠，以及煮一顿饭给周围团转③的人吃，并跟贫困户说："你要说得出来我们干了哪些扶贫工作，还不能脸红④、不能乱说。"⑤

《半月谈》曾发表评论文章《三尺讲台是老师最好的扶贫场所》，指出教师参与扶贫，在表面上能够缓解扶贫队伍人才不足问题，对完成紧迫的脱贫任务有一定促进作用（半月谈，2018）。但是，这也牺牲了教师本应该用于教书育人、研究业务的时间，而且教师在动员社会资源方面不具备优势。对于教师而言，只有站在讲台上才能发挥出对社会最大的作用。

调查发现，教师自身的角色认知是"教书育人"，不应该，也没有能力去承担帮扶责任。那么，"接到这个任务时，都觉得很奇

---

① TF04-1。
② "棉絮"，指"以棉花为材料弹制而成的被芯"。
③ "周围团转"，指"邻居"。
④ "不能脸红"表面意思是"不能面色发红"。书中指"贫困户不能因为害羞等原因而未能说出教师已经做过的事情"。
⑤ TF08-2。

怪。我觉得这应该是政府部门做的吧，怎么会让教师去做呢？"①教师不理解为什么让其承担帮扶责任，与此相应的则是质疑这一安排。

教师之所以被卷入扶贫之中，其背后的逻辑正是学校对于地方政府的依赖，以及教师个人行动的无可选择。公立学校由政府举办、拥有事业编制，学校对地方政府具有依附性。进而，来自政府分派的"任务"变成了一种结构性约束（Johnson，1982），而教师在这种结构性约束中，尽管不满意，但是缺乏行动的多样性，比如退出（exiting）、表达（voice）、投机（opportunism）或忽视（neglect），更多的是呈现一种忠诚（loyalty），即服从安排并按要求去完成这一任务（Hirschman，1970，1974；Ping，1993）。当然，从理论上而言，教师可以做其他的选择，如前述的退出、表达、投机或忽视。但是，诸多教师是因为教师职业的外部吸引力被拉进来的，而且这是其主要的谋生手段。作为生存的手段，在没有更好出路的情况下，教师不会选择退出。那么，在不能退出的情况下，面对强大的"任务"，表达、投机或忽视也就都不可能了，因为它排挤了所有这些选择存在的空间。

（二）教师对扶贫的认知及其影响

前文曾指出，在现代化中，不论教育现代化处于中心地位还是依从地位，都强调了教育对于个体获取知识和技能、满足社会发展需求的重要意义。让教师参与扶贫工程，如"思想扶贫""送教""控辍保学"等的理由，依然是遵从现代化教育的逻辑，即发挥教师的教育功能，以改变贫困农民的思想观念、给未能有效接受教育的农村儿童进行补习等。在此意义上，教师本身认同对其扶贫工作的安排。

老师的技能在教育上。那怎么去扶贫呢，思想上扶贫嘛。他贫困，子女没法读书，这就可以通过教育扶贫，一对一的

---

① TF04-1。

对他（进行帮助），解决他的读书难的问题。还有，如果他学习上没有辅导，这也可以扶贫嘛。①

我们学校负责送教的两个儿童，一个是先天性智力障碍，还有一个是癫痫，只能在家养。那两个确实该我们学校去，因为涉及教育了，扶贫该我们去。你要说那些教育扶贫嘛，就是送教嘛，针对那些因家里面原因不能来学校的，我们就去家里面给他上课、讲知识，这种是很可以的啊。②

由此可见，在教师看来，扶贫工作中与自己专业优势相关的、力所能及的事情都可以并应该接受。然而，正如上一部分指出的，在地方扶贫实践中，却让教师承担了过多的、超出其能力范围的扶贫责任。在此意义上，他们所承担的扶贫责任或从事的扶贫工作已经超出了教育扶贫的范畴，教师拥有了跟地方政府工作人员一样的扶贫责任。

而且，教师扶贫工作也让其产生了主体性身份迷茫。一位做教师的朋友，在接到扶贫这一任务之后，就立马发出了"我既不会栽秧，也不会耕地，认不得谷子③，也分不清麦子④。我是教师，只会教书"的惊叹，对此充满迷茫。带着这样身份认同的混乱感，教师在扶贫实践中"只是觉得这确实是一个任务，只把它当作一个任务来完成，好像没有更深层次的东西一样"⑤。而且，给教师带来了"不安逸""反感"的感觉。

需要指出的是，这种"反感"背后，除了教师不认可（这里的"不认可"主要是因为地方政府赋予了教师太多角色之外的期待和要求）分派给自己的任务之外，还包含另一层面的不认可，即不认可让教师去承担原本应该由基层政府所承担的责任。而且，

---

① TM04-2。
② TF08-2。
③ "谷子"，指"水稻"。
④ "麦子"，指"小麦"。
⑤ TF04-1。

在教师们看来，他们所做的扶贫工作，也并不是不可替代的。

教师扶贫责任的泛化与异化，一方面影响了教师正常教学秩序的开展。正如上文描述的，在扶贫的紧要时刻，甚至只有少数教师留守学校。换言之，异化的教师扶贫在某种程度上也在竞争着教师情感劳动的时间和精力，使其在教学方面投入的时间和精力不足。另一方面也是更重要的一个方面，则是让教师呈现角色认同的迷惘与混乱。而其中，也夹杂着对异化的扶贫实践的不认可。

需要注意的是，异化的教育扶贫工作除了对教师的心理认同产生负面影响，还让教师承担了物质的压力，这反过来又消耗了教师的情感能量。作为扶贫责任人，在维系与贫困户关系过程中，可能需要自掏腰包来购买礼物，甚至还需要以高价去购买或回收贫困户的农产品，对原本收入就较低的教师而言也是很大的负担。

> 肯定有负担啊。比如，我们上次去还拿了钱。然后还要来去的奔波啊、耽误啊。还有，农户的鸡鸭这种，如果他卖不脱的话，老师要给他收购了。你说去帮扶他，还要去买鸡鸭，哪个愿意？但还是要去给他买了，而且我们还是高价买，不能低于市场价买。我们本来工资就低，一个月三千四百多，然后东扣西扣，扣到卡上只有一千四。一个老师在这个县城生活，一千四能干啥子嘛？还要还房贷、生活、人情来往，很崩溃！①

第二节 精细管理与弱化的自主性

中国的社会转型在本质上是一个现代化的过程或现代性增长的进程。现代化进程中的显著特征就是理性力量的彰显与扩张。韦伯视野中的理性，特指形式理性或工具理性，就是指人们在规

---

① TF06-1。

则、规制以及更大的社会结构的影响下，寻求最好的方式获得特定的目的和结果。在他看来，西方世界正在日益变得理性化，即人们日益被效率、可预测性、可计算性以及控制人们的无人技术所支配（瑞泽尔，2014：49）。这种理性化在组织层面的延伸就体现为科层制。事实上，现代化的发展进程正是理性化的广度和深度扩展的过程。在当今社会，理性化逻辑侵入了社会的方方面面，从理性化的教育组织到理性化的工作车间，从理性化的娱乐设施到理性化的家庭等（瑞泽尔，2014：52）。乔治·瑞泽尔在《汉堡统治世界？！——社会的麦当劳化》一书中就明确地呈现了这一点。他指出，麦当劳化就是韦伯理性化理论的一个例证，是韦伯所说的理性化在消费领域的进一步扩展。而美国以及世界的越来越多的层面和领域正在被麦当劳化（即理性化）（瑞泽尔，2014：2）。

　　理性化的过程又是如何在学校层面开疆拓土的呢？这一节内容聚焦于理性化进程中的学校组织方式，其中就包括对于教师的管理方式。当然，这就必然涉及教师的工作自主性问题了。所谓"工作自主性"（job autonomy），是指劳动者在多大程度上能自主地决定或安排自己的工作，包括何时、何地、以何种顺序或何种方法完成工作任务的自由裁决权力（蔡禾，2014；Kubicek et al.，2017）。工作自主性作为一种工作资源，它有利于增加工作满意度和工作绩效（Hackman & Oldham，1976；Kubicek et al.，2017：45-63）。

　　那么，社会转型中的学校组织方式为何？又是如何影响教师的教育激情的呢？笔者通过调研发现，学校对教师管理的日益精细化，以及教师工作自主性的逐渐缩小是其中重要的影响因素。这主要体现在两个方面，即日常管理与绩效管理，这两个方面的日益细化都在侵蚀着教师教育工作的自主性。

一　日常管理的精细化

　　许多教师表示，在20世纪八九十年代的时候，学校在对教师的管理中，虽然也很重视并强调教师要认真负责，但是这些要求并没有明细化或者形成明确的考核指标，属于一种"粗线条的管理"。然而，随着时间的流逝，学校管理呈现管理内容日益精细化、时间规划愈加紧凑化的总体性趋势。这种趋势不仅体现在对学生的管理上，也体现在对教师的管理上。

> 像我们那个时候才出来（参加工作），学校就没有那种条条框框。基本上没得条条款款，反而一切都是一种习惯。确实那时候工作是辛苦，但大家都投入……但是不晓得是哪门[①]的，一切后头慢慢细化。之前是没有那么多条条款款的，后头细化到检查备课本、好多点必须到岗签字，甚至什么时间点你要干什么，包括星期几你要干什么（都有明确规定）。而且，搞什么班级活动、文化活动，都要按照学校的指示来。[②]

当下，学校对教师的日常管理整体上呈现越来越严格、越来越细化的状态。朗水中学对教师日常教学工作管理的严格和细化，主要表现在三个方面：一是打卡制度，二是推门听课制度，三是作业批改登记督查制度。通过这些管理方式，学校严格"管理"教师的身体和时间，也大大弱化了教师的教育自主性。

（一）打卡制度下的身体"管理"

笔者在第二章描绘了朗水县中小学教育质量（主要以中高考成绩为标志）下滑的事实。教育质量的下降，一方面受到朗水县于2012年开始的教师绩效制度改革的影响，另一方面也受到学生加速流动的影响。在二者交互作用下，教师教育积极性也在下降。一个明显的表现就是，部分教师（尤其是在乡镇的中小学教师）将一周的课程集中在1~2天上完，然后就回家，而不待在学校。这种方式不符合学生接受知识的规律，也不利于学生的学习。这是因为，一方面，学生并不能在短时间内接受太多的全新知识；另一方面，学生在碰到问题的时候并不能及时向教师请教。针对这一突出的问题，朗水县教育局于2017年初要求全县各中小学要

---

① "哪门"，指"怎么"。
② TM07-3。

对教师进行严格考核，并推行打卡制度。

在县教育局的要求下，朗水中学在 2017 年 3 月 31 日印发了相关文件，即《朗水中学关于印发〈朗水中学关于进一步严肃工作纪律的通知〉及〈朗水中学关于上班打脸卡签到的规定〉的通知》。在该文件的首页明确写到下发该文件的目的，即"切实增强规矩意识、法纪意识、严格遵守工作纪律，务实高效地完成各项工作任务，树立良好的师表形象"。

在《朗水中学关于进一步严肃工作纪律的通知》中着重强调了全体教职工应该：第一，严格遵守作息时间；第二，严格执行请销假制度；第三，严格落实值班制度；第四，严格规范从教行为。其中，《朗水中学关于上班打脸卡签到的规定》直接影响了全体教师的工作自由度，也是教师最"怨声载道"的制度。这一制度到底如何规定的呢？下面摘录了该文件中的部分资料①：

朗水中学关于上班打脸卡签到的规定②
2017（3）文件

根据县教育局的统一要求，为进一步严肃工作纪律，严格工作考核，经学校行政会研究决定，我校从 2017 年 4 月 5 日起实行全体教职工上班打卡制度，打卡方式为脸部验证考勤。具体要求如下。

……

2. 行政人员：

每天必须上午和下午各打卡一次，不管是否有课，都得打卡签到。

打卡时间：上午 8：00—11：40，下午 15：00—16：40。只有在这个时间段内打卡有效，推迟打卡无效。

---

① 该文件原文可见附录一。
② 该校签到系统中，原本教师可以选择面部识别和指纹识别两种方式来签到和签退。但是，在运行过程中，学校领导发现存在部分教师私自做指模并让学生代为打卡的现象，就取消指纹识别而仅保留面部识别打卡这一种方式了。

3. 早晚自习的教师：

早自习打卡时间：6：47前。

晚自习打卡时间：18：50—21：30。只有在这个时间段内打卡有效，推迟打卡无效（开机即可打卡）。

4. 普通教师：

打卡时间：上午8：00—11：40，下午15：00—16：40，只有在这个时间段内打卡有效，推迟打卡无效（开机即可打卡）。若上午（下午）无课的教师，上午（下午）可不打卡。①

5. 班主任每天的三到场签字、元知楼放学的楼道值勤签字、行政人员每天值班的签字不在打卡规定范围，仍按原来的现场签字方式进行。

……

上述文件规定可能难以清晰地呈现对教师打卡时间的具体要求，于是，朗水中学在相应的打卡点用醒目的红字标记牌提醒教师不要忘记打卡，明确、清晰、直接地呈现了具体的打卡时间（见表5-1）。

表5-1 朗水中学教职工签到签退时间

职务	早自习 科任教师签到	上午		下午		晚自习 科任教师签到
		签到	签退	签到	签退	
教师	6：47前	7：30— 8：30	11：30— 12：40	14：30— 15：30	17：00— 18：00	18：50— 21：30
职员工人		7：30— 8：00	11：30— 12：00	14：30— 15：00	17：00— 18：00	

打脸卡制度是一种典型的科层制管理的逻辑，将所有的要求或期待变成了规则和规章制度，并以文件的形式落实。在这种规则下，个人失去了自由裁量权，或者只有很少的自由裁量权。当

---

① 这一规定在实际操作中发生了变化。在实际操作中，学校要求普通教师跟行政人员一样，不管是否有课，上午和下午都必须到校打卡。

然，或许这种规则更加适合非人际互动的工作，甚至也能够进入一些不涉及"心灵培育"的人际互动的工作，比如服务业。教育行业虽然也是典型的人际互动的职业，但是不能完全按照服务业的逻辑来运作。这是因为，"教育这件事，关键是要心里想到做才行。如果心里没有想到做这个事情，就是管得到身而管不到心"①。从根本上而言，这是由"教育是育人工程"这一特殊的性质决定的。

因此，打脸卡这种原本意在提高工作效率的手段，在实践中却并没有达到预期的效果，而是呈现"被管理的身"（the managed body）而非"被管理的心"（the managed heart）（Hochschild, 1983），甚至导致部分教师的怨言和抵抗。

> 育人和守机器是不一样的。企业要求刷脸卡，能让职工按时上下班，进而创造更多价值。而老师备课，可以在办公室，也可以在自家。假如，让老师没课的时候也要跑几趟的话，无形当中（教师）心里就有种很憋屈的感受。本来是一种很自觉的事情（如备课、改作业），现在变成了好像只需要来把卡打完了就行，即必须来打卡，而不是要来把课备好、作业改了，更多的是来完成任务、来打卡的这种感觉。特别是班主任，一天要打很多道卡，还要签到、查寝，相当于心灵都莫得释放了。本来老师的压力就很大、超负荷运转了，再加上打卡，就显得不近人情，也不切实际。②

阿伯特（2016）在《职业系统——论专业技能的劳动分工》谈及了职业自主性这一问题。他指出，专业人士不同于被麦克唐纳和思瑞安妮（Macdonald & Sirianni, 1996）称为情感无产阶级的一线服务工作行业的员工，这些人士具有专业知识、能力和权威。在这些行业中，他们的地位更少被预设。而且，他们的工作是独立的，

---

① TM08-2。
② TF01-3。

在工作中有较大的自主性和自由裁量权。沃泽科沃茨称其为"享有特权的情感管理者"（privileged emotion managers）（Orzechowicz, 2008）。

教师群体作为"半专业人士"，具有专业人士的一部分特征。比如，他们在工作中有较大的自主性和自由裁量权，他可以决定在课堂上如何表现。这也就决定了教师群体不能像普通一线员工那样被组织进行心灵管理（Hochschild, 1983；庄家炽，2018）。事实上，自主性对教师有非常重要的意义，它给了教师按照自己意志来设计班级活动的空间，而这一空间也让教师能够充分施展自己的教育思想和理念，从而能够获得较高的工作意义感。

原本作为"享有特权的情感管理者"的教师被日益严格的规章制度进行身体规制之后，也必然影响到其工作激情。正如罗纳德·高木（Takaki, 1990：ix）描述的理性化场所的特征，在日益理性化的学校场所中，"个人的自我本质受到限制、情感受到控制、精神受到压制"。然而，精细管理使教师不能像以往那样去灵活安排工作时间以及工作内容，阻断了教师通过自主性获取意义感这一情感能量的关键来源，影响到教师的积极性。

（二）"谁的课堂？"：推门听课制度下的不自主

"推门听课"的核心特征便是：听课人在事先不通知授课教师的情况下直接进入课堂（许建美，2009）。"推门听课"作为学校了解教师真实教学状态的重要制度，受到很多学校的欢迎，甚至作为学校的制度创新而向外推介。比如，2011年1月30日，《光明日报》以《"推门听课"助力年轻教师成长》为标题，报道了厦门大学附属实验中学实施推门听课的探索与实践。尽管目前对于推门听课制度的争议持续不断[①]，但是作为一种校本活动，其形势可谓"如火如荼"（田文，2011）。同样，这一制度在朗水中学

---

① 《中国教育报》在2007年曾围绕"推门课"的利弊、存废问题组织了专门探讨。可参见刘东风的《"推门课"不能再推了》、代保民的《"推门课"是回归教研本真》和陈鲁峰的《"推门课"不能一棍子打死》等论述。

也得到了推广。在学校的规定中，领导可以随时推门听课。而且，学校的领导还对听课表现出极大的热情。"你看领导，像 L 校长，一旦没课，他就听课去了。"① 为什么学校领导对此持有极高的热情呢？其背后的深层逻辑是什么？这种行为又对普通教师的情感劳动造成了什么样的影响呢？

在关于"推门听课"的铺天盖地的报道中，存在"助力教师成长"等赞扬性的说法。但这一行为本身所反映的事实则是学校领导对教师教学行为的检查，也是学校领导对教师考核的重要手段。不可否认，基于检查中发现的真实问题而向教师提出建设性意见是可行的，也能促进教师的成长。但是在实践中，推门听课往往发生了形变，成为一个学校对教师进行监督与考核的机制。听课的目的主要在于让教师在每一堂课上都要"尽力"，这直接关系到学生的学习成绩。这一机制背后，更加深层的逻辑则是追求"工具理性"。

但是，这种制度也给教师带来了负面影响，或者对教师来说是一项负担。教师群体并不欢迎这一制度。一项调查数据显示，高于98%的教师不希望被推门听课，也不认为推门听课对自己的业务有多大促进作用（罗维刚，2012）。朗水中学自己开展的、针对教师的调查也表明，即使是为了"同行互助"，也鲜有教师认同"随堂推门听课"是一种好的方法（认同的教师仅占被访者的8%），更不用说是基于监督检查了。

之所以如此，一方面，是这种制度给教师增加了上课的压力；另一方面，也是更加重要的，这种方式给教师以一种不受尊重的感觉，在很大程度上剥夺了教师的教育自主权。正如一位老师所讲：

> 只有我和学生的时候，我想哪门说就哪门说。我觉得，上课对于学生或老师来说，本身是一个非常轻松和愉悦的事情。至少做这个事情，或者说至少在教室里面不会有一种很压抑或者很恼火的感觉。推门听课就是不管你是开始上，还

---

① TM14-1。

是没上,还是已经上了一半了,甚至都要结束了,随时想进来就进来。我觉得这种方式本身就是对老师的不尊重,因为不管从哪个角度来说,这个课堂是我的,在45分钟里,这个课堂就是我说了算。①

(三)"批"与"阅":作业批改登记督查制度的强化

日常管理的细化还体现在朗水中学对教师作业批阅的制度要求中。在《朗水中学教学常规管理办法》中对教师作业批改的要求和登记流程进行了详细的说明:

①量的规定:语文作文5次/期(指写有批语的大作文,考试中的不算)。各科均分课本作业和检测(指测试时间不少于40分钟,否则算课本作业)两类。
课本作业:前半期,数、外3次,其他2次;后半期,数、外3次,其他2次。
检测:数、外5次/期,其他4次/期(不含半期、期末考试)。若课本作业批改次数不够,可由试卷批改次数充抵。非高考科目,每期每班至少批改1次。
②注重批语:对所批作业要有日期、符号、适当的批语或纠错。要特别重视对踩线生面批。
③批改要认真及时,必要时可面批;批改次数不能搞突击。批阅后由学生课代表在正规上班时间及时到教科室登记、盖章。

很多教师表示,在没有严格、细化的规定时,教师也会很自觉地备课、改作业。而一旦将原本可以依靠教师内在职业道德来自觉规范的行为以外在的、数量化的、文本的规则来规范时,则会产生相反的效果。在作业批改方面同样体现出这样一种逻辑。

---

① TM17-2。

在这样的环境下，比较好的情况是在学校检查的时候，教师突击性地批改作业。比如，学生边收、教师边改。还有一些教师就直接流于形式了。比如，教师在讲台上进行作业评讲时，学生就在座位上用红笔自行批改，最后由教师统一写上"阅"字即可。当然，这种制度在实践中之所以流于形式，一方面是学校教科室在登记过程中没有起到督查作用，给予教师流于形式的机会。笔者就曾在教科室观察到这样一幕现象：一到课后（尤其是下午放学后），许多学生抱着本班某一科的作业来到教科室登记。由于学生多、作业多，登记的老师在一些时候会选择性地翻看教师的批阅痕迹，而更多的时候则是由学生报"某某班级、某某老师"，负责的老师直接在登记本上登记。

另一方面是作为理性化的"被规训者"，教师会衡量认真批阅作业这一事实是否符合等价的原则；当然，这一"等价"公式中的收入，也包括在批阅作业中所获得的情感能量。在没有要求的情况下，教师之所以自愿批阅作业，是因为通过这一方式能够检查学生对知识的掌握程度，继而调整自己的教学方式方法。因此，教师会觉得批改作业有意义和价值，也能够增加其情感能量。相反，指标化的规则要求则首先不自然地给教师留下了需要完成任务的印象。甚至，当作业批改次数和质量均被作为评定职称的重要考核因素时，更是强化了其"任务感"，影响教师自主性。以"任务完成"和"了解学生掌握情况"为目的的作业批阅，分别对教师情感能量起到了消耗和补充的作用，故而在批阅作业的行为上会呈现差别。

二 数字化的绩效考核

在韦伯看来，用货币来理性计算利益和亏损的可能性对现代资本主义企业而言是最根本的，而理性的簿记制度则是现代资本主义活动的最根本体现（吉登斯，2013：227）。理性化在组织层面上的具体体现是科层制。当然，科层制在运作中也遵循着现代资本主义活动的逻辑，其中重要的表现就是"科层制强调了对一切事情尽可能地定量。把绩效表现简化为一系列可量化的任务，有助于计量人们的工作业绩"（瑞泽尔，2014：50）。在学校场域中同样如此。以朗水中学为例，学校（也包括地方政府）对于教师的考评都是以一套完备的计量考核指标为手段。这种数量化的绩效考核体现在三个方面：一是日常绩效考核；二是高考奖励；三是职称评定。

这三个方面直接关系到教师的物质收入与社会地位评价，本质意义上，也是一种工作管理方式。尽管它们不像前述的日常管理制度那样直接对教师的身体在场进行监控，但是它们通过提供教师所重视的目标的实现方案和标准这一方式来对教师进行间接的管理。在此意义上，这是一种比直接的身体管理更有效、更强力的方式，也可以被视为一种心理引导。当然，当教师按照这一标准化的方案前进时，也就在一定程度上失去了工作的自主性。

（一）日常绩效考核

朗水县教育局于 2014 年更新了针对全县中小学校长、班主任和教职工的绩效考核办法。在新版的绩效考核办法中，更加明确、细化地出台了测评指标。以对中小学校长的绩效考核为例，相关测评量表就包括《朗水县中小学校长绩效考核民主测评量标（教职工评议）》、《朗水县中小学校长绩效考核民主测评量标（片区评议）》、《朗水县中小学校长绩效考核民主测评量标（教育局评议）》和《朗水县中小学校长绩效考核量标（考核小组考核）》，分别由教职工、片区、教育局和考核小组进行评价。从考核的量化指标来看，包括"德"（10 分）、"能"（10 分）、"勤"（30 分）、"绩"（40 分）和"廉"（10 分）五个方面，其中以能够较为方便进行客观量化的"勤"和"绩"为主，它们占到绩效考核的 70%。而针对班主任和教职工的量化考核标准中，"德"（10 分）、"能"（10 分）、"勤"（30 分）所占比重保持不变，"绩"（50 分）的比重提高到了总体的一半。从表 5-2 可以看出，在整个教育系统中，还是以能够客观衡量的指标，如教学工作、出勤情况等为主。尽管在考核指标上也强调了教师的职业道德、思想素质等，但这些指标因为没有客观上可测量的标准，具有操作困难性。因此,在实践中就发生了异变,这些指标的评分(不管是学校领导的评价还是教职工的互评)几乎一致。笔者曾在朗水中学收集到一份教职工职业道德的评价表,表上显示的评分都在 95~100 分。这种无区别化的评分操作,使这些指标不能有效发挥其导向作用。

表 5-2　朗水县教师工作考核指标

一级指标	二级指标	考核内容
A1 德 10 分	B1 职业道德	认真遵守《中小学教师职业道德规范》、遵守《四川省教师职业道德行为"八不准"》、《安汉市人民教师师德师风建设"十条规定"》、《朗水县教育局"五条禁令"》和学校关于教师职业道德建设的有关规定
	B2 工作态度	认真遵守学校规章制度,切实履行安全工作"一岗双责"制度,积极维护学校及社会和谐稳定
A2 能 10 分	B3 教育能力	严格按照新课程理念组织学生实施课堂教学,坚持学科教学渗透德育,注重学生行为习惯养成教育和心理健康教育
	B4 教学能力	严格按照要求,钻研课程标准和教材,精心设计课堂教学方案,积极应用现代教育技术手段和方法实施课堂教学,帮助和引导学生学习新知识,培养学生自主学习能力
	B5 教研能力	严格按照要求,积极参加常规教研和教育课题研究活动;总结反思教育教学工作,撰写教育教学经验文章和论文
	B6 学习能力	严格按照要求,积极参加继续教育学习,拓宽视野,提高专业水平
A3 勤 30 分	B7 出勤情况	认真遵守学校作息制度,切实做到不迟到、早退、无故缺席
	B8 任课数量	勇挑重担,认真完成教学工作任务
A4 绩 50 分	B9 德育工作	所担任教学班学生的思想品德和行为习惯好
	B10 教学工作	教学计划规定的教学任务全面完成,学困生转化工作稳步推进,教学质量全面提高
	B11 教研工作	教育教学研究工作达到学校规定要求
	B12 专业发展	全面完成继续教育学习培训任务

（二）高考奖励制度

为了刺激教师工作的积极性，很多学校尤其是重点高中设置了高考奖励制度。当然，高考奖励尤其是重奖，凸显了教育可能存在功利化问题，对推进素质教育起到反向的作用。但是，高考奖励制度的出台，甚至奖励力度的加大，与社会转型中现实主义情感体制是密不可分的。正如 2013 年 6 月 1 日开始执行的《朗水中学高考升学奖及学业水平测试优秀奖考核方案》[①]中的第一句话，"为实现学校的总体目标任务……进一步调动全体教职工的积极性，提高教育教学质量……"奖励的目的在于调动教师积极性从而更好地服务于"升学"这一"总体目标任务"，而非为了教育的本真性目标。

计量化的高考质量奖励制度不仅被学校领导奉为圭臬，也得到了教师的一致追捧。从学校的角度而言，高考质量（本身所代表的高考成绩）是学校评价教师教学能力的重要指标，也是学校组织框架的基础。这是因为，在现实主义情感体制和应试主义情感体制侵入学校场域的时代中，学校必然不自觉地要按照理性化的逻辑来运作。通俗而言，"升学质量是学校的生命线"。那么，为了更好地提高升学质量，从效益最大化的角度（或理性的角度）来说，就要求"好马配好鞍""把好老师排去教好学生"。谁是好老师？如何来评价老师的好坏？朗水中学教科室副主任从反向的角度来回答了这一问题：

> 现在说不看高考成绩了，不评价老师了，因为莫法评价了。像昨年子（2017 年），高考成绩都没有看到，学校内部莫法评价老师。对老师的安排等一系列工作，我们无从谈起。比如昨年子，排个老师都困难。我们一般是把好老师排去教好学生撒。成绩都没有看到，哪个晓得他是不是好老师？[②]

[①] 该文件的具体规定可见附录二。
[②] TM16-1。

由此可见，在理性化的逻辑支配下，"好老师"这一概念在一定程度上被剥去了诸多层面的要素，如思想道德、品行等，只留下了教学水平，或者说只留下了教学水平中的灌输知识、应对考试的能力。"好老师"也就被简单等同于所教班级高考成绩优秀的老师。

由于高考奖励的基础是所教学生的高考成绩，高考奖励的多少也就直接代表着教师个人教学水平的高低。在一定程度上，高考质量奖已经超越货币的属性，具有了象征符号的意义。一位老师就说：

> 高考奖励，比如我今年高考质量奖得了1万，这个钱实际上有两层意思。第一层意思确实就是经济实惠，第二层意思就是老师价值的体现。从某种角度而言，可能教师的价值，就是通过高考，有的时候它比钱更重要。比如平时发500元，跟高考质量奖发500元，给人的感觉是不一样的，大家很看重这个东西。①

（三）职称评定制度

在教师的中、高级职称评定中，同样是以客观的教学成绩为主要指标。从《朗水中学晋升中、高级职称考核方案》（2017年版）② 的具体量表来看，教师职称晋升考核量表中包括职业道德，教学、科研和其他三个部分。每一部分都是以外在的量化标准为主。而其中，又以教学、科研所占比重最大，这也是教师群体内部在计分时最容易拉开差距的地方。当然，这些量化指标的设置所折射出的还是高中教育的功利性取向。

韦伯在《新教伦理与资本主义精神》一书的结尾指出了理性的吊诡，即它最终变成了铁的牢笼，而且这一力量巨大到人们终

---

① TM03-3。
② 该文件全文请参见附录三。

究无法从其中逃脱(韦伯,2007:187)。这一牢笼体现在现代生活的理性化,尤其体现在科层组织形式中的理性化之中(吉登斯,2013:233)。这一牢笼之所以产生,根源在于形式理性与价值理性之间无法弥合的对立与紧张关系。也就是说,"形式理性的伸张,必然会衍生价值实质非理性的后果。而现代人为了生存与竞争,必须讲求效率与实绩,但由此而膨胀的形式理性会导致实质上非理性的生活方式,把形式理性此一手段当作终极目标来追逐,在社会各个领域造成林林总总的异化现象,这便是现代社会所面对的最根本的现实问题"(张德胜等,2001)。

从朗水中学对教师的管理方式来看,就是典型的形式理性。当然,这种工具理性的背后,毫无疑问就是社会整体性的现实主义情感体制以及由其衍生而出的教育领域的应试主义情感体制。正如笔者在上一章所说,在应试主义席卷教育领域的背景下,学校和教师作为重要一环,不管是否愿意,都被卷入应试竞争之中。而学校这一组织,也会按照最符合应试竞争的、效益最大化的方式来组织和规训教师,包括看得见的身体管理和看不见的利益引导。然而,这种强化管理下教师呈现的是自主性的弱化,其结果也是显而易见的,那就是教师情感能量的低落。由此,激情的缺乏也就直接导致教师行动上的变形。最终,原本意在提高教师工作积极性和工作效率的制度框架却变成了束缚教师教育自主性与积极性的绳索,起到了相反的效果。

在此,需要指出的是,周序(2014)曾指出,"应试主义教育"下的"应试规训"并不一定会起到负面效果,而是会得到教师的认可甚至追捧。这是因为,应试主义的教育方式是提高学生考试成绩,进而在应试竞争中获得优势的最有效手段。与此相应的则是教师得到物质上和精神上的报酬,这又会进一步强化教师对应试主义教育方法的路径依赖,并拒斥对新方法进行探索,甚至对"应试规训"的合理性进行辩护。然而,笔者在朗水中学的调研中,却看到了矛盾之处。一方面,教师认同数字化的绩效考核方式;另一方面,则对身体管理方式感到反感,甚至厌恶,即并未完全认同并追捧这一应试主义的规训方式。这一差别的根本正如笔者在上一章中所述，教师在当今环境下对学生升学可能性的预期不乐观。进一步而言，那就是教师对通过学生的应试成绩来获取物质和精神的报酬并不持有较高的期望。换言之，缺乏工作的自主性本身会消耗教师的情感能量，而对于回报的悲观预期又不能起到补充情感能量的效果。那么，他们怎么能激情饱满地开展教育活动呢。所以，笔者在此想强调的是，并非"应试主义"缺乏解释力，而是应试主义要得到教师的认同与追捧必须有一个前提条件，那就是教师对通过应试竞争所带来的回报的良好预期。否则，这种旨在提高效率的制度框架，只能起到消耗教师情感能量、影响教师情感和工作表现的作用。

第三节 激励与组织支持的弱化

组织支持同样与教师的教育激情紧密联系（Grandey，2000）。所谓"组织支持"，是指组织为教师提供一个鼓励性的、愉悦的工作环境。就支持主体而言，包括学校领导和同事；就支持的性质而言，包括物质层面的奖励和精神层面的关心。然而，笔者在朗水中学的调查中发现，目前组织支持既有物质层面支持的不均衡，又有精神层面支持的弱化。二者相互强化，起到了消耗而非补充教师情感能量的作用，进而削弱了教师进行教学实践的能量与意愿。

在这一节中，笔者将从三个方面来展示当前教师所面临的组织支持问题：一是物质层面的激励，包括日常的绩效分配与高考奖励；二是来自组织的精神关怀；三是同事之间的相互情感支持。

一 激励的弱化

工作的积极性在一定程度上取决于工资，因为工资的增加可以提高员工的士气和工作热情（贝克尔，2007：33）。大量的研究显示，薪酬激励是通过影响员工的薪酬满意度，进而影响员工工作绩效的重要因素（Williams et al.，2006）。因此，不唯企业，在学校和其他政府机构中，绩效工资、奖金等浮动工资方案也都被广泛采用。在教育领域,教师薪酬激励成了全球教育改革的重要内容之一。无论发达国家还是发展中国家都采取了通过改革工资制度来提升教师工资水平、激发教师工作积极性、促进学生发展和学校建设的措施(杜屏、谢瑶,2018)。其中,绩效工资是学校激励职工、促进教师队伍建设的重要杠杆。

当然,就高中学校的绩效考核来看,它既包括日常的绩效考核,也包括基于高考质量的绩效考核。然而,在目前的环境下,在这两个方面都存在弱化,进而引发了教师的心理危机,消耗了教师的情感能量,并降低了其工作积极性。

(一)公平性与激励性弱化的绩效改革

约翰·斯塔希·亚当斯(John Stacey Adams)在激励理论中重点关注了公平问题,探讨了个人贡献与所得奖酬之间的平衡关系。他认为,员工不但关心个人努力所获得的绝对报酬量,而且关心与别人的报酬相比较的相对量,比较的结果直接影响今后工作的积极性(叶芳明,2001;辛春晖,2013)。事实上,亚当斯的公平理论强调了两个方面的比较,一是个人内在的比较,即付出与收获之间的公平;二是个人之间的比较,这又涉及行业内部与行业之间的比较。由此来看,公平性与激励性的均衡包括两个层面,一是个体内部的均衡,二是人与人之间的均衡。但笔者通过调研发现,教师之所以对绩效制度抱怨,恰恰是这个制度既存在个体内在的不均衡,也存在外部的不均衡,严重损害了教师的工作积极性。

1. 公平性与激励性的个体内部弱化

从2009年国家推行中小学校绩效工资制度以来,朗水县根据国家、四川省和安汉市的相关政策文件,于2012年开始实施中小学绩效工资制度,并制定了详细的《朗水县中小学教职工绩效考核试行办法》。改革的基本内容是将绩效工资分为两个部分,其中70%直接发到教师个人账户,另外30%作为"活"的部分,由学校统筹、整体安排,并赋予每个学校制定具体绩效分配方案的权利。但在学校的实际运作中,本应专款发放的津贴,包括班主任津贴、行政领导津贴以及其他部分教师的政策性补贴，也从这30%之中支取。在此，以朗水中学的分配方案为例来剖析"活"的部分的分配制度。

朗水中学绩效分配方案细则[①]

①课时津贴：按原标准的算法核算，课时津贴折合成65%（不含班主任津贴、教研津贴和老年津贴）计入现标准。

②超工作量及早晚自习补助：各科正课的标准课时均为12节，每超一节补助10元；早晚自习每节补助10元。

③班主任津贴及评优：以70人为标准，每班每月保底380元，每超1人加5元。每学期评选一次优秀班主任，分年级评选，评选人数不超过年级总数的60%，奖金为每人100元。

④全绩效的30%考核保底：教师保底65%；职员工人保底80%。

⑤教研组长每月津贴120元，年级组长每月津贴50元，老年（男50周岁及以上，女48周岁及以上）津贴每月40元，女工委主任每月津贴80元，经审组主任每月津贴120元。

⑥行政津贴：副校级领导每月600元，中层正职每月400元，中层副职每月350元。

⑦其他补助：教学楼及办公楼开关门管理员每月补助120元；半期、期末考试和高三月考监考，150分钟的补助每堂15元，其余堂次照此折算；组织大课间活动的体育教师每人每次补助10元；体育保管员每月补助200元；楼道执勤每人每次补助3元，缺勤一次扣30元。

⑧病假每节课扣10元（在绩效工资的30%中扣除，扣完为止）；事假每节课扣15元（在绩效工资中扣除）；无故旷课的每节课罚40元（在绩效工资中扣除）。临时代课（含正课和自习）每节课15元。

[①] 资料来源于朗水中学办公室。

⑨寒暑假3个月，全额领取绩效工资。

⑩每学年度评选一次先进工作者，评选人数不超过学校教职工人数的25%，奖金为每人100元。

从上述分配中可以发现以下几个方面的事实。第一，原本应该由专项经费支出的班主任津贴、教研组长津贴、行政领导津贴以及其他补助，也是从学校统筹的30%的经费之中支出。这导致的结果便是，平均而言，普通教师永远也不可能拿回原本属于自己的30%的绩效。因为，在进行绩效分配之前已经将这部分划走了。第二，从分配细则中的第一条、第四条、第九条可知，按照平均课时量来算，教师在上课期间领取的绩效工资反而赶不上无须上课的寒暑假。这是因为，寒暑假期间（主要是二月和八月）不发生对教师的考核，故而会按照个人上缴原数发放。但上课期间，教师领取的保底绩效为65%。第三，正因为有65%的保底在，不论教师工作量多少，其绩效收入差别都不大。以一位工作14年的中学一级教师绩效收入来看，他于2018年5月收到的直接由银行代发的绩效为842元（个人绩效的70%部分）[①]。那么，由学校统一分配的为360元。如果一个教龄、学科一致的中学一级教师，即使只上一个班级的课（一般会低于学校要求的标准课时），也可以最少拿回234元（保底中的65%）。相反，超过标准课时的补贴较少（每超一节补助10元、早晚自习每节补助10元）。第四，在学校内部的绩效分配还因班级层次与性质的差异而呈现系数差异。在朗水中学，作为高考升学主力军的复习班和实验班享有较高的系数。相应地，班级层次越低，其系数越低。比如，实验班为1.5、重点班为1.3、普通班为1.0。可见，班级层次内和班级层次之间的差别显著。这就涉及绩效分配制度的公平性与激励性的问题了。

绩效工资制度的设计，其目的在于激发教师的教育积极性。然而，遗憾的是，在实践中却影响了教师的教育积极性，并遭到

---

① 该数据由教师个人提供。

了教师的反对。因为，这种设计是对教师工资一部分的剥夺和乱分配，影响了教师的教育情感能量，并不能起到激励教师的作用。之所以如此，主要是这种分配方式损害了教师所秉持的公平意识，进而消减了其教育激情。而且，这种不公平的绩效分配制度甚至直接妨碍了学校已经确定的各种考核制度的推行。笔者在查阅朗水中学教师考核记录时发现，在 2015 年春季的考核记录中出现了这么一句话："因为新的绩效方案，老师积怨，考核不计。"在"朗水中学教师省、市、县、校级竞教获奖情况统计表"中，也同样在 2015 年春季的记录中出现"因津贴大大减少，本期工作严重受挫"的字样。那么，公平感是如何受到损伤的呢？

  就个人内在公平而言，讲求的是付出与收获成正比。然而，在现有的绩效分配制度中，教师基本上不可能拿回属于自己的那一部分绩效。需要注意的是，在现实主义情感体制下，物质报酬也成为教师看重的情感劳动报酬。因此，当教师不能拿回原本属于自己的报酬时，可能会产生怨言。

    现在老师看重啥子嘛，"收入"。比如，我上两个班的语文，如果连自己的绩效都拿不回来，30% 哦，那就会考虑："我一个高中老师，上两个班的语文，连 30% 的绩效都拿不回来？那我要上好多（多少）课才拿得回去？"这就是有怨言呢。①

  事实上，除了普通教师之外，连担任行政职务的领导也不能拿回规定的行政岗位绩效工资。在朗水中学，按规定中层正职的岗位绩效是每月 400 元，副职为 350 元。但是，在实际上无论正职还是副职，均只能领到 320 元。那么，在责任和报酬不匹配的情况下，尤其是在目前教师都较为看重物质利益的情况下，必然引发教师的负面情感，消耗其情感能量，进而缺乏积极工作的动力。

  由此来看，教师的内在公平观念包含两个层面的意涵。一则，

---

① TM03－1。

确定的标准不能降低,不能被打折扣,因为自己做了这么多事情;二则,"应得的"不能被剥夺。也就是,由国家财政拨付的部分是教师应得的,不应该由学校进行再分配。

2. 公平与激励的外部弱化

除了个人内在的比较之外,人与人之间的比较也同样会引发教师的失衡感。当然,人与人之间的比较,包括三个逐步扩大的人际层次,一是同一学校不同层次班级授课教师绩效的比较;二是教育系统内部,不同学校教师绩效的比较;三是教育系统与其他系统绩效的比较。

首先,学校内部的比较。前文已述,不同班级层次的绩效系数呈现明显差异。即使是同一学科的教师,教实验班的教师的绩效系数是普通班教师的1.5倍,而重点班教师是普通班教师的1.3倍。这对教普通班的年轻教师的积极性造成了极大打击。因为在许多年轻教师看来,给普通班授课的难度并不亚于重点班或实验班,甚至实验班因为学生基础好、学习风气更佳而上课更轻松,也更有成就感。但是,年轻教师因为资历低、教学能力未得到验证而被迫给普通班授课,而且绩效收入远低于给更高层次班级授课的教师,这本身对年轻教师的公平感就是一种损伤。尤其是当高级职称的教师上一个班的绩效收入可能跟自己上多个班的绩效收入差不多时,这种对比伤害直接消磨了教师的情感能量。

其次,在学校内部不同教师的比较性伤害之外,不同学校之间的比较,同样可能是对高中教师的严重伤害。比如,很多教师表示,在绩效制度下,高中教师与义务教育阶段教师的绩效是一样的,但高中的教学任务和压力明显比义务教育阶段教师要大,需要投入的时间也更多。通过对比之后,教师自己也觉得没有了激情。

(实行绩效以来)义务教育阶段和高中教育阶段的绩效都是一样的。高中的任务肯定要比小学和初中要重一些。但绩效是一样的话,就让教师心里不舒服。你想,我们高中教师,早上六点十五就起床,而小学要八九点才上课。但是他们领的工资，跟我们高中教师是一样的。这种就没有激情。①

最后，便是不同行业之间的比较，尤其是与公务员队伍相比较之后的伤害。《教师法》中明确了教师的平均工资水平应当不低于或者高于国家公务员的平均工资水平。而且，在地方实践中，也时常按照公务员的管理方式来要求教师，比如笔者前文提及的打脸卡制度、扶贫任务等。这一系列的规定、要求给予了教师与公务员对比的机会，其公平感知在很大程度上也建立在与公务员的对比之中。但是，在工资收入、绩效分配等方面，教师却屡屡感受到不公平。

工资绩效改革之后，尽管绩效工资部分缩减，但由于基本工资提高，教师的整体收入水平并没有降低，甚至有所提高。相对而言，只是教师内部的差异缩小了。从追求物质回报的角度来看，教师应该更加充满工作激情，而不是积极性降低。然而现实是，在绩效工资制度实行之后，很多教师在评上高级职称后，或者虽未评上高级职称但自觉无望的教师，主动申请减少工作量。这一现象从表面上看并不符合追求物质回报的价值观念，因为增加课时量必然会增加个人的收入。但深究之，这一表面的反常现象恰恰是以物质回报为标准考量后的结果。也就是说，改革之后的绩效分配制度并没有很好地平衡激励与公平之关系。

从逻辑上而言，激励意味着差异化，它与公平所强调的平等化之间具有内在张力，二者之间呈负相关关系。但是通过对教师的分析发现，激励与公平之间具有某种程度上的选择性亲和。具体而言，教师话语中的公平，本身强调了"物有所值"，即个人的付出要有等值的回报。如果回报低于或高于付出，都属于不公平，而等值的衡量标准是直接与个人所处环境对标的。比如，地方物价、房价水平以及其他行业或单位工作时间报酬等。教师之所以要求减少工作量，其根源在于，在达到基本工作要求的基础上，增加的单位工作时间所获得的边际报酬远远低于预期。所以，从

---

① TF09-2。

逆向比较（止损）的角度而言，教师宁愿选择只满足基本工作要求。

（二）激励不足的高考评价体系改革

在育人导向的教育改革中，较为重要的是要通过改变教育评价体系来确立正确的价值导向。在 2018 年 9 月召开的全国教育大会上，中央明确提出要深化教育体制改革，健全立德树人落实机制，扭转不科学的教育评价导向，坚决克服唯分数、唯升学、唯文凭、唯论文、唯帽子的顽瘴痼疾，从根本上解决教育评价指挥棒问题（中国新闻网，2019）。在高中教育改革中则是重点强调要转变"唯分数论英雄"的导向，因为在这一导向中，过于看重对学生进行知识传授与应试操练，忽视了理想信念、爱国情怀、品德修养、社会责任感、创新精神、实践能力、身心健康等素质的全方位培养。在这一理念下，各级地方政府也开始出台以育人为导向的政策和要求。2017 年 6 月 21 日，四川省教育厅副巡视员魏成松所作的《在全省 2017 年高考成绩发布和宣传工作视频会议上的讲话》[①]，则是明确提出了落实以育人为导向的高考评价体系改革的具体做法。

然而，这种高考评价体系改革，并没有起到预期的作用，反而因为缺乏激励性而大大损伤了教师的工作积极性。这种损伤主要包括三个层面：一是直接弱化了物质激励，二是减少了教师获取荣誉的机会，三是弱化了教师因维护面子而努力的动力。

1. 物质激励的弱化

笔者曾指出，高考成绩具有两个方面的作用：第一，它是学校评价教师教学能力的重要标准，也是学校组织框架的基础；第二，高考成绩也是教师社会地位和自我认同的基础。因此，淡化高考意涵的评价机制改革对教师的工作积极性产生了极大的负面影响。其中，最大的负面影响就是让教师丧失了奋斗的积极性。这是因为，随着社会价值观念走向"经济至上"，教师的价值诉求

---

① 资料来源于朗水中学。原文见附录四。

也逐渐从"情感回报"转向"物质利益"。在以物质回报为核心价值要素的当下,淡化高考成绩作用的改革所带来的直接影响就是物质报酬的减少。魏成松副巡视员在讲话中就明确强调,"不得以高考成绩对各市、县(市、区)及高中学校进行排名排队,不得以任何形式对各市、县(市、区)及高中学校进行高考表彰奖励,不得以高考成绩为标准奖惩局长、校长、教师等"。而且,这一原则性要求还上升到政治高度:"今年是政治大年,改革大年,做好2017年高考成绩发布和宣传工作责任重大。各级教育行政部门和招生考试机构一定要从讲政治的高度,牢固树立'四个意识',始终保持清醒头脑,立足全局、着眼大局,勇于担当,攻坚克难,全力以赴,狠抓落实,以实际行动迎接党的十九大胜利召开。"但是,这对普通教师而言,却是对其积极性的极大打击。

在当下环境中,教师自己也承认其工作价值的来源,一方面,是学生的情感回报;另一方面,也是更重要的方面,则是物质回报。具体而言,物质回报是当下教师情感劳动的核心报酬,取消高考奖励对教师的积极性产生负面影响。

> 取消高考质量奖,肯定有负面影响。以前有奖励的话,可能因为奖励而去关注更多的人。一旦奖励取消了,除了老师自己的责任心,或者他对某些学生的关怀之外,就没有别的动力了。①

更加关键的是,取消高考质量奖之后,对教师的公平感产生了伤害,其中关键就在于收获与付出不成比例。

> (高考质量奖)忽地一下取消,那我整什么?我们那些完成任务和超额完成任务的,跟别人那些没有完成任务的,如果收入都是一样的,那哪个心理都不平衡。反正考多考少也无所谓,那还整什么?所以,如果高考激励机制不到位的话,

---

① TF05-1。

那么久而久之，大家自然也就不去想（高考）这个事情了，觉得莫得必要了，何必去做那么多呢？还不如在屋头①把身体养好点。现在大家都是这么想的。②

事实上，高考奖励等激励措施的缺乏对学校教学效果的影响是立竿见影的。一位班主任就说："我带了那么多届，就那一届差，包括重点班才考起十几个人。取消高考质量奖，给人感觉就是吃大锅饭了，那么教师的积极性就不高了。"③

2. 减少教师获取荣誉的机会

当然，"不排位、不公示"也让教师失去了通过学生的高考成绩获取荣誉感的机会。长期以来，不管是从学校的评价体系，还是从社会的评价体系来看，"好老师""优秀教师"的重要的标准是所带班级高考升学人数多、升学率高。在学校系统内部，升学率是评价教师水平、发放绩效、安排授课班级类型的重要基础，也是获得同事尊敬的重要因素；从社会来说，较高的升学率也是学校和教师获得家长认可和尊敬的基础。然而，"不排位、不公示"的政策要求则让教师失去了一个展示自身的方法，进而缺少了以此获取荣誉的机会。

3. 弱化教师维护面子的奋斗动力

面子作为一种重要的文化因素，它既构成教师的荣誉观，也在很大程度上外在地对教师行动进行激励。然而，"不排位、不公示"的政策，虽然减轻了教师的面子压力，但也弱化了教师为维护面子而自我奋斗的动力。

众所周知，升学率对教师而言是一种压力，其中一个重点就是维护面子的压力。面子的压力来源于两个层面：一个层面是教师个人与周围人相比之后，来自自我的压力；另一个层面则是外在的压力，包括学校的公开通报、批评。具体而言，内在压力就

---

① "屋头"，指"家里面"。
② TF10 – 1。
③ TM11 – 1。

是维护"自尊"的压力。很多已经评上高级职称的教师明确表示，其实高考的奖励并不多，但主要是面子思想使教师要认真负责。否则，同层次的班级差异巨大，就会让个人面上无光、内心难受。

> 面子，就是自尊对文人（教师）是很重要的。比如，同样的班，分班的时候学生素质都差不多，分的人数也差不多。如果别个都完得成任务、整得好，你比别个差一大截，肯定自己就没得脸面。①

外在压力就是，每次考试结束之后的教师总结会议，学校领导都会公布每个班级的平均成绩、有效上线人数等，并专门提及哪些班级表现不好。虽然领导并不会点名某位教师，但是会通过如"XX班级，你和YY班比起来差了好多分"之类的话语来间接批评教师，甚至学校领导还可能通过电话、短信等方式专门批评或警醒出现问题的教师。

当然，尽管平时有测验、月考、期末考试等比拼的压力，但由于平时考试主要由本校教师出题，出题教师有可能基于自身的利益考虑，在出题的难度、方向等方面有所偏倚。所以，高考才是被教师认可的"黑杆杆称"，才能检验出教师的真实水平。故而，教师的自豪感或荣誉感也是以高考成绩为基础的。

所以说，高考成绩"不排位、不公示"的举措，不是从根本上抹去了教师的面子思想，而是使衡量教师面子的工具或途径消失了。这一方面使教师维持面子的压力减少，另一方面也让教师没有途径展示水平、获得荣誉感了。当然，缺少公开数据之后，给了教师在统计成绩时作假的空间。朗水中学在2017年学校自己的高考成绩数据统计中，就发现了部分教师为了维护自己的面子而虚报升学人数的问题。

> 因为今年高考指标不公布、不宣传，我们还闹了一个笑

---

① TM02-1。

话。我们在 6 月 24 日,就是高考成绩出来后让老师统计各班上线人数。但最后,我们发现,老师报的人数和实际查的人数是有差别的。因为学校莫得官方的(数据),不像以前那样(有准确的数据)。有些老师他有个面子思想嘛。因此,有可能是他无意出错,但也有可能是他有意识地出错,也就是他报的人数和最后实际查出来的人数根本不一样。[①]

尽管教师也意识到淡化高考的政策目的在于转变教育导向,有助于从追求分数转向素质教育,但是从个人理性的角度而言,不管是普通教师还是学校的领导,都认为高考质量奖应该发,而且还应该加大奖励力度以及宣传力度。只有如此,才能提高学校的升学质量并提高学校的声誉。与之伴随的则是教师能获得物质回报,以及建立在升学率基础上的社会尊重与荣誉感。

在面临育人导向的评价机制改革时,教师却呈现积极性降低的状态。之所以如此,或许根源就在于从信念到职业的价值观念变迁。这一变迁将教师职业的情感性、神圣性逐渐剥离开来,其变成一个以传授知识来获取报酬的职业,"物质回报"构成了其情感劳动报酬的主要成分。一旦物质回报的成分被消减,必然就会呈现以"激情消减""积极性下降"为表征的动机不足现象。这种动机不足的现实不仅发生在教育行业,而且呈现向全行业、所有工作蔓延的趋势。在当下,不论各行各业,能够发自内心,用一种信仰来支配工作、激励自身的恐怕也寥寥无几。正如一位教师感慨道:"你说中国有几个能够通过信仰来激励工作的嘛!"[②]

二 组织支持的弱化

除了物质层面的激励失衡之外,组织的情感支持系统也面临着弱化的问题。以朗水中学为例,组织支持系统的弱化表现为两个方面:一是意在激励职工的工会组织发生职能的形变与关心的

---

① TM03-4。
② TM03-2。

去情感化,二是学校缺乏情感交流制度。

(一) 工会职能的形变与关心的去情感化

具体而言,每一个学校都有工会组织。学校工会组织是为维护教职工的合法利益而依法组建、依法运作的群众组织,具有维护、建设、参与和教育的职能,其中维护教职工合法权益的职能居于首位。学校工会充当的是行政附属机构的角色,协助开展行政工作,其主要作用是维护教学工作秩序、协调利益冲突。但在实践中,工会的维护职能存在发挥乏力的状况(任红梅,2017)。

以朗水中学的工会为例,我们可以很明显地发现,工会职能发生着弱化与形变,呈现去情感化的状态。笔者调查发现,朗水中学的工会主席由一名副校长兼任,而成员资格由教职工个人申请。目前,学校工会所承担的职责主要包括五个方面:一是在教职工有婚丧嫁娶的活动时,工会代表学校表达祝贺或安慰;二是在教职工个人生日时,以工会名义送上一份生日蛋糕;三是当教职工生病时,以工会名义送上一束鲜花和500元的慰问金;四是以工会名义组织教师运动会,并相应地给每一个教研组发放部分活动经费;五是在年末时,学校通过工会向教职工分配福利,比如发购物卡、食用油等。如果对这五个方面的职责进行划分,可以看出,工会的职责主要包括两个层面:一是针对教师个人的安慰或祝福;二是集体性的活动组织与福利分配。

从上述介绍可知,原本应该组织和团结教职工开展活动、激发教师队伍的工作激情、凝聚教师群体的向心力的工会组织,在实践中除按照惯习制度化地表达学校的关心和支持之外,较少组织活动,教师也很少感受到工会的存在以及工会的关注。

所以,在教师看来,工会的这种做法与其说是体现出学校的"组织化关怀"(Lopez,2006),还不如说是一种"习惯",一种"制度"。这是一种规范的、程序化的关怀,缺少"支持"本身所带有的温情的一面。故而,在教师眼中,"工会就是一个形式,徒有其表"①。

(二) 情感交流制度的缺失

缺少组织性的支持和关怀,还体现在学校并没有建立与教师进行情感交流的机制,也没有个性化的情感关怀实践。许多教师都表示,"老师和学校领导之间,工作之外的情感交流较少"②。事实上,朗水中学副校长也认同这一说法,"除了考试成绩之外,(领导) 平时很少关注教师的情感、情绪,都是有什么问题才关注得多一些。应该说,现在还是没有形成机制,这一缺失使得普通教师跟领导交流少"③。其实,这一情感交流机制的缺失,与长久以来形成的有关教育工作的认知有关。长期以来,教育都被认为是一种认知性活动,并将教师情感归属认知心理学的领域,认为其是由大脑功能和个性来约束的 (Lupton, 1998)。故而,政府和学校在实践中基本上没有关注教师的情感性支持问题。

但是,教师的压力较大。在《朗水中学绩效工资分配方案》中呈现了当下朗水中学所面临的现实窘境:"由于教职工长期大量缺编,我校大多数教职工长年超负荷工作,有很多教师不但长期任教 4~5 个班级的课程,还要担任班主任并担负大量行政工作,我校大多数骨干教师身心极度疲惫……"事实上,笔者在调研中也发现,教师每天的工作时间远远超过八个小时,甚至是其两倍以上。图 5-1 描绘了一位班主任 (也是学校中层领导) 一天的时间安排。由图 5-1 可以看出,班主任一天的工作时间达到了 17 个小时。因而,在这样高强度的工作状态下,教师整体上呈现严重的身心俱疲。

6:00	6:50	7:20	7:50	8:00	12:20	2:45	2:50	3:00	5:20	6:00	7:30	9:50	10:30	11:00
起床	早自习	早餐	准备	上午课程	中午	进教室	准备	下午课程	晚饭	自由学习/读报	晚自习	查寝	回家	

图 5-1 朗水中学班主任一天的时间安排

---

① TF03-1。
② TF01-3。
③ TM02-1。

事实上，诸多教师表示，他们也需要情感支持和心理辅导。然而，在"服务者"这一情感体制下，整个社会方面呈现对教师认同的二元对立状态。

> 现在对于老师的关心并没有跟上。社会只是强调你该怎么怎么的，老师就是圣人了、就是神人了，就该……这种。社会对老师要求很高，只希望老师怎么去辅导别人，没想过老师自身。①

因为缺乏组织性的情感支持，教师在面临压力的时候，更多的是自我调节。

> 我们老师，特别是高中老师，最希望、最喜欢的事情就是放假。放假的时候可以出去走一下、看一下、放松一下，真的是放松一下。实际上对老师的身体健康、心灵健康，政府可能考虑得并不多。所以，在很大程度上，我们老师需要自我修复，碰到的问题，要想不通的想通、看不透的看透。②

三 弱化的人际支持

组织支持还包括同事之间的相互支持。对于教师的情感劳动而言，同事之间的相互支持与支撑是增加教师情感能量、疏解情感异化的重要手段，它对成员的身心健康有重要的帮助。

然而，伴随社会转型而来的是单位制度的改革，进而弱化了教师之间的人际支持。具体而言，单位制度的改革带来了工作与生活的改革，不仅触动了个人身份观念的转变，还造成了原有社会交往方式的改变。段仕君和陈科霖（2018）指出：行政单位中，原有的单位人之间的联系由于理性化的管理方式而逐渐变少，人

---

① TM07-1。
② TM07-1。

们不再像过去那样"聚"在单位中,单位成为个体"工作"的场所,渗入"个体"的现代管理制度使人们开始局限于自己的工作,这直接导致了单位中人们日常联系的式微。那么,学校这个"单位"的转型是如何影响教师的人际支持与组织认同的呢?

在走向居住方式市场化的进程中,学校这一单位在变迁中也逐渐剥离了其承担的"生活"责任,教师的居住开始走向分散化,即开始逐步形成"职住分离"的新格局(田毅鹏、汤道化,2012)。物理空间上的分离使得教师日常接触减少,继而影响了其情感交流。事实上,在论及个人对某一组织的认同感或归属感时,这种归属感的微观发生机制恰恰是同属于该组织的个体之间的联系。当个人与同一组织的其他个体有着较为紧密的联系时,其对于单位的认同感也必然会增加,因此能够增加个体的情感能量。然而,单位制度的变化导致了生活和居住方式的改变,继而造成了教师个人纽带的断裂与关系的缺失。一位教师通过对比感慨道:

> 我在 SH 中学的时候,有教师院,大家住在一起。老师们平时都在一起,逛逛路、摆摆龙门阵,老师和老师之间的关怀和交往要多一些,大家有其乐融融的感觉。现在在城里面,大家房子买在各个地方,是散的。大家平常在一起交流,可能只有上班的时候。上班的话,平时都坐在同一间办公室的交流还多一些,但有些老师上完课就走了。[①]

除了居住的分散化所带来的客观上情感交流与情感支持的减少之外,工作与生活的合一性断裂还强化了教师的"工作"感知,即当教师群体的工作和居住场所分离之后,无意识地型构了"工作场所"和"生活场所"这种二元分割的观念。对于教师而言,当工作场所与生活场所合二为一的时候,实际上很难察觉到这二者的区别,往往是一种"工作即生活"的体验。然而,物理上的分离以及"学校与家"的实践体验,均在强化着这种二元分割的知

---

① TM11-1。

觉。换言之，物理空间的分割带给教师一种脱嵌于学校这一单位的体验，并强化其"工作人"的认知（田毅鹏、汤道化，2012）。

> 老师确实没有获得归属感。好像就是我到这里来上班，反正一天到我的班上，把我自己该做的事情做好了后，就该回家回家、该做什么做什么。①

除此之外，这种二元分割的体验还存在于科层化的组织方式带来的情感连接断裂的情境之中。在学校体系中，科层化体现为不同学科办公场所的分割以及不同年级之间业务交流的断裂。结果便是，一方面，教师之间的业务交流（包括课件交流、公开课等）主要限于同一个学科组内部，限制了教师之间交往的扩大化；另一方面，则是以办公室为空间单位的教师群体的交流分割。许多教师，特别是年轻教师，均表示其交流对象基本上仅限于同办公室的同组教师，而不同年龄、不同科目的教师往往是相互不认识或仅仅是眼熟的状态。那么，又何谈很强的人际支持呢？

而且，同事之间的交流减少与教师的"工作"感知这二者相互交织，带来的是教师群体社会连接（尤其是情感连接）的减弱以及情感的疏离（张晓溪，2016），而这种连接的减弱对教师本身的身份认同和组织认同产生了较为消极的影响。一位年轻教师说：

> 我感觉到现在为止，就认识几个校长，还有一起打球的老师和本组的几个老师。总体感觉就是，仅仅认识而已。对朗水中学的认同感和归属感不强，感觉莫得啥子纽带，就是我跟他们莫得啥子关系。我感觉自己就是在这里工作的一个人而已，走了就走了，莫得任何关系。就是一个合同关系啊，在这里工作而已。②

---

① TM07-2。
② TF05-1。

概言之，伴随社会转型而来的是单位制度的变迁。随着住房的市场化改革以及单位制度的"工作-生活"合一性走向解体，成员不再将单位视为一种"生活共同体"，而是视为一个工作场所。而且，伴随着应试主义下学校对绩效的追求，以及随之而来的科层化组织方式和对个人的严格要求，使个人与组织的关系变得疏离。此时，教师与学校的关系更多的是一种基于契约而建立起来的劳动关系（即上述教师所谓的"一个合同关系"）。相应地，教师也更多的是基于利益而建构自己对于学校的认同。在这种背景下，个人对组织的忠诚和组织对个人的关怀也日趋弱化（李汉林，2008）。那么，当单位逐渐向单纯的工作场所转变，而且人际联系弱化的时候，教师所面临的人际支持弱化也就是必然的了。

第四节　本章小结

本章主要从中观组织层面来探析影响教师情感能量的因素及机制，包括组织的要求、工作自主性和组织支持三个维度。

就组织的要求而言，在社会转型的背景下，教师面临着繁多的来自不同组织、不同性质的要求。尽管这些要求不直接涉及教师的情感劳动方式，即没有对教师应该遵守的情感展示规则进行明确的规定，但这些要求却直接影响了教师进行教学实践所需的情感能量。比如，因为家庭责任的转移而带来学校和教师的教育责任泛化，以及因为学校对教育部门所具有的依附性而被迫承担的与教学工作关联度低的扶贫责任等，这些要求一方面从客观上挤占了教师进行教育的时间和精力，另一方面还起到消耗教师情感能量的作用。这是因为，教师并不认同他们应该承担这些责任，而这些要求让本应该纯粹的教学工作变得不纯粹，甚至让教师产生了教育工作神圣性被降低之感，带来了教师角色的迷惘。

就工作自主性而言，在教育领域应试主义情感体制的影响下，整个学校的组织方式也按照"高考指挥棒"的要求进行。基于理性、效率和可预测的方式，学校对教师进行了精细化管理。一方面，在日常管理方式上，通过如打脸卡、推门听课和督查作业批阅的制度来强化对教师的日常管理；另一方面，通过数字化的绩效考核方案给予教师以行动清单，进而实现心灵导航。学校对教师日益精细的管理所带来的是教师工作自主性的弱化。自主性是教师进行情感劳动的重要动力，也是其工作的意义之一。而自主性的受控则降低了教师的情感能量、消耗了教师的情感能量。

就组织支持而言，社会转型中的教师面临着激励不足、支持缺乏的窘境。一方面，原本是为了更加有效地激发教师工作激情的绩效考核制度，因为本身的设计缺陷，导致了公平性与激励性的不均衡；而意在弱化高考成绩作用的教育评价机制改革也并未得到已经内化现实主义情感体制的教师的认同。二者共同导致教师缺乏物质层面的激励。另一方面，以工会为代表的组织支持和关怀体制在逐步弱化，而长期受到"教育是认知性活动"这一思想影响的学校并没有充分意识到教师同样需要情感支持和心理辅导，缺乏必要的教师情感交流机制。此外，因为社会的流动性增强，教师越来越处于个体化的生存状态，同事之间的相互支持也在弱化。

由此可见，社会转型背景下的组织，在要求、自主性和支持方面的实践，既受到各种领域情感体制的影响，又对教师的教育激情产生消极影响。其中的关键机制就是，它们都在通过损伤教师所秉持的理念和价值期望的方式，来消耗教师的情感能量，进而使得教师在教学实践中面临动力不足的困境。

第六章 生命历程与学生反馈：微观层面的影响

我们的行为表现与旅行有关，我们去过什么地方就会具备那一方水土的特质。

——乔治·爱略特（爱略特，1987）

19世纪英国小说家乔治·爱略特的这句话同样适用于教师的人生旅程和他们进入教育行业的经历，进而影响其教育激情。对于教师个体而言，其所持有的教育激情与其因何而成为教师的动机之间存在较大的相关性。瓦特和理查德森在其"影响教育选择因素"（Factors Influencing Teaching Choice，FIT-Choice）模型中，总结了五种影响教师选择教育职业的因素，包括：社会化影响，如社会劝阻、以前的教学和学习经历、社会影响；对工作的认知，如工作的要求和福利；对自我和能力的感知；价值观，如个人、社会和内在的职业价值观；把教学作为后备职业（Watt & Richardson, 2007）。如果从影响范围的角度对这五个因素进行分类，大体可以划分为群体性影响因素和个体性影响因素。所谓"群体性影响因素"，是指其影响对象为群体，主要为教师群体所共处其中的背景性（结构性）因素，如社会的价值观、社会影响等；而个体性影响因素则是对每一个体均可能产生不同影响的因素，包括上述中的个人以前的教学和学习经历、对工作的认知、对自我和能力的感知等。

笔者在分析框架中也指出，教师个体的情感能量受到宏观的情感体制、中观的组织要求和支持、微观互动情境及个人内在信念和特质等多个层次、多种因素的影响。个体的情感工作既受到结构的约束，也受到主观能动性的影响。从结构的角度来看，它包含宏观层面的情感体制和中观层面的组织要求，这也是笔者在前两章中所切入的维度；同时，也包含微观层次的、情境性的维度，即霍克希尔德所谈及的特定情境或柯林斯的互动仪式发生的情境。在具体的情境中，不同的教师因所处的结构位置和认知的差异，对于教育的情感也不一样。当然，从主观能动性的角度来看，个人目的性行动的基础是对特定事物的认知与情感，[①] 它们是个人行动的动机力量。面临同样的情境，不同的个体也可能因其认知和情感的差异而呈现行动的差异。在此意义上，还需要探讨微观层面的影响因素。

在微观层面，个体性因素同样对教师的情感劳动具有重要作用。在格兰迪的情感劳动工作机制中，个体性因素包括性别、情感智力、情绪表达性、积极情感作用和消极情感作用以及情感经历等。比如，教师个体的性别、情感智力、对情感的认知以及过往的情感性经历都会影响教师的情感劳动。

除了个体性因素之外，互动情境也是重要的影响教师情感劳动的因素之一。在柯林斯（2012：166）看来，积极的或消极的情感都受到个人在情境结构中的位置以及个人所具有的资源的影响。在互动情境中，权力和地位是影响个人情感能量的核心变量。除此之外，互动中的情感事件（包括负面情感事件和正面情感事件）也是极为重要的因素。

由此来看，微观层面的影响因素包括教师的个体性因素和互动情境。基于此，本章分别从这两个方面来探讨其影响机制。具体而言，笔者首先分析个体性因素的影响机制，再分析互动情境的影响机制。

[①] 在微观机制分析大师赫斯特洛姆（2010）看来，要建立针对某一事物的有力的解释基础，需要"关注那些导致社会主体变化的机制"。因此，赫斯特洛姆提出了 DBO 理论模型。该模型指出，期望（desires）、信念（beliefs）和机会（opportunities）是行动者付诸行动（action）的原因。其中，行动是个体（或群体）的目的性行为，信念是关于实际状态的理解，期望是对某事物发生的预期和欲求，而机会则是个体（或群体）可选择的行动"菜单"。

第一节　生命历程与教育激情

目前，有关影响教师情感能量的个体性因素的探讨中，大致包括两个维度，一是聚焦于教师个体的情感特质，比如性别；二是聚焦于教师的情感经历和情感认知。一般认为，性别与情感特质密切相关，女性教师比男性教师更具有情感表达性，也更容易在内心唤起所需要展示的情感，进而在教学实践互动策略方面与男性教师呈现明显差异。就教师群体而言，他们在职业社会化的过程中，一直在学习如何成为一名合格的教师，包括如何恰当地进行情感管理与情感展示。进而，在教师群体中，很难发现情感特质这一要素对不同教师的情感劳动所产生的分化作用。但是，教师本身对于教育情感作用的认知、职业情感、过往的情感经历以及其在生命周期中所面临的责任和压力，都对其情感能量产生影响，进而作用于其教育教学实践。所以，在个体性因素这一部分，笔者将重心放在教师的情感经历和情感认知这两个维度。

与情感经历和情感认知相关的要素都可以统合在生命历程这一概念之中。所谓"生命历程"，是指在人的一生中随着时间的变化而出现的，受到文化和社会变迁影响的年龄等级、角色和生命事件序列（李强等，1999）。由其定义可知，个体生命历程镶嵌于社会设置之中，并且受到历史效应和同龄群体的影响。而且，生命历程这一概念不仅有效地勾画了生命模式与社会文化变化之间的关系，还涉及个人的生命事件（包括生命周期中的角色责任和情感经历等）。因此，这一节内容主要从生命周期的角度来理解教师个体性因素对其情感能量的影响，其主要包括三个维度，即生活压力、职业情感以及情感经历。

一　生活压力与教育激情

作为社会成员，我们在不同的场景中扮演不同的角色、承担不同的责任并面对不同的压力，教师亦是如此。他们除了在学校扮演教书育人者的角色之外，在家庭之中还扮演父母、子女等角色。当然，教师个人在家庭中的角色和压力也随着其所处生命周期的阶段变化而变化。但能够肯定的是，在有限的时间内，如果承担了过多的非教育责任必然会影响其投入教育工作的时间和精力。而且，非工作方面的压力也会对教师的教育工作投入产生影响。在此意义上，教师所面临的生活压力是影响其情感劳动的重要因素，笔者在田野调查中的材料也证实了这一大影响机制。

（一）生命周期的阶段划分

在具体分析生活压力与情感劳动的关系之前，首先需要对教师的年龄等级（age hierarchies）进行划分。这是因为，年龄等级与社会发展变迁相呼应，年龄等级规定了在某一年龄所拥有的生活机会、权力、特权和酬赏（李强等，1999）。而且，处于不同年龄等级的教师，其情感社会化阶段所处的情感体制存在较大差异。笔者在第四章曾指出，20世纪七八十年代是一个充满理想的年代，这个阶段的教师呈现激情奋斗以及对学生关爱有加的状态，其主要追求的是个人教育理想实现、追回浪费的时光以及为国家培养人才等情感性目标。相应地，由这一阶段的教师所培养起来的未来教师，他们也会受到自己在学生阶段所接触教师的影响，进而对从事教师职业持有较强的情感承诺，并深刻地影响到个人的教育行为。这一年龄等级所指涉的教师，大多出生于1970年及以前，目前年龄在五十多岁。而且，从个人生命历程而言，这一代教师基本上已经完成了养育子女的责任，走向了其自我界定的"老年人"阶段。

20世纪90年代是逐渐走向"经济至上"的时代。从这一时期开始，社会价值观念逐渐发生变化，从"情感回报"逐步走向对物质利益的追求。在这一时期成长起来的教师，理想主义的价值观念有所消退，而现实主义的价值观念在逐步生长。在这一时期进行情感社会化的教师，年龄在30～60岁（出生年份在1970～1990年），可以称之为中年人。而且，就个人生命周期来看，恰好正处于"上有老、下有小"的阶段，其所面临的生活压力较大、责任负担较重。这些责任和压力也必然会竞争教师在工作中的时间投入和情感能量。

而 1990 年以后出生的教师，刚进入教师行业不久，处于休伯曼所界定的教师职业生活周期中的入职期和稳定期。他们作为在 21 世纪中成长起来的一代，更加明显地受到自我主义情感体制的影响（施瑞婷，2018：238）。当然，这一年龄段的教师，可以称之为年轻人。而且，就他们本身的生命周期而言，大多数属于"已立业、未成家"的状态，在生活方面所承担的压力与其他教师并不一样。

基于此，本书借鉴韦伯理想类型的概念，将教师大致划分为年轻人、中年人和老年人这三种理想类型。而且，如果将这三类人与其生命周期进行对比，大致分别对应结婚成家前、结婚后到子女长大成人、子女成家后。须知，在中国人有关"成家立业"的观念中，结婚是一个重要的节点。结婚意味着个人真正地长大、开始承担家庭的责任，包括照顾老人、延续香火等。同时，对于父母而言，子女结婚也意味着他们对子女所负之责的完成。在此意义上，笔者认为这种理想类型的划分具有一定的合理性，在下述部分也将按照这三种类型来探讨教师的生活压力与情感劳动之关系。

（二）年轻教师的生活压力与教育实践

改革开放以来，尤其是 20 世纪 90 年代深化对外开放以来，中国的经济走向了发展的快车道。经济快速发展带来的最大实惠就是生活机会的普遍增多，以及人民生活水平的明显提高。对于出生于这个时代的年轻教师而言，其父母也正值中年，正在承担着家庭经济支柱的角色。与此相对应的是，年轻教师基本上不需要负担家庭的责任也没有压力，属于"一人吃饱、全家不饿"的状态。一位教师表示："我才去 PC 中学上班的时候，一个月才拿两千六七百块钱。但是那个时候我觉得一个月够用，又没得多少压力，挺高兴的。"[①]

---

① TM17-2。

在此阶段，教师对于教学工作均报以较高的热情，并投入了大量的时间和精力在学生身上。一位年轻教师就说到自己刚入职时的状态：

> 我刚开始比较拼啊，当时也不晓得为啥子，主要是自己莫得啥子事情吧，找个事情干。那时候，就天天往教室跑，和学生沟通、交流比较多。然后，一会想弄这个评估、一会想弄那个检测，就天天弄那个去了。①

除了投入时间和精力之外，年轻教师甚至还会从原本就不多的收入中拿出部分去鼓励学生。"高一的时候，我的收入才三千多一点，但是我没有觉得低。当时还觉得两三千块钱不错，能够养活自己。为了鼓励学生，我还经常买点小礼品，一次花上两三百也不心痛。"②

由此可见，对于刚进入工作岗位的年轻教师而言，一方面不需要承担家庭的压力，另一方面也没有太多的其他事务来分散其时间和精力。故而，在此阶段，他们有更多时间和精力投入教学之中。而且，刚进入岗位的"新鲜感"和对教育的理想也在强化其情感劳动。

（三）中年教师的生活压力与教育实践

但是，教师并不能生活在真空中，同样需要面对生活的压力。尤其是进入婚姻阶段之后，在经济和时间的双重压力下，教师对教育工作的投入也就发生了相应的变化。一位已经进入婚姻殿堂并拥有孩子的教师就明确提到，"现在开始面临各种压力了。比如，结婚生子了，天天面临着房贷、车贷，在收入上出现压力了，所以，很多时候就不可能全身心投入了"③。

---

① TF05-1。
② TF05-2。
③ TM17-2。

尤其是在住房市场化且房价逐渐高涨的背景下，收入水平较低的教师群体所感受到的压力更大。一位老教师就如此感慨道："教师这个职业，即使两个人拿工资，如果没有别的收入，比如做生意的话，想要在城里面买套房子，或者说送娃儿读大学，那是非常艰难的。你说我能在城里买个房子，那是家属在做生意。不然怎么得行？"而且，现实的压力也会刺破教师原本持有的有关收入待遇的想象，"后来我买房了撒，买房才发现到底有多缺钱，真的是一买房、付了首付之后一夜回到解放前。以前觉得两三千块钱不错，现在觉得太低了"①。

在生活压力的刺激下，教师也必然做出相应的策略调整，或者将时间分散到其他行业，或者进行工作单位的转换，或者努力在职业体系中更进一步。当然，就很多教师而言，在职业体系中缺乏上升渠道，而且因为成家立业之后需要考虑的因素众多难以转换工作单位，他们更多的是将时间分散到各种生意之中，甚至对部分在生意上较为成功的教师而言，教师职业反而被其副业化了。在这样的情境下，毫无疑问，他们对教育工作的投入也就相对不足了。

（四）老年教师②的生活压力与教育实践

一旦走过了这一阶段，比如子女已经长大成人、成家立业，教师所承受的来自家庭的压力减轻，他们就可能为了充实生活而重新将更多的时间和精力投入教学之中。一位老教师就表示：

> 但现在的话，没有其他啥子（事情），工资也发了的。现在说认真负责的话，也就是充实生活，当然也有一个荣誉感。假使自己一天不认真上课，光去打麻将的话，就觉得不充实。③

---

① TF05-2。
② 为方便表述，下文称"老教师"。
③ TM02-1。

通过对不同年代教师生命历程的分析，我们可以发现，教师个人在成家之前，因为需要承担的生活、经济压力较小，更多的是处于初入职场的新鲜感的阶段，以及受学生反馈影响较大的状态，总体而言表现出较高的积极性。随着他们逐渐进入成家、养育子女的阶段，教师面临更多的照料家庭的责任以及经济方面的压力。在此阶段，一方面，从客观上而言，教师个体没有更多的时间和精力投入教育工作中。相应地，此阶段的教师与学生的沟通交流等情感联系会相对减少、对于专业内容的钻研也相对减少。另一方面，生活的压力也增加了教师的物质需求，而需求与工作报酬之间差距的扩大也在一定程度上增加了教师的失衡感等负面情感体验。当然，生活压力的增加也导致处于这一阶段的教师的两极分化。一极是以学校系统为主线，通过职称晋升、争取行政职务的途径获取物质回报；另一极则是以此为"副业"，在完成基本要求的情况下，通过非教育工作来获取物质回报，比如兼职其他工作、开店等。相反，到了子女长大成人、结婚之后，对于很多教师而言，其生命周期中的大部分责任已经完成，基本上没有任何负担。在此阶段，他们已经不需要通过奋斗来换取回报、缓解生活压力，更多的是将工作作为充实生活的方式。

二 职业情感与教育激情

除了因处在不同的生命周期而面临不同的责任和压力，进而影响教师的教育激情之外，处于不同年龄等级的教师，由于在学生阶段受到其教师以及当时社会环境的影响，职业情感承诺具有明显的差异。当然，其在从事教师职业之初的情感能量存量也各不相同，进而使得其从教之后表现出的情感投入状态也有明显差异。需要指出的是，随着社会的变迁，教师们对于教育的情感投入状态也在逐步发生变化。但是，在职业社会化之初所形成的对教育的情感和信念作为一种惯习，对其行为具有强烈且持续性的影响。而且，这种职业情感与信念也会直接影响教师的情感劳动。这是因为，职业情感本身就是教师进行情感劳动所必需的情感能量。通过对现有访谈资料的分析，我们可以发现，不同教师选择教师职业原因、职业情感和情感劳动具有明显差异。

(一) 老教师的职业情感与教育实践

就老一辈教师而言，跳出农门成为其重要的奋斗目标，而读书与升学成为其必然的选择。"我们那时候，一旦考不起，真的就只有务农哦。一旦务农的话，就可能连婆娘①都接不到哦。"② 尤其是对于那些在"文革"期间初中毕业，没有办法继续深造而被迫在农村干农活的人而言，这种想法更加强烈。另一位有此经历的老教师就感叹道：

> 我（19）76 年就初中毕业了，因为没有推荐得起，就在屋里做了一年活路③。我那个时候体格小，挑粪挑不起啊，硬是在屋里做（农活）莽了④。（19）77 年恢复高考，我（19）78 年去复习了一学期，报了重点高中。⑤

在此阶段读书的老教师，他们最终走上教师道路的原因，既有自然选择的成分，也有家庭条件等因素约束的成分。他们本身对教师职业并不排斥，当然也没有选择当教师的必然性。换言之，对他们而言，更重要的是通过升学的方式找到一份可以跳出农门的工作，他们追求的并不是某一特定的工作，即他们本身对于教师职业并没有认知与情感上的偏好，而选择成为教师只是现实条件约束下的自然结果。一位教师就描述自己的经历，"大学没有考起，去读了个中师"⑥。另一位教师则明确指出，是因为家庭条件的约束而选择上师范学校。"那时候家庭贫寒，上不起高中，又想走出农村，只有读师范和中专。但中专分数要高一些，只有读师

---

① "婆娘"，指"妻子"。
② TM03 - 1。
③ "活路"，指"干农活"。
④ "做莽了"，指"干活很累、很疲惫"。
⑤ TM08 - 2。
⑥ TM08 - 2。

范。当时没想别的，只是想逃出农村。"①

尽管他们在职业选择上并无明显的情感偏好，但是其上学的20世纪七八十年代正值教师们激情奋斗的时代，这一时代赋予他们以强烈而正面的职业情感体验。笔者在第四章中曾指出，七八十年代的教师对教育工作表现出不计回报、争相付出的积极向上的状态，而且对学生关爱有加。教师的这种状态对当时的学生（也是本书中所谈及的老教师）在观念、行为上产生了良好的示范。一位老教师如是讲到他们的老师在价值观、行为方面对自己的影响：

> 我在 SH 中学读高中时，老师管得比较严，而且对学生很关爱。老师关爱学生啊、敬业精神啊，还是对我们影响比较深的。还有，他们教育学生的方式以及告诉学生应该如何为人处事等，都对我们影响比较大。
>
> 我们和年轻人相比，差别主要是一个敬业精神。他们的敬业精神要比我们差点。敬业这一块，他们说："这节课完成就作数，学校规定的任务完成就作数，莫得其他的。"就是这种敬业精神，或者意识也不一样、想法也不一样。我们受到的影响呢，还是要传统一些。
>
> 当然，我们的敬业精神也有变化。才架势出来②那个时候，敬业精神是要强些。现在，随着年龄到这里了，主要觉得没得那种精力，钻研精神没得那么强了。但是意识中呢，觉得上那节课、教那个年级还是要过得去，这个想法还是有。我觉得我一直是这样的，做一件事基本上就要认真地做。总的来讲，要对学生负责，希望他成才这个主线没变。③

从该教师的自述中我们可以明确几个重要的事实。首先，对

---

① TM02-1。
② "才架势出来"，指"从学校毕业，刚走上工作岗位"。
③ TM08-2。

于老教师而言，在学生阶段，他们老师的影响以及 20 世纪七八十年代的社会环境塑造了其对教育强烈的奉献意识。这种奉献意识的产生，一方面受 20 世纪七八十年代积极投入的整体性氛围的影响；另一方面则是受"传统观念"的影响。这种传统观念，简单而言就是"教书的应该好好教书"，即长久以来的教师应该"传道、授业、解惑"的奉献观。在他们看来，这是做好本职工作的基本要求。

其次，除了受到关于教师职业角色的影响之外，老教师之所以用心对待教育，还受个人所坚信的奋斗观念的影响。具体而言，一是老教师普遍认可要通过自己的努力奋斗才能获得成功这一信条。另一位老教师也表示，"在我们这代人来说，就是必须通过自己的努力，才能获得成功。我们接受的教育如此，我们所看到的一些现实、在年轻时候所经历的一些事情，都在说明这个事实，那就是要努力才能成功，不努力就没有成功的机会"[①]。正是自己通过努力奋斗实现了跳出农门的愿望，使得老教师们持有需要努力奋斗的信念。二是学生可以通过努力学习这一种奋斗方式，进而改变自身的命运。这两种信念的交织，使得老教师普遍认为应该对学生的前途负责，不能"耽误了学生"。

最后，教师对于教育的情感，或者说奉献意识必然会受到环境变迁的影响。比如，上文中的老教师就明确指出，随着 20 世纪 90 年代下海经商潮的兴起，教师们开始逐渐看重物质回报，此时如果收入比周围人少，心态就会逐渐失衡。同样，随着年龄增加、精力减弱，老年教师对于教育的投入逐渐减少，但这更多的是受身体条件的约束。

总体而言，不管是社会环境变迁的影响，还是年龄增长导致个人精力不足的客观约束，老教师们整体上还是秉持着"不耽误学生""做好这一件事情"的观念，在教育工作中尽自己最大的努力。可以说，他们因受到传统观念的影响，对于教育工作抱有较深的感情，所以，更多的是将其当作一项志业来做。在这种志业

[①] TM03-3。

观念的影响下，总体而言，老教师在教育工作中更愿意付出自己的情感。

这种观念除了体现在对于学生的培养方面，还体现在对于年轻教师专业成长的关爱方面。比如，上述老教师在谈及朗水中学所实施的"一帮一"新教师帮扶政策时就表示："我们觉得就把被帮扶的新教师当学生一样，不存在负担。如果年轻教师的教学水平能够提高的话，我们也很高兴。如果光是这几个老的撑起，怎么做呢？如果我们老了，后头就莫得人整啊。"①

（二）中年教师的职业情感与教育实践

如果说老教师这一代人从事教师职业是自然而然的结果，缺少明确的指向性的话，那么中年这一代人则相对具有明确的偏向性，即在选择教师职业之初，其对教师持有相对正面的情感。有趣的是，中年教师在选择教师这一职业的过程中，明显受到了当教师的家人或朋友的影响，但是个人对于这一职业并无明确的认知。很多教师表示，在其高考之后选择专业的时候，对于未来的职业道路并不明确。一位中年教师的说法就很有代表性：

> 我们读高中的时候，不仅仅对于教师这个职业，其实对于任何职业都莫得太大的认识，毕竟那会儿考取大学的人还比较少。我们的想法就是，反正认真读书、考大学，分能够考到多少，就报哪个学校，只要不在农村就可以了。那时候，到底教师这个行业好还是不好，我们都不是很清楚。②

由于大部分人出生于教师家庭或受到当教师的朋友的影响，尽管对于教师这一职业没有明确的认知，但是在情感倾向上还是偏向正面的。"我就出生在一个教师家庭。在耳濡目染中长大，所

---

① TM08-1。
② TM13-1。

以对这个职业有正面的倾向,在后面的职业选择①中选了教师,找的对象也是教师。"②

当然,部分中年教师在进行职业选择的时候,同样可能是受到家庭条件的约束,尽管对教师职业没有明显情感偏向,甚至还有所排斥,但最终无可奈何地选择了教师职业。一位相对年轻的中年教师表示,"其实最开始是家庭条件限制。读师范的话,一是学费便宜,二是有生活补助。当时是从家庭的角度考虑,本身不愿意。后来在大学想转专业,但那时候要一万多元,也没有办法向屋里要。所以,没有办法只有读这个,本来不喜欢,也不是兴趣所在"③。

在职业情感方面,中年教师对教育工作持有更具现实主义的态度,他们在教育中的情感投入状态呈现明显的两极分化。

就教育工作投入而言,一极是对教育工作的极大投入,包括承担班主任工作、兼任学校领导职务、上足够多的课时等;另一极则是只保证达到基本的教学任务要求,呈现"懒懒散散""无所谓"的样态。但是,这两种外在极具张力的教育投入形式背后,却有一个共同的内核在发挥作用,即对个人上升空间的理性评价和预期。相对老教师而言,中年教师对教育本身的理想成分更少。正如前文所说,中年教师这一拨人在进行职业选择之初就缺乏情感承诺。

理解中年教师上升空间的理性评价,首先需要明确教师的职业发展空间。对在如朗水中学一般的西部农业县城中学工作的教师而言,其职业发展空间主要限于本县域空间内、本职业体系内。因为,就空间而言,大多数县城中学教师流向大中城市的可能性较小。一方面是个人教学技能、教学成果的限制,另一方面是家庭等其他外部原因的牵扯。而且,对于四十多岁的教师而言,因为年龄的限制、拼搏意愿的降低,基本上也就选择在此岗位上继

---

① 该教师在毕业之后同时考上了教师和公务员,但最终选择了教师。
② TM11-1。
③ TF02-1。

续工作至退休了。

就教师职业生涯而言，基本上就是从入职初期的元级、到中二、中一和中高这一晋升路径。因而，对于很多教师而言，"人一辈子，反正是中一、高级评了，就完事了，这辈子就到头了"[①]。而且，像朗水中学之类的市级示范中学，学校教师数量多，而每年晋升高级职称的名额极少。其结果是，部分教师可能直到退休也难以评上高级职称，最多也就到中学一级职称。笔者调查发现，截至2018年，朗水中学45岁及以上的教师共计54人，其中有1/3（18人）为中学一级职称；而50岁及以上的教师有34人，依然有23.5%（8人）的教师的职称为中学一级。这一部分教师基本上已经放弃晋升高级职称。当然，除了职称晋升之外，职业体系内还有另一个发展空间，那就是担任行政职务。所以，中年教师教育投入的差异背后，是教师个体对职称晋升与升职空间的评价。朗水中学副校长表示："中级的，很多人还在奋斗，一是职称，二是整得好的，也还想当个领导，也还要奋斗。"[②]

由此，可以对中年教师的情感劳动状态进行概括。总体而言，绝大部分中年教师面临奋斗的压力，尤其是在职称晋升方面。以朗水中学为例，30~50岁的教师（108人）中，评上高级职称的只有23.1%（25人），接近59.3%（64人）的教师是中学一级职称，还有17.6%（19人）为中学二级职称。如果将年龄限制在30~40岁，则发现这61名教师中，仅有1名教师评上了高级职称，70.5%（43人）的教师为中学一级职称，还有27.9%的教师为中学二级职称。因此，中年教师绝大多数为中学一级或中学二级职称，他们具有强烈的奋斗意愿，因为他们面临着职称晋级这一切实的需求。为此，诸多教师承担了班主任工作、增加了课时量等，因为这些都直接与职称评定中的工作量、业绩等挂钩。

尤其是在选择是否当班主任的问题上，"有一些要评职称了，需要加课时量、加分这种，就愿意当班主任。但是，如果他不想

[①] TM07-1。

[②] TM02-1。

评职称，一般都不愿意当班主任"①。承担班主任工作一方面能够增加工作量，另一方面还有选上优秀班主任的可能性。在朗水中学将"优秀班主任"的评选作为激励教师的一种手段的情况下，基本上每学期有1/3左右的班主任能够被评为"优秀班主任"，这也将直接增加评职称时的优势。可见，这是一种典型的现实主义抉择逻辑。事实上，正因为中年教师作为学校的主体，而且大多数人还具有晋升职称的期盼，其主要承担学校的教育工作。"实际上，学校里面的顶梁柱就是我们的中级教师。也就是中一级职称的教师，因为他们面临的是要评职称的需要，这也是最切实的诉求。"②

除了职称晋升之外，部分已经评上高级职称的中年教师依然保持着较高水平的情感劳动状态，其主要目的在于追求职务晋升。当然，也不排除确实个别教师对教育持有理想主义成分。但是，部分教师既不认同自身具有较高的社会地位，也不认同所谓的"园丁""蜡烛"等教师意象，何谈奉献。这部分教师更认同自己是弱势群体、社会底层，即教师群体同样呈现身份认同矮化的现象（胡鹏辉，2016）。此时，部分教师如其口中所说"干一行爱一行"，或者在教育工作中呈现积极奋进的状态，更重要的是，通过"爱教育"这一行动在学校系统内部获取成绩，进而凭此在学校系统获取更多的利益和报酬。

当然，也有部分中年教师呈现"懒散"的状态。一位年轻的历史老师观察到，"我们组有一部分老师处于中年阶段，本身教学能力很优秀就是有点懒懒散散，就是有一种得过且过的心态"③。同样，另一位英语老师也感慨道："我们组评了中一的有好几个，他们现在都只教一个班了。他们对于评高级职称不抱希望。"

（三）年轻教师的职业情感与教育实践

年轻的教师群体在选择职业的时候，对教师职业持有更加负

---

① TM13-1。

② TM11-1。

③ TM04-2。

面的看法。近些年来,一个比较明显的现象就是,高中毕业生在选择专业时,优秀的学生都不报考师范院校,教师队伍出现了逆向淘汰(新浪网,2007)。事实上,2007 年,教育部开始推行师范生免费教育政策,在一定程度上可以说正是对教师队伍逆向淘汰现实的一种回应(杨东平,2006)。笔者在调研中就发现,很多年轻教师在选择报考教师相关专业时,并不是因为认可教师职业,而是"不浪费"考分,否则就"可惜"了这一理性逻辑的结果。很多年轻教师表示,选择师范专业既是一种无奈之举,又是经过理性考虑的最佳选择。

> 我高考时真的没有想过要当老师。读书的时候,对于老师的情感不是很好,觉得老师这个职业不理想,很无趣。但是分数不高,莫办法啊,只能读师范。想去好学校,录不到,稍微再撇①一点呢,可惜了分。只能最大限度利用分数报个合适的学校。②

> 这是高考之后决定的事情,依分数而定。我们那年高考成绩出来之后,师范院校收分很低,上线就可以录。我刚刚上线,没得选。还有几个选择,要不就是一个比较撇的学校,要不就是地方很偏。而师大相当于是里面最好的选择,所以就选了师大。反正,那之前从来没想过当老师,应该说一开始就没有往这方面想。③

在此阶段,不同于中年教师当年对教师职业的模糊认识,年轻教师更加明确地感受到教师职业社会地位的尴尬之处。"选择师范是无奈之举。整个社会来讲,教师地位不是很高,很多人不愿意当老师。当时选到了,心想,就这样吧。"④

---

① "撇",指"差劲"。
② TF03 - 1。
③ TM15 - 1。
④ TM04 - 1。

而且，即使选择了教师职业，很多年轻教师在毕业阶段找工作的时候，也并不是明确指向教师职业。他们最终成为教师队伍中的一员，可以说是多种因素共同作用的结果，比如考公务员等没有考上或选择工作地域的限制，以及大学期间所学专业技能的约束等。"像我们这种要回家的人，只有继续当老师，因为县城里适合一个本科生干的工作，好像比较少。如果去打工的话，就觉得委屈了。而且，本来我们读的就是师范，所以相对来说，老师这个工作是所有职业当中最好的。"①

由此可见，年轻教师不同于中老年教师，他们选择教师职业更多的是一种自我主义的考量。一方面，对年轻教师这一代人而言，受到社会环境的影响，对教师职业本身并无强烈的情感偏好；另一方面，随着信息搜索方式的发展，通过对相关的专业信息的搜索和了解，他们对专业及其未来工作方向相对中年教师有了更加清晰的认知。同时，随着家庭条件的普遍改善，他们受到家庭经济条件的约束力度也较小。也就是说，一些年轻教师选择教育专业，既不是因为认知不足，也不是家庭条件的现实约束，而是基于分数的理性又无奈的结果。

年轻教师的职业情感承诺较中老年教师弱，他们对教育的积极投入更多的是追求新鲜感或以此证明自身价值。

一方面，对于职业初期的年轻教师而言，尤其是刚进入教师行业、接触学生的年轻教师，其认为教育工作本身具有新鲜感，而且有想要实践个人所学教育知识与理念的决心，故而呈现较为高涨的情感劳动状态。当然，此阶段的教师对于教师职业的认知是朦胧的，对教师职业的重要性和价值的认知也是想象性的。所以，其积极投入的背后，与其说是对教育的价值有所认识，不如说是一种新鲜的体验。

最开始出来的话，想到一个人可以管这么多学生，大家

---

① TM15-1。

都听候你差遣,就是一种很神奇的感觉,很兴奋。①

当然,年轻教师也带有改变自己在学生阶段遭受到的"忽视"的美好期待。一位即将入职的教师就很期待地说:"(现在的心情是)希望加入这个行业,做一位能对学生好的老师,改变之前老师对中等学生的忽视。所以,存在对这个职业的幻想。"②

需要再次强调的是,在初职阶段,年轻教师所呈现的对教育的积极投入状态中,较少含有对教师职业本身的情感认同,或者说对教育的信仰。"刚入职那个时候,我觉得于教育的信仰是不具备的。也是没看清楚,不晓得这个东西到底是啥子。只是那个时候我很高兴,我觉得自己至少不反感这个东西,还是比较喜欢这个事情。但是具体明白现在所做的这件事情的意义所在吗,其实并不明白。"③

另一方面,尽管年轻教师本身可能并不对教师职业持有信仰,而仅是将其当作一份谋生的职业,但他们同样需要通过成绩来证明自己的能力,获得学校领导和同事的认可。因此,尽管年轻教师可能教的是最差层次的班级,其在高考升学人数方面未抱有太大希望,但是年轻教师还是很关注平时考试成绩的排名,并且在教学上花了很多的时间。而且,相较于已经获得认可的中老年教师,他们更加具有实践的紧迫性。其结果便是,年轻教师呈现跟中老年教师完全不一样的状态,他们更加关注有升学希望的部分学生,而对于没有希望的学生则相对忽视。这种急迫性还体现为年轻教师所持有的一种特殊的公平观——成绩好的学生也应该得到教师的关心。

> 我觉得,不应该精力都花在成绩差的(学生)身上去,主要是在他们身上还看不到任何的进步。这对成绩好的人也

---

① TF05-1。
② TF08-1。
③ TM17-2。

不公平，因为他们也愿意学，基础也好。我觉得他们也应该得到老师的关心。[1]

事实上，教学成绩不仅是获得学校老师、学生认可以及社会认可的基础，也是年轻教师自我价值认同的基础。尤其是在年轻教师还没有获得其他人认可的情况下，如果不能获得满意的教学成绩，可能直接引发教师对该职业失去兴趣，甚至自我质疑。

当教师将教育工作仅仅作为一项职业来审视时，其情感投入的高涨或低沉主要来源于外在反馈。相应地，不像老教师那样因传统价值观念作为惯习对其教育投入发挥持续性影响，年轻教师教育投入热情的变化速率更快。即年轻教师在入职初期尽管持有较为高昂的情感状态，但一旦学生的反馈不佳，则会快速降低其教育工作的热情。一个显著的例子就是，在上一段中发表其公平观念的年轻教师，仅仅工作不足一年时间，就已经对教育工作失去了激情。用她的话来说，就是"越教越觉得平淡。要学的要学，不学的就是不学，久而久之，就变成一种工作的关系了。就是工作和工作对象的关系，莫得兴奋的感觉了"[2]。而且，不唯个体，就她的观察来看，"年轻老师都没有什么激情了"[3]。事实上，一位中年教师在观察年轻教师教育激情状态变迁之后，也无比震惊地表示，年轻教师从激情高昂的状态向对部分不听话学生不管不问的状态的转变，所经历的时间更短，速度也更快。

需要指出的是，年轻教师更加不认可教师的奉献观。对于他们而言，更加强调要付出与收入成正比，否则将心理不平衡。而且，在他们看来，既然目前的社会观念强调师生平等，那么相应地，教育的工作也是建立在平等、互惠的基础上的。社会不应对教师持有过高的期待。这些观念的形成，与他们成长的环境密切相关。因为他们大多数本身也是独生子女，而且是在下海经商浪

---

[1] TF05-1。
[2] TF05-1。
[3] TF05-1。

潮兴起的时代成长起来的。他们在成长过程中已经开始内化追求物质回报、平等的观念。而且，作为独生子女一代的年轻教师，他们同样也持有以自我为中心的观念。

总体而言，年轻教师对于教育工作的付出与否，不同于中年教师所坚持的实用主义，他们更加清晰地体现为一种自我主义。正如一位老教师认为年轻教师更容易感情用事一样，年轻教师在工作或生活中更强调自我，而较少按照学校领导所期待的方式行事。比如，尽管学校中大多数教师不愿意承担班主任工作，但中老年教师可能会因为考虑"给面子""人际关系"等因素而勉力承担，但年轻教师中就有不顾这些因素而坚决拒绝的。同时，我们可以发现年轻教师并不会如学校领导（大多是老教师）所期待或要求的那样长时间待在学校开展工作。也就是，对于老教师而言，他们可能将大部分的时间和精力放在学校和教学工作方面。相应地，从他们的角度而言，认为年轻教师也应该如此。但是，在实际中，年轻教师的状态往往是完成自己的教学工作之后就离开学校享受个人的业余生活了。此外，这种自我主义还明显体现在年轻教师的目标追求上，即以追求承认或认同为主要目标。

三 情感经历与教育激情

生命历程不仅连接了个体的生命周期，也连接了社会变迁，而且，在某种意义上还连接了个体的人生经验和情感经历。换言之，在生命历程中，教师会经历多种不同性质的情感事件，这些事件毫无疑问地会对个人之后的教育工作产生影响。一般而言，积极的情感经历能够增加教师的情感能量，进而使其在教育工作中更加愿意投入自己的时间和情感；而消极的情感经历则会起到消耗情感能量的作用，以至于教师缺乏足够的动力去进行情感劳动。当然，情感经历不仅包含特定的情感事件，还包含无特定事件的情感认知和教育期待。基于此，在这一小节内容中，笔者将分别从积极情感经历、消极情感经历和教育期待的角度来探析其对教师情感劳动的影响。

(一) 积极情感经历与教育实践

所谓"积极情感经历",就是教师在与其他主体互动时的积极体验,这种体验符合教师对互动对象的期待以及自我的价值目标,进而强化了教师要以某种特定方式与对象进行互动的信念,也推动了其进行教育行动。

其中,一个典型的例证就是谈心制度的实行。尽管笔者在第四章指出,在"经济至上"的情感体制下,谈心也成为情感功用化的重要表征。对于大多数教师而言,会基于对谈心效果的考量决定是否采取这一方式。但是,笔者同样发现,对于部分教师而言,在其教学生涯中,谈心工作曾发挥了重要的积极作用,进而坚定了其在与学生互动中要投入更多的时间和精力去谈心的信念。比如,一位教师讲道:

> 2007届,我改变了很多的做法,找学生聊天、谈心、以身示范。那一届有一个学生,当时朗水中学都没有考起。后来,她分到我这个班,开始时不起眼。我通过整体教育、个体教育之后,她成绩逐渐提升,后来高考成了朗水县第一名。而且,教过的老师都认为这个班的学生有礼貌。我心里就想,这与自己的情感交流、个人投入相关。2010届,我更加投入思想,加强情感交流。在讲台上、星期天下午,循环谈心,从高一起,到高二都谈了十几回。到了2013届,我花的心血更多了,早上、中午、下午、晚上放学甚至到寝室,都跟学生交流、谈心,特别注重情感渗透。①

由此可见,当教师过往的教育行动得到了良好的反馈,也就形成了积极的情感经历。这种积极的情感经历又会进一步强化其情感付出,进而形成一种良性循环。其实,积极情感经历不仅体现在谈心方面,还体现在对学生的资助得到了其善意的回报等多

---

① TM01-1。

个方面。它们之所以能对教师的情感劳动产生积极的影响，恰恰在于这些互动的结果符合教师自身所秉持的信念和对学生的教育期待，进而让教师感觉到这种互动的意义和价值。这种意义和价值蕴含于柯林斯意义上的情感能量之中，进而作为个人的情感能量激励教师继续进行情感的付出。当然，这种积极的情感体验背后，既有内外情感规则一致的一面，也有内在感受符合外在要求的一面。因而，它能够更加自然地激发教师感受到其所需要展示的情感，而不需要消耗更多的情感能量。在此意义上，积极的情感体验能够让教师更加真诚地表达对学生的爱和关心，而且在这个表达过程中得到学生的感激和感恩。这正是埃森巴吉尔和赞比拉斯所谓的"积极的情感劳动"(Isenbarger & Zembylas, 2006)。

(二) 消极情感经历与教育实践

消极情感经历则是指教师在与其他主体互动过程中遭受到的伤害性体验。所谓"伤害性体验"，指的是个体在社会生活中遭受的苦难体验，以及特定社会事件背离了个体所持有的道德与价值观念，伤害了个体情感。伤害性体验既包括直接伤害，又包括间接伤害；不仅包括身体伤害，还包括因背离道德和情感所带来的心理伤害。它强调了个体对伤害的感知与解释(任克强、胡鹏辉，2020)。当然，伤害性体验会直接影响教师的情感反应和情感劳动。

大多数教师在教育工作中体验到了间接的、经由媒体建构的伤害性体验。作为"双刃剑"，网络媒介的发展与扩散，一方面扩展了个体获取资讯和社会交往的范围，同时也快捷地将原本被遮掩的社会阴暗面暴露出来，从而引发社会关注并解决这一问题。在此意义上，网络媒介发挥着信息传递与监督的正向功能。但另一方面，网络媒介本身也具有政治意涵，其所传递的信息本身具有"选择性"，同时网络媒介还具有"网络助燃"的功能(朱力、卢亚楠，2009)。一位教师表示，"当今社会，媒体舆论过度夸大教师的惩戒行为，把老师作为弱势群体来进行攻击、把学生所谓的（受到伤害）片面扩大。整得现在这些老师，像网上报道的那样，学生不听话，老师不敢管，也不愿管"①。

网络媒介对于教师情感的负面影响，不仅包括扩大化地宣传教师的负面形象，还包括对师生冲突及其处理方式的报道，这两者都对教师的教育情感产生影响。笔者在田野调查中发现，许多教师在自评社会地位评价时，时常说"网上很多学生打老师、老师受到不公正处理的案例"之类的话语。这让笔者意识到，在当下的社会环境中，网络上诸多师生冲突的案例在反复地伤害着教师所秉持的信念，并强化着教师的弱势地位认知；而且，诸多针对教师不公正的处理结果（如公开检讨、记过、罚薪，甚至开除），更是强化了教师的弱势群体体验。通过网络媒介的信息传递与助燃，让教师感受到其所认同的、坚守的道德与价值理念被错置，进而伤害了个人的情感。

如果说通过网络媒介来建构的教师负面形象及伤害性体验对于身处其外的教师个体没有如此强烈的触动和刺激的话，那么发生在教师身边甚至教师个人身上的伤害性体验则更加直接与强烈。事实上，笔者在朗水中学的调研中发现，部分教师有遭受到伤害性体验的经历。比如，有教师就因为处理学生的方式不当而受到了过分严重的处罚，包括赔礼道歉、出天价医药费等；还有的教师，因为学生的失范行为而与其发生冲突之后被要求"忍了、算了"；等等。

事实上，这些伤害性体验，在很大程度上伤害了教师本身所持有的价值观与信念，也消磨了教师的情感能量。而且，作为一种负面情感体验，它在不断地提醒教师要学会保护自己，而不是努力地按照教育理想去付出。毫无疑问，这也会对教师的情感劳动产生负面影响。正如一位教师表示的："现在就是这样，越卖命的老师越伤感，说不定不注意，还要出很大一个事情。"②事实上，在当前的社会环境下，教师对难以管教的学生采取冷处理等情感劳动策略，不正是负面情感体验的直接结果吗？当然，这样的情

① TM01-1。
② TM03-1。

感劳动方式因为并不符合自身内在秉持的价值理念和情感框架,也需要消耗教师的情感能量。它在给教师带来心理负担的同时,也在损伤着教师的情感幸福。

(三) 教育期待与教育实践

除了各种情感事件的影响之外,随着教龄的增加以及与学生互动的增多,教师本身所持有的教育期待也在发生变化。当然,这种变化一方面受到时代变迁的影响,另一方面也与教师个人对教育的认知变化相关。相应地,教师的情感劳动也在发生变化。

这种教育期待的变化可以明显地从不同教龄的教师身上看出来。比如,刚从师范院校毕业、进入工作岗位时间较短的教师,他们对教育有更为热切的期望。用一个年轻教师的话就是,"每个都想抓到"[1]。教师所持有的这一想法背后,有一个理想性的假设,那就是每一个学生都应该是努力学习、保持上进心的状态,进而对学生抱有较高的教育期待。当然,他们在师范院校中所接受的教育也是"一个都不能放弃"。在这种教育理想之下,新教师在教学时间和情感方面投入也更多。

教育理想与现实之间终究是有差距的,而且教育现实具有更加强大的力量。在教育经历与经验增长的同时,教育现实也在逐步消磨教师所秉持的教育理想。自然而然地,教师本身的教育期待也会随之发生变化。正如一位老教师描述的:

> 我从十几岁开始学习教书,就接受了一条——教育是一个理想的事业。我们一直认为,任何学生都教得好。但是,几十年过后,我们就默默发现,有些人是教不好的。所以,我们对他们的期待就降低了。当然,这个期待的降低有几个方面的原因。第一,随着年龄的增长,精力不足。我们要去教育学生、改变学生,是非常费力的事情。第二,观念也在改变。最开始我们的理想主义色彩浓一些,现在我们的现实

---

[1] TF05-1。

主义色彩浓一些。现在，如果碰到难以转化的学生，就会自我安慰"哎呀呀，好正常，他是转变不过来的。孔夫子弟子3000，才72个贤人嘛。我们离孔夫子还有十万八千里，我何必强求，怎么可能呢？"第三，社会环境的影响。大多数老师认为，目前影响教学热情的重要因素就是社会环境，这让老师不敢管了。管了过后，麻烦重得不得行。我们学校有些老师，摸了学生娃儿，还要赔钱，这样那样。[①]

教师对学生的期待发生了从理想到现实的转变，这是教师对现实的妥协，也影响教师的情感劳动。特别是对那些不符合自身期待、转化困难的学生，教师也缺乏足够多的管教措施。因此，便只能采取如冷处理等情感劳动策略。

第二节 学生反馈与教育激情

情感社会学的先锋之一西奥多·肯珀（Theodore Kemper）最先提出了"情感的社会互动论"，并与柯林斯一起提出了以权力和地位为基础的情感理论（特纳、斯戴兹，2007：178）。该理论指出：在社会情境中，每个个体都拥有一定的权力和地位，权力与地位的改变对于个体积极或消极情感的唤醒具有重要作用。当然，该理论区分了结构性情感、情境性情感和预期性情感。情感的动力机制以个体实际拥有的权力和地位、权力和地位的得失、具体的情境期望为中心运作（特纳、斯戴兹，2007：178）。在柯林斯（2012：166）看来，积极或消极情感都受到个人在情境结构中的位置以及个人所具有的资源的影响。在互动情境中，权力和地位是影响个人情感能量的核心变量。除此之外，权力和地位关系也是影响互动期望的重要因素。因此，分析互动情境对于教师情感劳动的影响，首先需要回答的问题就是：教师的权力和地位来源为何？在此基础上，需要回答的另一个问题则是：它如何影响教

---

① TM16-2。

师的情感劳动？在这一节中，笔者将围绕上述两个问题，来探讨微观互动场景对教师情感劳动的影响。

一 学生反馈作为教师权力地位的来源

在学校这一具体的互动情境中，与教师发生互动的主体有学生、同事与领导。其中，占据教师大部分互动时间的主体为学生，而且，教师的成就和工作意义的来源主要在于学生（Nias, 1989）。事实上，正如笔者在第三章中指出的，教师的情感变化主要来源于学生，而各种各样的情感劳动策略也主要针对学生而言。

尽管伴随着社会情感体制的变化，教师情感劳动报酬的内核逐渐由情感要素转变为物质要素，但是其承载主体主要为学生。之所以如此，正如笔者在第四章中所提及的，在追求情感回报的年代，教师的情感回报在于实现自己的教育理想以及为国家培养人才，但是这一情感回报的实现又在于培养出优秀的学生。同样，在逐步走向物质回报的时代，教师需要通过培养出优秀[1]的学生来获得学校和社会的认可，以及相应的物质报酬与荣誉。当然，在以学生的成功衡量教师能力、赋予教师社会地位以及实现教师自我价值的当下，依然不能否认，培养伟大的心灵才是教师获得最高层级的意义和成就的核心。在此意义上，笔者想要强调的是，教师在互动中的权力和地位主要来自学生反馈，其理由有如下四个方面。

首先，培育学生和教师成就感之间关系密切。笔者通过访谈发现，不同的教师对于成就感来源的指向并不一致。一种典型的观点是，学生在升学方面的成功给教师带来成就感，这能够体现出教师的教学效果。尤其是在目前主要以学生考试结果衡量教师水平的环境下，更是如此。正如一个教师反问道："现在在这里，拼死拼活才能弄一个二本出来。如果到大城市的好学校去，只要像现在这样好好教，他们能够考上这个大学、那个大学，你不觉

---

[1] 在此阶段，"优秀"更多指的是学生在升学方面的成功。

得人生更有价值吗?"①甚至有老师直接表示:"学生考好了,老师的成就就高。"② 在此种情况下,教师之所以具有成就感,一方面是因为其教学能力被证明,另一方面则是因为教学过程中收到了来自学生的积极反馈。一些教师之所以觉得没有成就感,"还不说考不考得起人,教室里难得找到一个人能学得懂。还有的不听、不理你,甚至连书都不得翻。也就是说,很难得找到成就感"③。

另一种典型的观点是,成就感来源于教出内心认可教师的学生。"教了一个从内心感谢、认可你的学生,就很有成就感。"④ 当然,这种认可本身也包括因为教师的全身心投入,学生学到了知识,并在成绩方面有所提高,进而能够给教师以积极的反馈。"那时候我全身心投入,因为我觉得学生娃儿成绩好,他们每天看到我时脸上有笑容。我觉得这就有成就感。"⑤ 与此种观点相近的便是对学生的转变与塑造,这种塑造将可能让学生受益一生,当然也会让教师得到学生一生的感激与尊敬。"更多的成就感,来源于以前有哪些娃娃不听话,现在听话了、懂事了。尤其是那些调皮捣蛋的,通过高中三年时间把他们教得成熟懂事了,而且将来有成就,那我很开心。"⑥

从这些有关教师成就感的描述可知,在教师的成就感,抑或构成教师情感能量的要素中,学生是最重要的成分。学生对于教师情感的影响包括两个方面,一个是给教师带来外在的、证明工作成绩的成就感;另一个内在的、真正长久增加教师情感能量、激发教师积极性的则是学生的变化,这让教师感受到通过他们这一中介真正将"最伟大的心灵"以"适当的态度"传递给了学生,进而给学生的成长带来持久且有益的影响。

其次,在培育学生的过程中,教师地位的获得源于教育过程

---

① TF05-1。
② TM02-1。
③ TM07-1。
④ TF03-1。
⑤ TM17-2。
⑥ TM06-2。

中的情感投入程度,而教师权力和权威本身并无太大的作用。这是因为,尽管在形式上教师对学生有管教权,但在实践中,尤其是在当下的风险处理系统将教师纳入承担风险的重要主体的情境下,教师很难将管教权施展开来。而且,在中学的环境下,教师的资历、职别、过往的教学成绩并不能先赋性地给教师带来权力和威望。笔者在朗水中学针对学生所做的抽样调查显示,教师能够得到学生佩服和尊敬的因素中,最主要的是"关心爱护学生"(64.6%),其次是"讲课清晰的老师"(44.3%),而"教学成果突出"和"资历较深的老师"仅分别占到23.3%和11.4%,还有6.0%的人选择了"其他",如"备课认真"、"有责任心"和"了解学生"等,即教师过往的教学成果或资历并不是让学生佩服与尊敬的重要因素。一位老教师就深刻地感受到:

> 学生尊重老师,就是看(老师)是不是认真、负不负责。如果负责,他就对你尊重。还有,他看得出你是不是真心帮助他。他通过你的上课状态、考试成绩、对他的辅导等来评价。他觉得你确实是一个好老师,就对你很尊重。如果你不是,那么就不得服。[①]

由此可见,教师对学生的影响,不是建立在法律规章等赋予教师的权力的基础上,而是建立在师生相处中得到学生的认同与尊重的基础上。只有在得到尊重、形成威望的情境下,教师才能有效地通过其权威去管教学生。"同样是理麻[②]他,有的学生你骂他之后就对你感激,有的就对你反感。因为学生看得出来,你是不是对他好。有的没有威信,自己都搞不醒豁[③],去骂学生,就不得服。"[④] 概言之,在师生交往中,教师通过对学生的关心、爱护而获得学生的认可与尊敬,在此基础上才能形成教师的地位和权

[①] TM02-1。
[②] "理麻",指"管教""批评"等。
[③] "醒豁",指"清楚""明白"。
[④] TM02-1。

威。而这种地位和权威也能够吸引学生更加用心地投入学习之中,并取得较为明显的学习效果,继而也给教师带来积极反馈,并增加教师成就感。

再次,教师权力的获得与教师自身的科层职位关联不大。所谓"权力",按照韦伯的定义(也是大多数研究的通常定义),就是即使在对方不愿意的情况下,个人也有能力使其按照自己的意愿去行事的能力(Kemper,2006)。然而,在朗水中学这类县城中学的学校场域中,尽管不同的教师占据着不同的职位,构成了形式上的科层组织体系,但是职位赋予的权力却并不能真正发挥权力的作用。也就是说,由职位带来的权力(比如学校的中高层领导的权力)并不能全然让其他人按照个人的意志行事,尤其是在其他人反对的情况下。

一个典例就是学校领导对班主任的安排问题。前文指出,在当下的环境中,班主任承担了过大的安全责任并面临不可控的安全风险,因此绝大多数教师并不愿意当班主任,甚至在教师看来,他们宁愿多上一个班的课程,也不愿意当班主任。"多上一个班的课,可能一周要多六七节课。加上晚自习的话,差不多就多十节课。我情愿多上十节课,也不情愿当班主任。当班主任要付出的精力,远远大于上一个班的课。"① 此时,学校领导在安排人当班主任的时候,更多采用"支持工作""给面子"之类的柔性方式,以及在职称评定中将班主任工作的分量提高②的方式,让教师或基于人情压力,或基于职称评定考虑而答应当班主任。

正如一个教师谈到自己当班主任的原因,"我们作为老师,在这个单位里要支持领导的工作。绝大部分人(当班主任)是这种情况"③,或者更加明确地说,这是"人情世故"的结果。然而,

---

① TM13-1。
② 在《朗水中学晋升中、高级职称考核方案》中,班主任每周计算5个工作量单位,比行政领导的4个工作量单位还高1个单位。而且,担任班主任的教师还可能在每学期的优秀班主任评选中入选,每入选一次,在职称晋升时将加0.5分。见附录三。
③ TM13-1。

在朗水中学，也存在部分教师坚决不当班主任的现象。"有的人就是我不管你，我不买领导的账。"①

要想理解这种现象，必须回到学校的管理权问题上来。长期以来，在编制体系下，教师被认为是一项比较稳定的职业，拥有教师编制更是意味着"铁饭碗"。这也意味着，教师能进不能出，能上不能下，没有失业压力。在现实中，除了违法乱纪以及师德出现问题之外，教师因工作不胜任被解聘或清退的几乎很少出现（杨卫安，2016）。换言之，学校系统基本上没有对教师进行调动与清退的权力。而且，在朗水中学所在的这类西部县城，人际关系相对复杂，跟班主任在处理学生时受到外部社会关系网络的限制一样，学校对教师的处理也时常受到其他力量的限制。事实上，只要教师每天在学校、没有耽误安排的工作（其标准是没有缺席），学校就不能清退。正如一位校领导所说：

> 一个公办教师，他就是挺挺地耍②，校长也对他莫法嘛，把他拿不走呢。校长莫得人事权，他也莫得法管。③

此外，学校以及社会对于教师的评价与认可是以外在的、所带班级的高考成绩为标准。高考作为一种教师公认的最为公平的考试，它本身难以受到学校系统内部权力关系的影响。还有，数字化的考评机制排除了人为操作空间，而公开、透明且量化的职称晋升标准也挤压了学校内部的权力运作空间。所以，像朗水中学这样的西部县城中学，学校内部不同职位之间的形式权力很难真正发挥出其本身所应该具备的强制力。因此，普通教师与领导之间的关系不能用形式上的等级秩序关系来理解。

最后，性别并不会带来权力和地位差异。一般意义上，性别被认为是情感分层的重要指标。情感社会学家霍克希尔德在研究

---

① TM13-1。
② "挺挺地耍"，指"放肆玩"。
③ TM02-2。

情感劳动时，指出情感劳动具有性别模式（Hochschild，1983）。这一差异首先体现在情感劳动这一概念经常用于那些由女性主导的职业中，这些职业经常被性别化为女性职业，而且在情感规则社会化过程中，男性和女性的情感表达期望是不同的。甚至，在同一社会位置、在相同的职业中，不同性别会遭遇不同的展示规则，其情感表达的要求也不同（Gray，2010；Cottingham et al.，2015）。正如佩恩所说："这些工作主要由女性承担，而且经常被认为与女性能力相关。它的真正内容却不被在意和不被补偿。"（Payne，2009）随着历史的发展，教师职业也是这样一个被文化逐渐建构为适合女性的职业（余富强、胡鹏辉，2018）。因为，教师（特别是幼儿园教师和小学教师）被认为和女性作为母亲的照料和培育儿童的角色密切相关，所以被"标记"为与母职角色相关的"半专业"（semi-professional）职业（王俊，2015）。同样，笔者在调研中发现部分女性教师选择教师职业的初衷在于教师职业的稳定性以及工作的灵活性，方便其更好地承担家庭照料责任。

在学校场景中，教师的性别差异并不必然带来情感能量的差异，进而导致情感劳动的巨大差异。之所以如此，一方面，从学生的角度而言，学生不会因为教师的性别差异而在学习态度或尊重方面呈现差异；另一方面，在中小学教师职业逐渐女性化[1]的变迁过程中，学校在统筹安排方面，也不得不将原本被期待属于男性教师的角色责任（如当班主任等）部分转移给女性教师。也就是说，在实践中，性别不能带来责任承担的分化。而且，在教师评价、职称晋升、绩效奖励等方面同样不存在性别差异。此外，整个社会对教师角色和地位的评价并不以性别为基础而出现分化，教师自我的价值追求也并没有明显的性别差异。

因此，笔者认为，在分析教师情感劳动的微观互动层面的影响因素时，科层职位和性别并非核心变量，核心变量是学生反馈。

---

[1] 教育部发展规划司的《中国教育年鉴》显示，在2010年，我国普通高中、初中、小学的女性教师数量占同期全体教师比例分别为47.66%、49.58%、57.95%，而这一统计指标在2016年则分别升至52.14%、54.59%、65.34%。

换言之，在学校内部，影响教师情感的一个重要变量为学生，或者说学生反馈，其表现形式为班级层次、班级风气等。一个较高层次的班级，学生总体的学习能力较强、学习氛围较浓。在这样的班级中，有更多的学生能够跟上教师的教学思路、理解教师所表达的思想。相应地，良好的互动能够给教师带来积极的情感体验，而学生在高考上的成功也能够给教师带来成就感。相反，在较低层次的班级中，教师则可能会有消极、负面的情感体验。

二 学生反馈下的教师教育激情

教师的成绩和地位主要来源于学生，甚至教师的成就感和人生意义也寄托于学生。而且，由于学生反馈是教师权力地位的来源，而教师的权力地位感会影响教师的情感劳动。因此，学生反馈是影响教师情感劳动的重要因素。在这一节中，为了更加清晰地透视学生反馈对于教师情感劳动的影响，笔者将从学生反馈的差异（包括纵向的时间变化和横向的班级层次差异）的角度来分析。

（一）学生学习目的性弱化下的教师教育激情

从纵向而言，随着社会结构的快速变迁与转型，身处其中的每一个个体必然受到这一变迁过程的影响，学生也是如此。不同年代的学生在学习目的、意愿方面具有较大差异，具体表现在学习状态上，进而直接影响教师的情感劳动状态。就西部县域中学生学习目的变化的总体趋势来看，改革开放以来，随着经济的发展与生活机会的增多，学生想要通过努力学习、实现升学进而改变命运的意愿越来越弱。

20世纪七八十年代还没有兴起打工潮，此阶段，对于生活在农村的学生而言，要想改变命运只有参军和升学两条路。如果这两条路被堵死，个人就只能回农村干农活。如果选择参军，则需要在规定年限之内提干，否则还是要回到农村。换言之，读书是最稳定、最有效的改变命运的途径。此阶段的学生（以及家长）对通过升学继而跳出农门的意愿非常强烈。事实上，即使到20世纪90年代初期，逐渐兴起了打工潮，但总体上而言还属于小规模，大多数农村人依然在家务农。在此阶段，依然很盛行"读书改变命运"这一说法，很多出身于农村的学生对农村条件的艰苦深有体会，故而也更加坚信只有通过读书才能改变自己的命运。

所以，很多在这一阶段读书的现任教师表示，此阶段的学生中，"想学的人要多得多，真的要多得多"①。在此阶段，由于现实条件的反向逼迫，学生有更强的学习动力，一位教师夸张地说："不像我们那个时候，如果一旦考不起的话，真的就只有务农哦。一旦务农的话，就可能连婆娘②都接不到哦。"③

然而，进入21世纪以来，学生的学习意愿却呈现急转直下的趋势。随着近些年社会流动性的增强、生活机会的增多，以及部分没有通过读书考学这一途径也挣得丰厚物质财富的个体的示范，学生整体上的学习目的性在弱化。因为，至少从短期的目光来看，"知识改变命运"这一观念并没有得到现实的验证，甚至随着大学的扩招，部分上了大学的人同样面临"毕业即失业"的现实窘境。这些现实问题投射到高中生身上来，就表现为学习意愿和动力的不足。很多班主任观察到了这一现象：

> 现在的学生肯定不及我们以前的学生，对于学习的目的性莫得那么明确。④

> 现在很多娃儿跟老师唱反调，是因为他们对读书，没得目的性。像他们高一进来，没得目标，都不晓得专科、本科是啥子概念。他们只晓得现在在读书，对将来稍微远点的，莫得啥子规划。所以，他们对于读书莫得啥子想法，跟你反着来。但是，他们晓得读书还是重要的。重要到哪里？从短

---

① TF09-2。
② "婆娘"，指"妻子"。
③ TM03-4。
④ TM03-4。

期来看,晓不得;从长期来看,也晓不得。①

事实上,学生自己也承认,目前大多数高中生对于为何读书的认识不明确。他们之所以选择上高中,更多的是随大流的结果,即当周围的同学都在上高中的情况下,他们也觉得应该上高中。"(对于未来没有规划)在初中和高中是很常见的。因为在现在的教育环境下,他们从读书开始,感觉就是该去读书。因为大家都是在读书考大学,也就感觉自己该去读书考大学,并不是意识到读高中要学到什么、读大学要学到什么、将来要做什么,没有考虑这些问题。就是周围人都如此,就觉得我也应该去读高中、读大学。没有目标,就是有点随大流的心态。"②

当学生对于读书的目的和意义缺乏明确的认知时,也就缺乏学习的能动性和自律性。以应试为目标的高中教育以及一整套相应的运作体系,使学生在缺乏能动性的情况下,更加容易感受到生活的烦闷和枯燥。来自家庭的压力(尤其是父母因为对子女升学抱以期待而时常监督时)与学生青春期的叛逆心态相碰撞,更容易使学生对学习产生厌恶的情感。而迅速发展的网络与游戏则让学生感到轻松与愉悦,甚至还能让其在游戏世界中得到在现实生活中没有的认同感。"在游戏中有一种自己很厉害的感觉,即在现实中找不到认可的时候,在游戏中被认可了,所以就容易沉迷于游戏了。"③在现实生活的推力和互联网世界的拉力这双重作用力下,学生更容易被迅速发展的网络与游戏工业所捕获(叶敬忠、张明皓,2019)。笔者针对朗水中学学生的抽样调查结果显示,89.4%的高中生拥有手机。在拥有手机的群体中,平均每天使用手机的时间为106.8分钟,其中用于与学习相关(如查资料)的时间仅为36.1分钟。平均来看,约有2/3的时间是用来干与学习无关的事情。调查发现,学生用手机娱乐的内容主要为"聊天"

---

① TM09-3。
② XS02-2,该生曾为朗水中学一个理科普通班的学生,后来以体育特长生的方式进入吉林农业大学读本科。此次访谈时间为2019年7月8日。下同。
③ XS02-2。

(45.0%)和"浏览资讯"(40.3%),还分别有 26.5% 和 21.0% 的学生用来"玩游戏"和"看小说"。

当下教师还存在教育引导的无力感。这是因为,在以往的环境中,学生有更强的学习意愿与动力,其根源在于能够清晰地看到读书对命运的改变作用。而今,至少从物质财富的角度而言,读书并不一定能够带来较高的物质收入。尤其是在以物质收入的多寡为评判个人成功与否的标准的时代,教师本身就不能算作成功者。那么,教师在对学生进行教育与引导的时候,就缺乏了有力的武器。正如一位教师所说:

> 很多学生现在处于"我为什么要上大学啊、上大学有什么用啊"的疑惑状态。在他们看来,"那么多人没有上大学,还不是照样活了?"这就是他们给我表达的。所以,我们的教育就是特别无力。现在确实是这样,任何一行出来都不会饿死。哪怕你一天都不工作,你父母都可以把你养活。现在的娃儿比较注重现实利益。他觉得出去打工,还能够一个月挣到两三千块钱,很不错啊。[1]

教师教育工作的内在驱动力,以及教师最核心的成就感与意义感,都来源于学生。过往,教师也许在物质上无法获得满足,但其之所以能够具有相对饱满的工作热情,在很大程度上是因为有来自学生的积极反馈,尤其是学生的求知欲,能够有效激发教师作为人的自然情感(渠敬东,2017),教师愿意去挖空心思、倾尽全力地教育学生,也相对容易呈现社会所期待的清贫乐道的状态。相反,如果学生在课堂上不能给教师以积极的反馈,也必然会消减教师的教育热情。所以,随着学生群体整体上的求知欲和学习目的性的减弱,教师的情感劳动也会相应地发生变化,那就是教育投入的减少。

---

[1] TF05-1。

教师的积极性来源于两方面，一是外在的衡量手段、物质待遇；二是学生。好的学生，老师越教越有趣。因为老师的教学成果要通过学生来反映，如果学生基础好的话，老师一教，学生就掌握了，这说明老师的劳动成果很好地得到了认可。进而，这个老师可能越教越有兴趣，即使外界有些不利的因素（比如从外界物质的角度莫法平衡心态），老师可能也会用心去教，因为他可以通过学生的反馈来平衡这一心态。但是问题是我们学生的基础差嘛，而且现在对于学习的目的性莫得那么明确了。结果往往是，老师讲了若干遍，但通过考试反映出来的学生所掌握的知识程度，跟自己的预期相去甚远。也就是说，在学生这一条线上，老师的劳动成果也没有得到认可，其也就觉得整起莫得意思。进而，教师心里肯定会想："他还是那个样子，那我干脆不整了。"①

事实上，笔者在调研中也发现，SH中学中，曾经对教学充满热情、积极投入的教师，因为生源质量的逐步降级而在教学之中找不到成就感，进而将时间和注意力都转移到其他事物上，比如钓鱼等。尤其是在当前基本上升学无望（也就意味着教师找不到成就感）的背景下，部分教师在教学中会采取"敷衍"的方式，比如粗浅地讲解知识，甚至直接在教室播放从网络上下载的PPT课件等。而且，在学生课堂纪律、行为习惯方面表现为"睁一只眼闭一只眼"和"不悲不喜"等。

（二）不同层次学生学习态度差异下的教师教育激情

尽管随着时间推移，不同年代学生学习的动力与意愿逐渐减弱，但是同一年代学生的学习状态也存在差异。从横向而言，这种差异体现为班级层次的差异。就朗水中学而言，班级层次由好到差分别为实验班、重点班和普通班。不同班级层次的差异明显体现在升学人数的差异上。一般而言，实验班基本上每年能有三

---

① TM03-4。

四十人考上本科，重点班为 10 人左右，而普通班基本上也就 1~3 人。当然，升学人数差异的背后，也体现出班级风气的差异。以使用手机为例，从普通班到重点班再到实验班，学生平均每天使用手机的时间明显递减，分别为 145.80 分钟、100.83 分钟、77.65 分钟。换言之，在每天固定的学习时间内，层次越差的班级，学生用于学习的时间越少。

当然，这直接让给不同班级层次上课的教师所体验到的成就感和展现的精神状态明显不同。就笔者自身在不同班级层次的观察而言，实验班的学生总体上学习氛围更加浓厚，能够更加迅速地理解教师所表达的观点，并给予积极的反馈，这也直接增加了教师的积极情感体验。一位在实验班代课的年轻教师就感慨道："那个（实验）班的语文老师病了，我去接了一个月。开始上课以后，感觉太爽了。跟自己的平行班相比，上课完全是两个不一样的感觉。"① 当然，积极的情感体验使教师在上课期间的情绪更加饱满，而且在知识讲授的深度与广度方面也不一样；而普通班的话，很多教师表示，"特别是那些普通班，后头一半的人都不得听，招都招呼不到。比如，有的不拿书出来、有的耍手机、有的穿瞌睡②"③。那些给普通班上课的教师很少能够获得成就感，而更多地产生职业倦怠与无力感，当然，也就缺乏教育的激情。概言之，教师在面对不同层次班级时，其教学状态是存在明显差异的。这种差异也可以被学生的观察所证实：

> 带普通班的老师、带重点班的老师和带实验班的老师，他们的态度是不一样的。普通班的那些同学就是玩、不学习，老师就没有教学的热情。重点班就大部分人在学习，老师的热情会高涨点。实验班每个人都是非常刻苦地学习的，每个人都是想考学的。那么老师的热情就会完全地投入在班上。

---

① TM07-3。
② 穿瞌睡，指"打瞌睡"。
③ TF07-1。

可以说，老师的教学态度跟班级整体的学习风气有关。比如说，实验班有成绩很不好的，但是他们很认真、很努力地学习，老师也会很开心地给他讲题。毕竟你去问老师，你要抱着本身就是成绩不好的一种心态，老师也不可能取笑你。不同的班级老师的教学态度是不一样的。如果你在实验班待了一学期，你再去普通班待的话，你就感觉老师完全放弃你了，进而自己也不会想学习了。①

就班级层次而言，复读班（复习班）是一个特殊的存在。尽管许多学生在进入复习班之前基础不好，但其学习的目的性更强，也有更加强烈的学习动力。因为复习班的学生已经参加过高考，并且受到情感性伤害。所以，当其下定决心选择复读时，已经在内心对考上大学有了情感性的承诺。他们希望在下一次的高考考场上得到高分、获取成功，因此平时会更加努力。一位带复习班的老师就说：

> 复习班的娃儿，既然来复习，都是相当想学习的。所以说，复习班比应届班好带。你看我们班上这些娃儿，他如果想要穿瞌睡的话，就站在教室旁边，站起听。相应地，看到学生的求知欲，作为教师就很想去教他，想挖空心思去把他教好，让他学有所成。②

不同班级层次学生的学习态度、行为习惯等方面的差异，也必然反馈给教师并进一步作用于其情感劳动。除了直接影响教师的情感状态以外，这种影响还主要体现在两个方面：一是教师在面对不同层次的班级时，所需要耗费心力的侧重点不同；二是教师在与学生互动中的情感劳动策略也会存在明显的差异。

---

① XS03-1，该生为朗水中学高三复习班的一个学生，后来考取了兰州财经大学。此次访谈时间为2019年7月2日。下同。
② TM03-4。

就教师的侧重点而言，面对层次比较好的班级（比如实验班）时，教师更多将心力放在知识传授方面。这是因为，相较层次比较差的班级，层次较好班级的学生的行为习惯较为端正、自我管理能力较强，不需要教师花费更多精力去规范学生的行为习惯和进行思想教育。但是，面对层次较差的班级（比如普通班）时，尽管学业要求较低，但教师维护安全的压力要远大于实验班，因为他们的行为习惯和纪律较差。所以，一位普通班的班主任教师就感概道："当普通班的班主任所付出的精力和心力，绝对要大于当实验班的班主任。就是说，普通班的学生管理，更多不是学业方面的问题，而是纪律、安全方面的压力。"①

也正因为不同班级层次的学生在行为习惯、学习态度等方面的巨大差异，不同层次班级的教师在情感管理方面的策略也大有不同。其中，一个非常明显的差别就在使用"故作生气"这一策略的频率方面。所谓"故作生气"，就是在内心并不生气的情况下，要装出生气的样子并对学生发火。对于层次比较好的班级，总体而言，学生的学习状态和行为习惯表现较好，很难有引发教师生气的情境线索。那么，如果教师感受到学生的学习状态有所放松，就可能会采取"故作生气"的情感劳动策略，以便进一步督促学生将精力投入学习上来。但是，对于层次较差班级的教师而言，则较少使用这种情感劳动策略。正如一位班主任老师所言："我们这种普通班，专门找个事情来发火的情况还是很少。因为不专门找，让我发火的事情就很多。"②除此之外，"真情流露、及时表达"这一策略的使用也会存在差异。对于那些平常表现较差的班级而言，教师在偶尔一次看到其良好的表现时，更多会感到欣慰并及时表达；而对于层次较好的班级而言，在教师看来，良好的表现是应然之举，则更少采取"及时表达"正面情感的策略。

概言之，学生作为教师在工作中重要的互动主体，他们既是

---

① TM13-2。

② TM13-2。

教师意义感和成就感的重要来源，也是教师脆弱感的重要来源。学生的反馈是构建教师权力和地位的基础，也是影响教师情感能量和情感劳动的重要因素。学生的积极反馈能够增加教师的意义感和成就感，并激发教师的情感能量以投入更多的时间和精力去关心学生；而学生的消极反馈则会消耗教师的情感能量，进而促使教师减少时间和情感的投入。

第三节　本章小结

本章聚焦影响教育激情的微观层次，从个体性因素和微观互动的因素来探析教师情感劳动的影响机制。

就个体层面而言，生命历程是影响教师教育激情的重要变量。一方面，处于不同生命历程的教师个体所面临的生活责任和压力也各不相同，这些责任和压力一是会客观上竞争教师投入教育的时间和精力，二是通过对比的方式让教师感受到教育工作因激励性不足（尤其是收入待遇）而带来的巨大落差，进而消耗教师对教育的情感能量。另一方面，处于不同生命历程的教师，其出生与成长的环境呈现巨大的差异，尤其是在其职业社会化过程中，受到不同的价值观念与人际互动的影响，不同年龄等级的教师对教育职业会有不同的情感承诺。而情感承诺本身作为一种情感能量，对教师展开情感劳动具有重要影响。对教育职业情感承诺越高的教师，越愿意投入更多时间、精力和情感到教育工作之中。此外，生命历程也连接着教师的情感经历和教育期望。教师过往的情感经历会直接强化或消耗教师的情感能量；对学生的教育期望也随着教龄的增加而变得愈加现实，继而使教师采取更加符合现实的情感劳动策略。

就互动层面而言，在中学这一场域中，与教师互动的最重要主体为学生。但在培育学生的过程中，很难见到教师的先赋性权力发挥影响作用，更多的是教师在与学生互动中所赢得的地位在发挥影响作用。在师生交往中，教师通过对学生的关心、爱护而获得学生的认可与尊敬，在此基础上形成教师的地位。而这种地位也能够吸引学生更加用心地投入学习之中，并取得较为明显的学习效果，继而也给教师带来积极的情感体验和成就感。而且，在公立学校中，尽管不同的教师占据不同的职位，形成了形式上的科层组织体系，但职位赋予的权力却并不能真正发挥作用。所以，学生反馈既是教师各种情感体验的重要来源，也是教师成就感和意义感的重要来源。当学生的反馈更加积极、符合教师的价值期待时，教师更愿意投入更多的时间和精力，更加真诚地表达对于学生的关爱；而当学生的反馈相对负面时，则会消耗教师的情感能量，教师在工作中更可能采取工作表现退却的做法或进行情感伪装，比如，将更多的时间和注意力转移到教学之外，以及对学生呈现"冷处理"的状态。

由此可见，在微观层面，生命历程和学生反馈是影响教师教育激情和情感劳动实践的重要变量。当然，微观层面的因素必然嵌入宏观情感体制和中观组织要素之中，并受到这两个层面因素的影响。一方面，社会整体性情感体制的变迁奠定了不同世代教师职业情感的基调，也影响了不同年代学生的学习目的和学习态度；另一方面，"安全第一"的情感体制则在一定程度上构成了教师情感经历（尤其是负面情感经历）的结构性背景，也是影响教师对学生教育期待的重要变量。同样，中观组织层面的要求、管理和支持也同样对教师的职业情感和教育期待产生重要作用。这些不同层面的因素通过嵌套式影响的方式，共同作用于教师的情感劳动实践，并产生不同的结果。

第七章　教师教育激情的影响

　　截至 3 月 29 日 12 时，全区 2019 年度中小学教师公开招聘岗位，尚有 1835 个岗位无人报考；截至 3 月 29 日 15 时 15 分，全区 2019 年度中小学教师公开招聘岗位，尚有 4612 个岗位报考人数不足 3 人。

　　3 月 29 日下午 6 时许，2019 年广西中小学教师第一轮公开招聘报名工作结束之后，广西招生考试院发布了上述消息（网易新闻，2019）。不只广西，近些年来，时常能在网络上看到全国很多县区公办学校招聘带编制教师但无人报考的消息。与此同时，在岗教师还有较强的离职意愿。一项针对青年教师的调查显示，"有"调动或辞职想法的比例高达 95.0%，其中"一直有"调动或者辞职想法的达到 41.8%（王艳玲等，2016）。教师招聘难与流失率高的问题，威胁着教学秩序的稳定，不利于教育的良性发展。这一现象反映出的是目前教育体系的严峻问题。当然，在某种意义上，这一现象也正是各种要素作用于教师教育激情和教学实践所导致的后果。

　　在前述章节中，笔者探讨了教师教育激情的现状与策略，以及从宏观到微观的影响机制，本章将聚焦于教师教育激情驱动下情感劳动的后果这一议题。事实上，从霍克希尔德提出情感劳动这一理论框架以来，有关情感劳动后果的研究就备受关注。在某种意义上，对于后果的研究也正是凸显情感劳动的理论和现实意义之所在。当然，探讨教师情感劳动所造成的后果，对于将来的教育情感治理也具有一定的启示。教师的情感劳动不仅涉及自身，还影响学生和学校，甚至教育。所以，在探讨教师教育激情后果时，不能仅仅聚焦于社会转型背景下的教师情感实践对其自身的影响，还要探讨对学生的影响以及对学校和教育的影响。在这一章笔者将围绕教师情感实践对教师自身、学生、学校教育的影响来展开。

第一节　教师教育激情对自身的影响

笔者在田野调查中，时常能够听到的一个词就是"教良心书"。而且，教师在对自己教育激情状态及原因进行分析之后，基本上都以哀叹的口气说出这句话——"现在就是教点良心书了"。"教良心书"这个词在反复地提醒着笔者，它就是教师自我认知之中的工作现状。当然，它也是在社会转型背景下的教师情感劳动对自身造成的负面性后果。那么，这种负面性的后果体现在哪些方面呢？笔者通过对田野调查资料的分析发现，这种负面性后果主要体现在三个方面：一是教师个人的身心状态与工作满意度；二是教师的工作表现；三是教师自身的专业成长。因此，这一节将围绕这三个方面来分析情感劳动对教师个人的影响。

在进行具体分析之前，一个首先需要明确的议题是，尽管在霍克希尔德看来，情感劳动必然带来消极的后果，但不论是后续的研究成果还是本书的研究证据都表明，情感劳动并不必然带来否定性后果。其中，最主要的就是真诚表演策略并不一定会带来否定性的后果，相反，还可能带来积极的影响，比如增加劳动主体的情感能量。

这一结论同样适用于教师的情感劳动实践。比如，笔者在调查中就发现，如果原本表现较差的学生在某一特定时间表现出了符合教师期望的状态，就会让教师在内心感受到欣慰，感觉学生"懂事了"，继而会激发教师去表扬、关心学生的意愿；同样，在目前总体上家长配合较差的背景下，如果有个别家长真心地拜托教师对其子女进行严加管教，教师自身会有所触动，也会在教育过程中更加关注学生。用一位班主任老师的话来说："家长关心越多，我们对学生的期望也就越多，进而也就越关注学生，即家长和学校、老师联系多一些，肯定有助于老师对学生的要求更严格一些。"①由此可见，教师进行真诚情感表达这一策略背后的关键在于，教师内在情感规则与外在情感规则之间具有一致性。因为具有一致性，教师与互动主体之间能够有效实现"情感的主体间性"，进而达到"积极的情感劳动"状态。故而，教师的真诚表达并不会带来负面性后果，反而还可能增加与强化其情感劳动所需的能量。

然而在社会转型背景下，教师的情感劳动过程更多的是处于内在感受与外在要求不一致或内外情感规则不一致的状态，所以需要采取浅层表演、深层表演甚至"做样子"这样的情感劳动策略。那么，毫无疑问，这些表演策略需要教师在情感劳动过程中消耗更多的情感能量，去调节内在的情感感受或进行表面伪装，以便符合外在的情感规则要求。然而，这种情感能量的消耗必然会给教师个体带来负面性后果。如果情感能量不能得到有效补充，则更是如此。因此，本书要探讨的情感劳动后果，是在这一背景下进行的。

一　低满意度与高倦怠感

应试主义和"安全第一"这两种具有内在张力的教育情感体制，以及县城学校所遭受的生源降级的窘境，使处于这一结构位置中的教师总体上呈现较低的工作满意度和较高的职业倦怠感。笔者的调查数据显示，教师对工作表示满意的仅有34.0%，其中非常满意的仅有1.9%。而在对教育行业的倦怠感方面，仅有3.8%的教师表示"从不"感到倦怠，而表示"偶尔"、"有时"和"经常"感到倦怠的比例分别占到54.8%、34.6%和6.8%。

工作满意度与职业倦怠感具有内在的关联性。一般而言，如果教师能够感受到工作的意义和价值并获得成就感，他对于该工作就有较高的满意度和较低的倦怠感。笔者在第六章曾指出，教师的成就感主要来源于两个方面：一是学生的成长成才，二是基于学生的高考成绩而给教师个人带来的物质奖励和社会赞誉。但

---

① TM13-2。

是，在目前的县域教育场中，教师基本上感受不到工作的成就感。

一方面，就学生的学业成长而言，在生源降级的背景下，县城中学的学生素质（主要是学习基础和学习态度）较过往弱，而且他们的学习目的性也较弱。这些方面的因素相互强化，导致教师在教学上的无力感。比如，有教师就感慨道，"重点班，它后头那半截基本上听不懂课"[1]。尤其是在教师本来对学生有较高预期的时候，碰到这样的学生，这种落差感和无力感会更加强烈。"我们预期学生有多好多好，然后也希望把他教得多好。但是你发现，你再优秀、再好，你也教不出什么好的学生，很尴尬。学生底子太差了。"[2] 教学上的无力感，也会影响教师通过学生成绩来自我证明的可能性。当然，与此相关的是，一则教师在追求职称、名誉感等方面受到影响；二则社会对教师个体的评价也相对负面。也就导致教师通过这一方式来实现自身成就的可能性变小了。

另一方面，尽管学生的成长成才是教师成就感来源的重要方面，但在目前的环境下，教师很难在此方面获得成就感。这是因为，学生因自己的基础差、听不懂以及学习目的性不强而可能在学业成长上自我放弃，甚至将时间和精力投入游戏等方面，这在一定程度上降低了其通过升学的方式来改变命运、实现自身价值的可能性；与此同时，正如许多教师所表示的那样，当学生在学习方面找不到成就感而放弃学习时，会呈现其他如睡觉、讲话等影响课堂秩序的失范行为。但是，在"安全第一"的情感体制下，教师会基于规避潜在风险的目的而选择如有限管教、冷处理等情感劳动方式，这一方面直接导致教师需要消耗更多的情感能量来控制自己的负面情感，另一方面也客观上使教师在转化、改变学生方面乏力，进而影响其成就感。

在看不到希望、没办法追求工作意义的同时，教师必须按照学校的工作要求付出较多的时间。正如笔者在第五章所描述那样，基本上教师每天的工作时间超过 16 个小时。长时间、高强度的工

---

[1] TM02-3。

[2] TF05-2。

作不仅给教师带来了身体压力，还有较高的心理压力。在面对这些压力时，教师既难以从学生身上找到慰藉，也很难得到组织的关怀，故而他们更多的是产生一种倦怠感。一位教师就感慨道："实际上，我们更多的是一种倦怠、疲劳，精神上的疲劳。"①

而且，在这种背景下，教师的倦怠感来得更早。按照休伯曼等的教师职业生活周期论来看，教师在入职期（从教1~3年）和稳定期（从教4~6年）这两个阶段课堂教学总是充满激情，而到了实验期和歧变期（从教7~25年），可能因为体验到课堂教学的枯燥乏味等因素而对自己的职业产生倦怠感，即一般入职后的前六年时间，教师更多呈现激情昂扬的状态。但是，笔者的研究发现，在看不到希望、找不到工作意义和成就感的情况下，教师的职业倦怠感会来得更早。一位刚入职一年的新教师就表示："虽然才教书一年，但真的是有了职业倦怠感。而且我发现，年轻老师都没有什么激情了。"②

职业倦怠感还增加了教师的离职意愿。笔者的调查数据显示，有关"一旦有合适的机会就会做其他工作，而不会在中学当老师"的问题上，一半以上的教师表示同意。而仅有不到1/4的教师表示不会离开这一工作行业。当然，"合适的机会"在现实中可能并不是那么容易得到的。那么，如果能够重新选择，这些老师是否会选择教师职业呢？笔者的调查数据显示，结果依然不容乐观。因为，仅有21.6%的教师表示"肯定会"选择教师，而约60.0%的教师表示"不一定"，还有18.6%的教师明确表示否定。

二 工作退缩行为

人们的情感感知与情感状态是行为的近驱动力（Frijda, 2010）。低工作满意度与高职业倦怠感也必然影响教师的工作表现。通过研究发现，在各种因素影响下的情感劳动，给教师带来的负面性后果就是工作退缩行为。所谓"工作退缩行为"，是指一种组织员

---

① TM06-2。
② TF05-1。

工的角色外行为，它是一种员工避免参与不满意情境的方式，如缺勤、迟到、早退和辞职等（Hanisch & Hulin, 1990；刘朝等, 2013）。从类型而言，工作退缩行为包括工作努力的退缩和工作本身的退缩（Hanisch & Hulin, 1990）。就教师的工作表现而言，同样可以看出工作努力的退缩和工作本身的退缩。在工作努力的退缩方面，主要体现为工作质量打折扣，这是一种隐性的工作退缩行为；在工作本身的退缩方面，则表现为工作时间投入不足和离职行为，它们是显性的工作退缩行为。

首先，工作质量打折扣，即工作努力的退缩。笔者曾指出，教育的特殊性在于它是一项育人的工程，这一特殊的性质也决定了教师在教育工作实践中具有一定的自主性。事实上，不管是学校采取越来越精细化的日常管理方式来对教师进行身体管理，还是采取数字化的绩效考核方式来对教师的心灵进行导航，都不能完全剥夺教师的自主性空间。这是因为，精细化的制度安排可以保证教师的身体在场，但不能保证教师的心灵在场；同样，尽管绩效考核通过提供教师奋斗清单的方式间接对教师的心灵进行引导，但在教师看不到奋斗希望的情况下，这种方式也就失去了其影响力。

具体而言，工作质量的降低主要体现在两个层面：一是知识传授的层面，二是育人的层面。在知识传授层面，一些教师在实践中已经发现，即使自己再努力、再付出，学生的学业成绩也难有明显的变化。正如一位教师所言："现在就是，你卖了力，效果不佳；不卖力，莫得效果，也是那个样子。"[①] 这种情况在层次较差的班级更加明显。一位教师在付出了很多时间和精力之后就发现："我教了一年的音标了，好多娃儿还是读不来、拼不来。我花了这么多时间和精力啊，但是我感觉每次考试成绩始终不理想。"[②] 既然如此，多数时间里，教师在知识传授方面就不再拓宽拓深，不再扩充课外知识，因为一些学生连课本内所要求的知识都难以

---

① TF09 - 2。

② TF05 - 1。

完全掌握。而且，由于学校对课程进度有明确的时间要求，教师在很多时候也难以顾及学生是否完全掌握已讲授的知识，而更多的是按照课程大纲的要求，采取加快进度等方式来完成教学任务。一位教师就提到"很多时候只是按照它（进度表）来，就感觉像拖进度，而且拖得很快。就感觉很多时候，你只是完成任务就行了，根本没管过学生能不能理解那么多"。① 当然，以完成教学大纲任务为目标的、表层化的知识传授，毫无疑问是一种工作退却行为。

在育人层面，教师工作努力的退缩主要表现在对学生的"表面关心"上。所谓"表面关心"，是指教师对学生的关心较多呈现在表面，对学生的批评与教育在一定程度上也仅仅是为了维持课堂的基本秩序。事实上，在看不到改变的希望又面临沉重的安全责任压力时，教师对学生的管教也主要是为了顺利完成学校交代的任务。正如一位教师所说：

> 其实教育，它的本质和灵魂就是关爱学生。但在现在，我们去批评学生，是为了维持正常的教学秩序，不得不对某些学生采取一点行动。你批评他，你表面上是很生气的，但你内心好像是没走心一样。学校就是为了成绩，但不仅是为了高考，还要求学生在这种教学环境当中不出事。在课堂上，不能有学生大面积的睡觉，你要维持一个正常的课堂秩序。也就是说，你得完成学校交给的任务，这个任务就是把一个班带毕业，不出岔子。学校对你的评价指标也就是这么一回事儿。②

其次，教师对工作本身的退缩还明显地体现在工作投入时间的减少上。工作投入时间的减少也表现在两个方面：一是授课班级的减少；二是相较过往工作投入时间的减少。

就授课班级减少而言，正如笔者在前文指出的那样，教师在

---

① TF05 - 1。
② TM07 - 3。

综合考量职称晋升机会、学生升学可能性和安全压力等因素的基础上，部分评上高级职称的教师，因为工作激励不足而主动申请减少授课工作量。甚至部分还没有评上高级职称的中学一级教师，在自觉职称晋升无望的情况下，也会主动申请减少工作量。

在应该承担的工作责任内，教师也可能采取减少工作投入时间的逃避行为，包括缺勤、迟到早退等。比如，笔者在 SH 中学进行调研时，就曾观察到，在一个周末的晚自习期间，全校 15 个高中班级中，仅有两名教师按照要求到了教室。在正常上课期间，教师也时常存在迟到早退的现象。为此，SH 中学在召开全校教职工大会时，专门强调了教师的授课纪律，并要求考勤人员要不定时（而非固定时间）考勤。虽然，朗水中学相较 SH 中学生源质量更好，教师也更能从与学生的互动中获得成就感，从而较少出现迟到早退的现象，但是从朗水中学依然可以明显地看出在目前的环境下，教师个体在教育工作中付出的时间和精力相较于过往要显著减少。比如，笔者就发现，在过往一直以严厉、拼命出名的 Y 老师，在教育工作中遭遇伤害性体验之后，明显采取"一分为二"的策略，将自己的时间明确地划分为工作内和工作外。也就是说，现在更多的是在规定的教学时间才出现在教室之中，而非像过往那样牺牲自己的休息时间去给学生补习。除了学生反馈的影响，整个社会及组织系统支持的缺乏也使教师因为理性的担忧而有意识地减少工作投入时间。正如一位教师所说：

> 教久了后有点不大对，还有点疲倦。确实觉得教得很疲倦，不像原先那样拼命。原先的话，上午考了试，下午卷子就绝对要改出来。晚上考了试，如果有时间，当晚就要改出来。现在就觉得要注意些身体了。这是因为，说实在的，就是人才不缺。如果把自己搞下去了的话，别人直接上来，说不定比自己搞得更好。最后莫得哪个甩使①你。而且，如果自己身体搞

---

① "甩使"，指"关心、关注"。

垮了，落下一身毛病，也给家里人带来更多的麻烦。①

最后，工作退却还体现为教师的离职。尽管大多数教师因为家庭、年龄以及自身能力等因素，即使对教师职业感到厌倦，也不会选择离职，但是对于部分年轻、未成家立业的教师而言，在有合适机会的情况下会主动选择离职，去更好的学校，甚至直接离开教师行业。年轻教师的离职行为在 SH 中学表现得尤为明显。该校的一位中层领导观察到，基本上到该校工作的年轻人，两年之内离职的高达 90%。尽管说相对 SH 中学而言，朗水中学因为区位和学生素质较好而离职率较低，但每年依然有 1~4 名教师通过考调、辞职等方式离职（见图 7-1）。

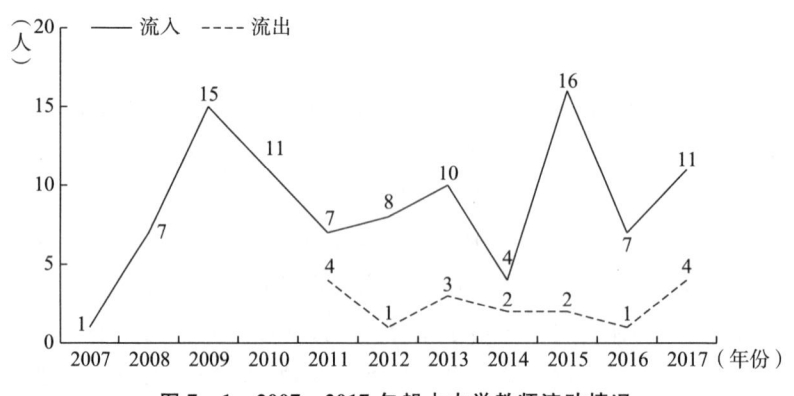

图 7-1 2007~2017 年朗水中学教师流动情况

资料来源：朗水中学教科室主任的个人统计记录。

注：1. "流入"（2007~2017 年）部分既包括从其他学校调入的教师，也包括直接通过考试进入朗水中学的毕业生；2. "流出"（2011~2017 年）部分没有区分是调离朗水中学还是离开教师岗位。

三 受限的专业成长

在一定程度上，教师是一项需要专业知识的职业。这里的专业知识，不仅指所教授的学科知识，还指教师所需要的教育知识（包括教学技能等）。当然，无论是学科知识还是教育知识都不是

---

① TM09-3。

一成不变的，而是随着社会的发展和环境的改变而处于不断的变更之中的，这也需要教师不断地提升专业能力。然而，低满意度和高倦怠感不仅直接导致教师的工作退缩行为，还会影响教师个人的专业成长。正所谓教学相长，学生积极反馈的不足也会自然而然地影响到教师的专业成长。它对教师专业成长的负向影响主要体现在如下两个方面。

第一，当学生不能很好地跟上教师的思路，甚至连课本内的知识都无法很好理解时，就使得教师不愿意去补充和拓展相关的课外知识。这是因为，在教师看来，如果学生连课内知识都不能完全理解，那么补充课外知识更无裨益。基于此种认识，教师主动去拓展课外知识的动力减弱。那么，缺乏对相关知识的钻研与拓展，又何谈提升专业素养呢？

第二，与教师工作质量的降低一样，学生因为基础差，并不能很好地跟上教师的教学思路，教师在教学过程中逐渐发现，自己是否认真备课、是否认真讲授，对于学生而言，效果一样。正如一位在 SH 中学和朗水中学都待过的教师对比后所说的：

> 确实，学生听课的认真态度会影响老师的讲课态度。所以说，现在 SH 中学的老师，他们即使再认真去备课，讲起来学生也听不懂；不备课，拿起书进去讲，学生也听不懂。所以老师就不备课了。这就导致老师练不出来，当然学生也就莫法（升学），所以说教学相长也就是这样，有什么样的学生就会磨出什么样的老师。我在这里上课，肯定就比原来在 SH 中学上课要上得好一些。[①]

由此可见，学生的学习状态会直接影响教师对于教学工作的钻研程度。如果学生学习认真，会使教师花费更多时间和精力去备课、进行课程设计。当然，在这个钻研课程的过程中，教师自身的教学技能也会慢慢得到锻炼和提升。相反，如果学生反馈不

---

① TM02-3。

好，对教师所讲知识的对错无法判断，甚至学生对教师能回答自己所提问题也不渴求时，一方面会让教师感受到工作轻松，另一方面也会使其不自觉地放慢工作节奏和降低对自己的要求。"以前我上普通班的时候，很轻松。有时候课没有备好，随便忽悠他们，他们都觉得很好。他们也听不出来到底我是说对了还是说错了。然后，可能那个时候就是没有准备很好撒，有时候我跟他们说'这个我也不是很清楚'，他们也不会要求什么。"①

在学生反馈不好的情况下，教师且不说去认真备课，部分教师还会直接去下载网络上的 PPT 课件，甚至在不修改的情况下直接用。之所以如此，是因为学生成绩差，教师觉得这项工作本身没有意义，进而也"不想花费太多时间去做这个事情"②。

且不说提升专业技能，实际上缺乏施展专业技能的环境，还可能使教师原本具有的专业技能逐渐退化。这是因为，当教师原本所拥有的技能，在长时间没有得到使用后，可能就会出现遗忘或退化，比如全英文教学能力。一位年轻教师感慨道："看国家级的优质课啊，你就会觉得'哇，差距好大哦'。首先，这些教学工具，'哇哦，好高端，看都没有看到过'。其次，他们可以用全英文教学撒，我们从来都没有用过全英文，都感觉退化了。"③

需要注意的是，职业倦怠与受限的专业成长之间具有互为因果、相互强化的关系。缺乏成就感和意义感，以及较高的职业倦怠感会使教师不愿意将时间和精力投入钻研专业知识之中，进而影响其专业成长。但与此同时，如果教师不愿意投入时间和精力去钻研教学工作，就难以感受到备课和上课状态的变化，体会不到创新感和新鲜感；更多地感受到教学是无趣的、机械式的、重复的，进而失去兴趣，也会进一步强化教师的职业倦怠感。

当然，教师的专业成长受限，除了与学生反馈的不足密切相关之外，还在一定程度上与县城中学教师接受专业培训机会的不

---

① TF05 - 2。
② SZ02 - 1。
③ TF05 - 2。

足有关系。笔者通过对教师进修机会稀缺的压力感知调查发现，35.6%的教师对此承受了较大的压力，而58.7%的教师感知到的压力较小，只有5.8%的教师认为进一步学习机会的稀缺不对其造成压力。而且，对于年轻教师而言，专业发展的压力感更大。一方面，他们对自身专业成长有更强的渴望；另一方面，限于资源的稀缺性和分配方式的特殊性，他们较少能获得外出进修的机会。一位年轻教师表示："这里也没有什么机会提升。你看那种好学校，我当时在成都九中实习时就发现，这个学校动不动就派老师出国去学习，派老师去各个地方教研。我们这里，我来了这么久了，就没有参加过教研，就是到其他地方去的教研。一旦有了这个机会，基本上是比我有资历、年长的人去嘛，因为我才刚来，这种都没有机会。也就是机会太少了，我想要学习，但找不到门道。就是我有继续发展的愿望，但是机会落不到我头上。"[①]

第二节　教师教育激情对学生的影响

笔者在调研期间，碰到了一位许久未见的初中同学。在一起聚餐闲聊时，她说的一句话让我十分震惊，当然也记忆深刻，那就是"我到现在都记得当时 H 老师的偏心。明明我和 X 同学都在说话，她就只批评我，不批评 X，因为他成绩好"。这也再次提醒我，教师的情感劳动不仅对教师自己的身心健康和工作表现产生影响，还会影响其互动对象。如果教师情感劳动失调，就可能对学生造成一定的消极影响。所以，社会转型背景下教师情感劳动实践对学生的影响同样值得关注。

教师的教育工作包括"教"和"育"两个方面，即知识传授和行为、价值观等方面的规范，这两个方面的工作对象都是学生。故而，探讨教师情感劳动对学生的影响，也需要从这两个方面来分析。在这一部分中，笔者将从知识学习和品行培养这两个角度来探讨教师情感劳动对学生的影响。其中，在知识学习方面，教

---

① TF05 - 1。

师有意或无意地对后进生关注不足，会影响后进生的知识掌握水平，而且还可能强化其自我放弃的观念，并在一定程度上将其往"问题学生"上面推。在品行培养方面，教师对问题学生的冷淡处理，一方面对好学生形成了负面示范，进而可能导致其心理变化；另一方面还可能让问题学生进一步自我放弃，甚至在行为偏差的道路上越走越远。

一 被关注不足的后进生

教师在教育工作中的情感状态对学生的影响，首先体现在知识学习方面。笔者通过调查发现，这一影响主要包括三个方面：一是教师的授课状态影响学生整体的听课状态，进而影响学生的知识掌握水平；二是教师采取一分为二的方式对待不同层次的学生，这既会让不同学生受到的关注不同，也可能会加剧后进生的自我学业放弃感；三是教师在处理问题过程中的不公平或者对后进生的误解，甚至会直接让后进生向"问题学生"转变。

第一，教师授课时的情感状态会明显影响学生的听课状态，继而影响学生对知识的掌握。教师们都承认，教师在课堂上的情感状态会"传染"给学生，当教师呈现如微笑、惊喜等积极情感状态时，学生也就相应地在课堂上表现得更加活跃，进而有利于学生知识的掌握和教师教学目标的推进。然而，当教师呈现如语气平淡且一成不变，又或者只按照自己的节奏进行知识讲授而不管学生反应的状态时，则可能起到相反的效果。所以，不管是教师还是学生，都认为好的教师应该是充满激情、上课氛围好的教师。比如，有学生就明确指出：

> 所谓好教师就是学生都认可的那种，他要讲得内容充实，上课气氛也好，大家也没有怎么耍。当然，所谓讲得好，不一定是大部分人能听懂，但是要大家都不搞这些空名堂，即要让学生提起神来。也就是说，一是内容确实要好、一定要充实；二是讲课方式、语气啊，要能够调节气氛，让我们能够兴奋。比如，我们生物老师讲课，他声音就不对，我们老

想穿瞌睡。而且,有时候他讲错了,就拿起答案往上面圆,给人的感觉很不好。①

教师讲课内容充实与否,不能简单地归因于其教学水平的高低,还与其对教育工作的认知和情感相关。当教师对教育工作满意度较低并呈现较高倦怠感的时候,他们也就缺乏动力去研究专业知识并扩充授课内容了。同样,教师在课堂上按照自己的节奏和一成不变的语气讲课,甚至基本不与学生互动,也同样与其当前的工作状态相关。但是,这种讲课方式对于学生的知识接受并无裨益。一个学生就如此描述他们英语教师的授课状态及效果:

> 我们英语老师是什么状态呢,就是该她来上课的时候就来给我们上课,教好她的书,做好她的事情,也不会训斥我们。所谓"教好她的书",就是该讲的知识点她讲,做好她该做的事情。她跟学生的关系就是很普通,没得啥子联系。而且,课堂上的互动也很少,基本上就是她在上面讲,我们在下面听,她会简单维持纪律,但基本上不会和学生沟通。其实,她就跟我们学生一样"当一天和尚撞一天钟",该讲的讲,也就只照顾那几个要学的,其他的听不听得懂也无所谓。学生问,她就讲。学生不问,她就以为大家听懂了,继续讲起。其实,能听懂的很少,基本上听不懂。②

由此可见,教师的激情状态会直接作用于学生的知识掌握水平。当教师看不到希望,继而呈现一种对学生学习不关心的状态时,学生也必然受到伤害。但是,教师的此种授课方式,恰恰最受那些自己也看不到升学希望的学生的追捧。正如上述学生讲到的,"我们在高中的时候,都会有这么一种说法,'下两节英语课

---

① XS01-1。该生为朗水中学一个理科重点班的高三毕业生,未能考上本科院校。此次访谈时间为2019年7月7日。
② XS02-1。该生曾为朗水中学一个理科普通班的学生,后来以体育特长生的方式进入吉林农业大学读本科。此次访谈时间为2019年7月1日。下同。

可以好生穿一下瞌睡了',或者'下一节英语课可以耍一会手机'"①。相应地,这些学生在高中阶段也比较喜欢这样的教师,"高中阶段,最喜欢的肯定是英语老师。为啥子呢,因为上她的课能耍手机、能睡觉"②。

第二,教师会自发性地根据学生的学习基础、知识接受和领悟能力、考试成绩等因素将其划分为"优生"和"后进生",并在教学过程中对其关注有所差异。正如上述学生所描述的,尽管部分教师(尤其是普通班的教师)缺乏教育激情,但是他们在上课的时候还是会重点关注那些主动学习的和成绩好的学生,因为这些学生符合教师对学生应有状态的期待,也是教师完成升学指标的重要依靠。当然,在学生就读的最初阶段(甚至是高中的前两年),凡是在价值观念、行为表现等方面符合教师预期的学生,不管成绩好坏,教师都会尽量地在学习方面给予同等关注,这也是教师内化的职业道德使然的结果。但是,升学的压力,尤其是高考指标的压力会使教师在发现没有提升可能性的情况下,主动地将自己的时间和精力进行重新调整与分配,从而将更多的注意力放到有升学希望的优生身上。因而,后进生则会被忽视。通过观察可知,教师对后进生的忽视主要表现在两个方面,一是教师日常关照的差别,比如,在课堂提问、作业辅导、问题解答等方面;二是对学生期待和要求的差别。

在日常关照方面,教师对不同成绩学生的关注度呈现明显的差异。给笔者印象最深的就是,在SH中学调查期间,笔者观察一堂高三重点班的数学自习课时发现,该教师基本上只将注意力放在靠近讲台的中间前三排的学生身上。对于这些学生,教师会更加热情、用心地辅导与解答作业中的难题。不唯如此,教师在课堂提问方面,也基本上不会提问成绩差的学生,或者很少会提问这类学生。在教师看来,提问成绩差的学生与不控制课堂纪律的效果一样,因为这类学生基本上回答不上问题。那么,这就可能

---

① XS02-1。
② XS02-1。

浪费时间、拖延课程进度。其实，对于后进生的忽视，一名教师的说法具有很好的代表性：

> 我的区别对待体现在上课、做题和提问时。比如提问，我不会提问有些人，或者很久都不会提问他。因为我知道让他回答，他也回答不起来，这样可能会浪费时间。还有，做题时，我一般会边走边看，但较少会关注他，而那些成绩好的或愿意学的，我就会仔细去看。[①]

教师对不同学生的期待和要求也存在明显差异。对于那些学习意愿不强、成绩较差的学生，如果教师通过多次谈话、使用了各种自己所能想到的办法均无法改变时，教师就会在内心放弃，进而降低对他们的期待和要求。比如，很多教师表示，对于部分成绩差的学生而言，只要在课堂上不明显地违反纪律、不干扰其他愿意学习的同学，即使不听课，教师也不会介意。还有，教师对部分学生作业完成的要求也相应降低，甚至当面对学生不认真的情况时，教师还会基于学生的基础而采取不同的情感管理策略。比如，对于那些不认真、态度有所松懈的优生，教师更多会采取生气、发火等方式来提醒该生；而对于那些基本上已经放弃学习的学生，教师更多的是通过内在调节的方式来压抑自身的负面情绪，进而对他们冷淡处理，因为在他们看来，即使发火也没有意义。

有趣的是，在对学生区别对待方面，年轻教师体现得更加明显。一般而言，教龄较长的教师，他们的区别对待并不会表现得十分明显或者即使内心有区别对待的想法，在行为上会有意识地注意平衡。但是，年轻教师则会更加明显地在互动中表现出这种差异。这背后，涉及他们对于高中教育的应然价值取向以及公平观的认知。比如，一位年轻教师就表示："高中教育应该教成绩好的，就是那种成绩比较可以、是读书这块料的人，是那种要继续

---

① TF05-1。

深造、考大学的人；而成绩特别差的来读高中，根本学不到什么东西，还不如去读职高，学一些技能。"① 还有一位年轻教师表示："我以前对成绩好的没有怎么管过，把精力都花在成绩差的学生身上去了。但是，在他们身上看不到任何的进步。后来我觉得，这是对成绩好的人是一种不公平，他们更愿意学、基础也好，所以更应该得到老师的关心。"② 其实，这种特殊的认知背后，正是社会整体性的现实主义情感体制和教育领域的应试主义情感体制在发挥作用。对于年轻教师而言，他们在通过学生成绩来证明自身能力、获取相应的物质或精神层面的报酬方面更具有紧迫性。

当然，教师的这种差别化的对待方式，并不会对优生造成太多负面影响。相反，优生还可能因为这种差别化而得到教师更多的关注和辅导。而且，这种差别对待还在一定程度上增强了优生的信心和优越感，进而激励其继续努力学习。一位选择在朗水中学复读的学生表示："我选择朗水中学，最重要的就是在这里有信心，还有优越感。而且，老师会关注你，这样就有一个动力了。"③

但是这种一分为二的对待方式，则对后进生造成更多的负面影响。因为不管是来自教师的关注、提问还是辅导，他们都相较于优生更少。这种做法在客观上不利于后进生的学业成长。而且，学生作为能动的主体，教师这种差别化的对待方式对后进生的心态也造成了不利的影响。比如，教师在日常的检查作业、提问等方面对后进生的忽视，会让他们产生一种不平衡感和被抛弃的感觉。继而，也强化了其自我放弃的想法。正如一名学生所说：

> 老师抽问题时，只抽成绩好的学生，而撇的就不怎么抽，可能是觉得把他们抽起来也答不出来吧！然后，他们心里可能就有点不平衡的感觉，就觉得这个老师只晓得关心成绩好的学生，我们就不弄了。会有"哎呀，不抓算了，我也不哪

---

① TM15 - 1。
② TF05 - 1。
③ XS03 - 1。

门学了"这种心理。①

这种因为教师的忽视而有的不平衡、被放弃的感觉会强化学生的消极情绪。而学生的自我放弃又反向地强化了教师的忽视，进而造成一种恶性循环。

第三，当教师将学生划分为优生和后进生之后，他们的区别对待以及无意中的不公平处理方式还可能将后进生推向"问题学生"的行列。正如在这一节的起始部分，笔者的初中同学那句让笔者记忆深刻的话所表明的那样，相较于优生，后进生更容易遭到教师的误解和不公平对待。作为个体的教师，他们会在情感上更加喜欢符合自己期望的优生，而不喜欢后进生。这是因为，优生往往行为规矩、学习态度端正、自律性较强，符合教师对学生应然形象的预期。那么，在这种情感偏向的基础上，教师有时难以较为公平地处理问题。比如，在同样违反课堂纪律的情况下，教师有可能先入为主地认为是后进生影响优生，进而基于保护优生的意识而批评后进生。正如一名学生所说：

> 老师确实会喜欢一些好学生，而不喜欢一些坏学生。这个坏，很明显不是指他的品、行、德方面，而是成绩方面。老师就觉得，成绩撇的，自己去学。在课堂上，好学生做一些事情，老师可能睁一只眼闭一只眼；而坏学生做一些事情，他们并没有相应地鼓励。这种状态对学生心态的影响，极少部分是"你越打击我，我越要考一个好学校"。更多的学生是看到这个老师就比较反感，他的课也不爱听。②

而且，后进生往往更容易被教师误解。实际上，"因为问问题，被老师误解，这也很正常。因为不懂，后进生可能会问同学。

---

① XS04-1。该生曾为朗水中学高三理科班毕业生，后来考取了四川一所专科院校。此次访谈时间为 2019 年 1 月 12 日。
② XS02-2。

在自习课的时候，如果后进生问问题，老师可能认为他在讲话、在扰乱课堂秩序。这种时候，学生心里有落差感。因为他觉得自己在认真学习的时候，反而被老师说了一顿，心里就会感到不满①。后进生被误解的背后，其实是因为教师心中有一个先入为主的假设，即在教师心中，后进生更容易被定义为不爱学习的人，那么当他们在课堂上向同学请教时，教师更多情况下会误以为他是在扰乱课堂秩序，进而可能在未能了解真相的情况下对其进行批评。而这种误解对后进生的心态有极大的影响。一方面，学生会因为自己被误解而感到委屈和不满；另一方面，更可能强化学生自我放弃的想法。这是因为，对于现在的高中生而言，大多数学生并不明白自己为何念高中，或者说不明白读高中的意义为何。那么，不管是教师的区别对待还是误解行为，都会在一定程度上将后进生推离学习的轨道，进而可能让他们自我放弃和自我放纵，比如，将时间和精力投入手机之中。

二 被冷淡对待的"问题学生"

如果说学生只是成绩不好、升学无望，教师可能会在学习方面忽视他，但是对其身心成长方面还是会给予极大关注。毕竟，在某种意义上，在教师心中，这类学生只是"不努力"，还未到"问题学生"的地步。但是，如果学生存在犯错后屡教不改等行为偏差，甚至出现品行或价值观方面的偏差，则可能被教师定义为"问题学生"。在教师看来，学生作为未成年人，心智不成熟，可以犯错，也被允许犯错，但是不能屡教不改，或者在教师管教时还与其顶撞，甚至发生冲突。而且，绝对不能出现违背社会主流价值理念的错误，比如偷盗、作弊、不尊重父母等。如果出现这些行为，就会在教师心中形成"屡教不改""道德品质有问题"等印象，引发教师内心强烈的负面情感。在此意义上，"问题学生"一词主要指行为有偏差以及品行和价值观出现偏差的学生。与此

---

① XS04-2。该生曾为朗水中学高三理科普通班学生，后来考取了四川一所大专院校。此次访谈时间为2019年7月1日。

相对的则是"好学生",主要指品行端正的学生。

对于"问题学生",教师则可能对其冷淡对待。当然,从职业伦理或情感展示要求来说,教师的冷淡做法并不符合职业伦理规范。而且,这种行为还可能对学生产生负面的影响。这种影响主要体现在两个方面,一是对好学生心态的影响,二是对"问题学生"的影响。

具体而言,一方面,教师对"问题学生"的处理方法,在一定程度上也会影响好学生。这是因为,教师的冷淡对待仅限于问题学生,而不包括好学生。相反,因为教师对好学生有更高的期待,所以对其要求也更加严格。比如,在同样是玩手机的情况下,教师可能对"问题学生"不管不问,但会批评那些好学生,而这种对比会让部分学生的心态发生变化。正如一名学生所说:

> 当老师放弃某些不听话的学生之后,老师对他们的基本态度就是,"你做啥子我不干涉,但是你不要影响我上课,不要影响周围其他人"。这种情况,就会让其他同学出现一种心理变化,"为啥子这个学生可以耍手机、可以调皮捣蛋,而我们稍微犯错就要被说啊?"就是感觉受到不平等对待。比如,如果我经常逃课,老师都不管我。但是好学生,老师期望比较高,他可能出现开小差、说话之类,老师就说他,然后他就会出现落差感。"凭啥子别个犯了这么大的错误你都没有说啥子,我只犯了一点小错,就要说我?"进而,有一些人就会觉得,"干脆我也像他这样,是不是我也不得被说?"就效仿。[①]

换言之,当好学生和"问题学生"同处一个空间时,教师对两类学生的不同处理方式,在某种程度上对好学生起到一种负面的示范效应,进而可能引发部分学生的心理变化,甚至在行为上对"问题学生"效仿。事实上,对于"问题学生",如果按照校规校纪来进行处理的话,教师完全可以对其劝退,但是正如第四章

---

① XS02-2。

相关部分所述：第一，在县域范围内，各种社会关系相互交织，劝退这一方式难以有效实施；第二，基于教师的职业道德，他们也不愿意毁了学生的前途，比如，有学生需要获得高中学历证书，还有部分学生需要通过高中这一渠道去参加高校的单招考试。如果教师进行劝退，在某种程度上就是毁了学生的这些前途。一位曾经的"问题学生"感慨道："如果单论校规校纪，我们班肯定好多人都可以被劝退了。但是作为老师来讲的话，像他跟别人说的，晓得好多人是想去走单招，而且有这种把握了。如果现在把他劝退了，就相当于断了他这一条路，不可能去走单招了。能做的要么去打工、要么去学一门技术。"①基于此，除非学生自己主观上已经放弃学习的念头，否则教师基本上不会主动劝退学生。"我高中班上只被劝退过两个人，都是主观意愿上就不想读书了。"②但是，面对"问题学生"，教师不想让他们对其他学生的心态产生负面影响，只能多在教室里面对其他学生进行提醒与劝告。"我们只有跟班上其他大部分人说，如果你要把自己划成和他是一个类型的，那你也可以享受同等待遇，那我也肯定不得管你，那没有办法呀。"③由此可见，为了尽量减少这种负面效应，教师更多的是依赖学生的自律和自觉。一句"没有办法"，在某种程度上也表明教师应对此种情况的无力感。

另一方面，教师的此种做法对"问题学生"同样有负面影响。一是教师未能及时指出其错误，并对其进行正确的引导，可能会让学生更加放纵自我，甚至在行为偏差的道路上越走越远。比如，一个曾经的"问题学生"就表示，学生行为偏差的程度是逐渐加深的。"其实高中生之前犯错都没得啥，最开始都是小打小闹，比如上课讲话、迟到，或者无意损坏公物。大呢，也就是打架之类的。最开始，逃课是很少见的。逃课基本上出现在高一之后了。"④二是教师的冷淡对待还可能导致学生的心理危机，进而出现

---

① XS02-1。
② XS02-1。
③ TM13-1。
④ XS02-1。

更高强度的越轨行为，并对学生的整个人生道路产生不利的影响。比如，一位教师就时常提及一个让其记忆深刻、又深感后悔的事例：

> 我在 SH 中学的时候，有一天晚上，我起夜去上厕所。路过教室时，看到教室门大大开起，还看到这个学生在教室里。我返回去把衣服穿起，就往教室里面走，走到教室里面后，他还来喊我。第二天，同学们就反映自己的东西被翻了、掉了东西，我心想："那不是他是哪个呢？"我把他喊起来谈，他还横板顺跳①，说没有。然后，我喊家长把他带回去。过了一周，他又回来了，但是我就不想他在教室里头了，因为他不接受教育。我在那一周，就对他很冷淡，连看都没有看他一眼。然后，一周过后，他走了。后来就听到他在车上抢东西，被公安局抓了。现在想呢，我还是觉得那个时候的方法不对。也许，在学校里头把他教育到、管到的话，他就不可能去抢东西，被公安局抓了。②

当然，上述案例是一个极端，反映出教师在特定问题的处理上确实有情感管理失调的现象。事实上，在大多数情况下，教师的冷淡处理并不意味着全然不管，而是基于学生面子、心理健康、安全等因素的考虑会表现出关心。但是，不可否认的是，此种行为因为与教师个人内在的情感规则全然不同而给教师带来较大的情感负担，但同样会对学生的心理产生较大的负面影响。在某种程度上，二者同样具有相互强化的效应。

概言之，低满意度和高倦怠感状态下的教师教育行为，同样会给学生带来负面影响。学生作为情感性和能动性的主体，教师的情感反应会投射到学生的认知和行为上，进而可能导致学生的自我放弃，甚至在行为偏差的道路上越走越远。

---

① "横（huán）板顺跳"，形容大吵大闹、耍无赖的样子。
② TM02-3。

第三节　教师教育激情对学校教育的影响

著名教育家叶澜（2006：354）曾指出："教师是学校教育的中坚力量，是学校教育在实践层面取得成功的命脉所系。"教师对于学校如此重要，那么，毫无疑问，教师的情感劳动不仅会影响教师自身，还会影响学校教育。进一步而言，也会对整个教育体系产生影响。这一节主要聚焦于教师的情感劳动对学校教育的影响。

在展开相关论述之前，我们需要明确的是，在影响学校教育发展的诸多要素中，教师情感劳动状态只是一部分。而且，教师之所以对教育工作的满意度较低和倦怠感较高，以及呈现工作退缩行为，本身也是各种要素作用的结果。在此意义上，尽管学校教育的发展直接受到教师的影响，但是教师行为背后的结构性要素更加值得关注。

一　衰落的县中

在现实主义情感体制下，教师群体整体上走向以追求物质利益回报为核心目标的职业道路，并将学生高考成绩作为实现自我价值的重要工具。然而，在教育体系层级中，县域教育体系属于较低的层级，面对具有层级优势的学校对优质生源的虹吸时，只能采取吸纳更低层级学校生源的方式来维持既定规模。但是，生源的更替也意味着生源的降级。而生源降级则可能不利于县城教师通过学生高考成绩实现自我价值这一目标（林小英等，2019）。而且，在激励性不足的情况下，尽管学校通过精细管理的方式实现了形式上的身体管理，但是并没有实现心灵引导，也未能有效激发教师的工作热情。那么，拥有低成就感和高倦怠感的教师，其工作退缩行为也必然对学校的升学质量产生负面影响，使得县中走向衰落。当然，需要再次强调的是，教师的低成就感和高倦怠感，不是导致县中衰落的唯一因素，但它是一个十分重要的因素。

SH 中学就是一个明显的例子。在 2012 年以前，SH 中学每年的本科上线人数都能维持在 70 人左右，而且每年都有近 10 名学生能考上如四川大学等重点院校。然而，2012 年以后，SH 中学的高考升学人数递减。这一变化背后，除了因为 SH 中学处在教育层级的最下层，在学生自发流动和上级学校的虹吸下生源质量急遽下降以外，公平性和激励性失衡的绩效工资制度也是十分重要的推手。因为此种绩效工资制度，并没有起到激励的作用，反而让教师普遍持有一种"吃大锅饭"的感觉。在他们看来，上课的多少与认真与否在收入上并没有明显的差别，多上课反而是一种吃亏的行为。既然如此，没有必要投入更多的时间和精力。在这样一种特殊的公平观下，教师投入教学和育人工作的时间也就减少。除了缺乏有效的激励机制和生源降级之外，城市在基础设施、生活条件等方面的优势也同样对较低层级学校的教师产生吸纳效应，引发教师的自然流动。这些要素共同作用的结果就是学校高考升学人数的断崖式下降。2017 年前后，SH 中学本科上线人数也就勉力维持在 1 人左右。面对此种情况，SH 中学的一位教师感慨道："学校考本科，这几年都只考了 1 个人。就是始终在 0 和 1 之间挣扎，也不晓得哪一次就是 0 了。但是这个 0 的意义，绝对和 1 的意义，那是差别很大的。"[①]

　　其实，处在县城的市级重点中学——朗水中学也面临同样的窘境。尽管朗水中学每年的本科升学人数均能维持在 300 人以上，但是，一方面，近些年来大学招生规模在扩张，朗水中学每年的升学人数并没有相应地增长；另一方面，朗水中学能够升入重点院校（尤其是"985"、"211"院校或现在的"双一流"院校）的人数却相较过往在下降。由此可见，朗水中学也正在走向衰落。正如一个教师自己观察到的，"朗水中学，由于学生素质、学校的管理制度、分配制度等因素的影响，后来发展越来越撇了"[②]。

　　与学校升学成绩下降相关的则是学校声誉的逐步下降。在这

---

① SZ02-1。
② TM07-4。

个方面，SH 中学体现得尤为明显。在过往，因为 SH 中学具有较高的教学质量，故而尽管其处于乡镇，但依然能够吸引部分优质生源就读。但随着学校教育质量的逐步下滑，其招生日益艰难。在当下，SH 中学已经成为部分高中生报考其他中学落榜后的最后选择了。正如 SH 中学招生办主任所说："现在好学生基本上留不下来了。现在家庭条件好了，还有一些父母的认识可能不一样了，他们觉得乡下学校就不咋地。所以，哪怕娃儿就只考了四百或者四百三四，刚好接近朗水一中或朗水中学的录取线，他也愿意花点钱让他去读。所以，近几年生源越来越差。我们今年这一届学生，最高分也就四百六七。上一届毕业的，最高分是四百八十几。而明年毕业这一届更差。我们的学生，都是报考朗水一中、朗水中学、XQ 中学未被录取的学生。"[1]

当然，就朗水中学来说，尽管不至于达到 SH 中学的状态，但是依然面临招收优质生源难的问题。正如该校招生办主任所讲，在目前的"生源大战"中，他们必须采取一些"不能说"的方法去尽量招揽一些相对优质的生源。

其实，不管是教学成绩还是学校声誉的下降，都折射出县城中学在走向衰落的现实。常井项通过对全国性数据的分析发现，上层学校通过"汲取"与"冲击"，给下层学校留下了更小的反应空间，并导致不同层级学校间差距持续扩大。继而，又导致三个方面的后果：一是上层学校的优势将为后来的师生流动提供基础，这将使生源流动彻底不可逆；二是学校管理强度的普遍提高必然带来单位教育成本的增加，这一成本又通过各种方式进行转移；三是竞争强度的大幅度提高直接将大量低阶层学生排除在系统之外。最终，这三个方面的后果导致了县城中学的衰败（常井项，2019）。

除了上述理由之外，还有一个非常重要的因素，那就是教育改革与社会整体性情感体制的冲突问题。笔者曾指出，社会转型背景下的现实主义情感体制影响着包括教师在内的所有个体。对

---

[1] SZ03 - 1。

于教师而言，通过高考成绩来获得物质、精神报酬和自我认同是一个深入内心的观念。当然，这也必然导致教师内心对应试主义的认同与追捧。然而，国家主导的基于学生全面发展的目标而努力破除应试主义理念的教育改革，尤其是笔者在第五章所指出的"不排位、不公示"的政策与教师内心所秉持的价值观存在明显的矛盾。那么，这种教育改革也必然不受教师的追捧，甚至直接影响到教师的行为和学校的成绩。这一矛盾，可以从朗水中学Y姓副校长在2018年安汉市一诊考试之后给学校领导的信中充分反映出来：

尊敬的M校长、各位领导：

安汉零诊、一诊考试我校2018届上线人数都很少，离学校下达的任务数有较大差距，和2017届更是不能相提并论……

关于奖惩的问题。这个年级没有像上个年级那样在过程管理中实行奖惩，原因很多……年级组能够用来支配的钱极少，每次考核后微薄的奖励真的有那么大的作用吗？如果没有作用，倒不如肯定老师们的劳动，质量由高考来考核。

我们由上述信件内容可以看出，学校领导也认为应该加大高考质量的奖惩力度。如果缺乏高考质量奖励，学校就不能有效激发教师关注学生学习质量的动力；相反，教师更多的是在"吃大锅饭"的想法下自我松懈。一位既是学校中层领导又是班主任的教师表示："取消高考质量奖，对学校有很大的冲击。第一，老师的积极性不高了。老师们经常说'考好考坏没有多大的关系了'。第二，'我作为高三老师，付出这么多，卷子都改得莫得法。别个可以出去锻炼休息，我全都坐在办公室改卷子了，结果一分钱拿不到'，那可能在对学生的要求方面就有点打折扣。因为，这给人感觉就是'吃大锅饭'了，积极性也就不高了。"① 当然，缺乏足够奖惩激励的教师，对学校升学水平的影响是立竿见影的。正如

---

① TM11-1。

前述教师说到的，"2015年就在说要取消奖励了，这一说法对那一届影响深得很。我带了那么多届，就那一届最差，甚至实验班才考起十几个人"。由此可见，教育是一项牵一发而动全身的体系，教育改革必须从整体上进行全方位设计，而不能仅仅改变评价机制。正如李鹏（2019）指出的那样，"教育的问题并不都是评价惹的祸，评价改革也只是解决中国教育问题的'钥匙'之一。要彻底解决教育问题，真正意义上实现'以评促改'，需要变革评价制度，督促评价后的改进，并在理念、制度、资源等多方面保障教育改革实施"。否则，教育有机体的各部分不匹配与不平衡，反而可能造成意料之外的负面后果。

二 衰败的县域教育

学校是教育体系的重要组成部分。那么，县中的衰落也必然影响县域教育的发展。这是因为，县中的教育质量是县域教育水平的重要指标之一，也是家长和社会评价县域教育质量的重要指标。如果县中在走向衰落，那么在应试主义情感体制下，学生和家长的自发流动，以及在制度性安排下优势教育主体对县域优质生源以及优质教师的争夺，也就必然使得县域教育逐渐走向衰败。

除此之外，教师的情感劳动状态也会对县域教育产生影响。这种影响主要体现在两个方面，一是对其所教学生的影响，二是对子女职业选择的影响，而这两者均指向了未来潜在的教师队伍。

一方面，长期的师生互动使学生对教师的日常生活状态，以及县域教育生态有了更加深入地了解，这也会影响他们未来的职业选择以及对教师职业的情感倾向。具体来说，一是教师的工作状态可能会使学生对教育工作产生负面情感倾向。在当前环境下，部分高中毕业生之所以报考教育专业，可能是理性而无奈的选择，或者是一种逆向淘汰的结果。而这种逆向淘汰的背后，正是学生对教育职业所持有的负面情感倾向。他们之所以对教育专业持有如此负面的情感，除了受到整个社会对教师职业地位和形象负面建构的影响外，日常交往中教师的行为表现也起到了负面的作用。二是教师因为对自身职业价值的否定，进而在指导学生专业填报时，基本上不会推荐教育专业。在一次调研中，笔者发现一位班主任教师正在指导学生填志愿。其中，笔者听到最多的一句话就是"男生应该去学技术、挣钱，女生可以考虑稳定，如果成绩不好，可以报个师范"。这句话凸显了教育职业的尴尬之处，那就是稳定但收入偏低，而且社会地位不高。所以，在教师看来，教育职业也只是成绩不好的女性追求稳定工作的选择之一。三是教师在工作中的表现还会影响学生的教育理念和性情系统。正如笔者在第六章中指出的，对在20世纪七八十年代处于学生阶段的老教师群体而言，他们在后来所持有的对学生的关爱、敬业精神，跟他们在学生时代受到的来自教师的影响密切相关。那么，在当前环境下，教师呈现以追求成绩和维护安全为目标的教育实践状态，又会对未来的预备教师的认知和心态造成什么样的影响呢？我们预测，他们可能同样会追求成绩和维护安全。那么，去教育质量更优、家校配合更密切的大中城市，则是他们更加理想的选择。除了教师的影响之外，大中城市与县乡地区在基础设施、生活条件、学生素质、家长配合性以及收入水平等方面存在较大差异，这既会对在县乡工作的优秀教师产生虹吸效应，也会影响师范专业毕业生的职业选择。事实上，对于师范专业毕业生而言，县域基本上是其最后的选择。由此可见，教师在主观上和客观上将学生推离教育职业，或者推离县域教育体系，这使得县域教育走向衰败成为一种必然的趋势。

另一方面，教师对于教育工作的认知和情感同样影响其子女的职业选择。正如笔者在前文指出的，中年教师当年之所以选择教师职业，与家庭有密切关系，即如果家里面有人是教师，他们选择成为教师的可能性更高，这既是一种路径依赖，也有一种情感承诺于其中。然而，现在教师对于教师职业的强烈负面情感，也必然会影响其子女将来的职业选择。换言之，教师对于教育职业的情感倾向也必然投射到其对子女从事教师职业的态度上来，这种态度包含一种强烈的情感倾向，也会直接作用于子女的职业选择。那么，这些教师对于其子女从事从教师职业的态度如何呢？表3-8显示，47.6%的教师表示"如果是男孩，不希望他当教师"，27.2%的教师表示"无论男孩女孩，都不希望他当教师"；14.6%的教师表示"如果是女孩，希望她当教师"，而"无论男孩女孩，都希望他当教师"的仅为2.9%。由此可见，教师对子女选择教师职业的态度有三个基本趋向。第一，总体上而言，教师群体对子女从事教师职业持有否定倾向，即不希望子女再从事教育工作；第二，教师对子女的职业期待呈现明显的性别分化，大多数教师不希望男孩当教师，而对女孩当教师的态度并不明确；第三，还有少部分教师希望女孩能够从事教师这一职业。这一明显的分化跟当下社会中教师职业（尤其是中小学）的性别分化相一致。那么，在这些态度下，曾经作为教师来源主体的教师子女，有较大可能不会选择从事教师工作。即使最终选择成为一名教师，县域范围内的学校也不是其理想的工作地点。

由此可见，第一，在教师的影响下，学生对教师职业持有偏负面的情感认知，进而逃离教师行业；第二，县乡生活条件和经济发展水平的相对落后，又在一定程度上推动教师向大城市流动；第三，学生的自发流动导致的生源层级差异还使得处于教育层级弱势地位的县乡学校的教师更加难以获得职业的成就感，进而为了追求职业成就而向具有优质教育资源的区域流动。这些要素与组织层面和教育体制层面的要素等相互交织，使得县域教育走向衰落。

第四节 本章小结

本章围绕教师情感劳动的影响这一议题展开，重点探讨了社会转型背景下教师情感劳动对教师自身、学生和学校教育的影响。

首先，笔者指出，如果教师进行真诚情感表达，并不会给自身带来消极后果，反而因为内在规则和外在规则的一致性，教师与互动主体之间能够有效实现"情感的主体间性"，进而达到"积极的情感劳动"状态。但是，教师在更多情况下面临着内外规则的不一致或内在感受不符合外在要求的情景，使得其要消耗更多的情感能量去调节自身情感，以符合外在要求，进而让教师在工作中产生更多的低成就感和高倦怠感。这种情感状态也会直接作用于教师教育工作实践，使其在组织中呈现工作退缩行为，包括工作质量的大打折扣、工作时间的缩减和离职。当然，职业倦怠在一定程度上也影响了教师的专业成长。这是因为，学生的消极反馈使教师不能实现教学相长，也失去了钻研的兴趣。而钻研兴趣的缺失在一定程度上又强化了教师的职业倦怠感。当然，县域教师缺乏进修学习的机会对教师的专业成长也有一定的限制。

高职业倦怠感、在工作中呈现退缩行为的教师对学生也产生了消极影响。一方面是后进生在学习方面呈现被忽视的状态，而这种忽视又让后进生强化自我放弃的信念，甚至推动后进生向"问题学生"转变；另一方面则是教师对"问题学生"的冷淡态度在一定程度上也不利于"问题学生"的身心健康成长。

教师和学生是学校重要的组成部分。毫无疑问，二者之间互动的失序必然对学校的发展产生不利影响，其结果是，县中逐步走向衰落；与此相伴的是，县域教育也在走向衰落。这是因为，生源降级减少了教师获得成就感的可能性，缺乏激励性的政策措施也起到了反向激励的作用，它们未能有效激发教师的工作热情，进而导致了学校升学质量的下降和社会声誉的下滑。在当前情境下，教师对教育工作的负面情感在一定程度上影响了潜在教师队伍的稳定性，使得县域教育面临尴尬的处境。

第八章　结论与讨论

教育工作是一个富有创造性和冒险性的职业，激情是高质量教育工作不可或缺的组成部分。行文至此，本书想要再次强调的是，教育不仅是一项工作、一项智力挑战或一项管理，职业承诺是教师专业精神的基本特征。基于职业承诺而形成的教育激情是教师应对挑战、投身教育的核心驱动力。然而，教师是在社会环境中工作的，其职业承诺和教育实践会受到环境的积极或消极影响。基于教师教育激情的重要性及其受社会环境影响的性质，本书聚焦于社会转型背景下的县城高中教师教育激情状况，探析从宏观到微观的因素相互嵌套作用于教师教育激情的机制，探讨了教师教育激情缺失对其自身、学校教育的影响。在就以上问题做出回答的基础上，本章将进行延展性的讨论。

第一节　结论

本书以朗水中学为例，探讨了社会转型背景下县城高中教师的教育激情问题。在得出相关结论之前，需要再次明确研究对象的特殊性，因为结论是基于这一特定的对象而得出的。本书的田野点（朗水中学）为一所西部地区的农业县城高中，而研究对象则是该中学的教师。在此意义上，本书所做出的研究结论既有当前县中教育发展中的一般性特征，也有地域的特殊特征。通过对相关研究问题的探讨，本书得出了如下八个方面的研究结论。

第一，总体而言，当前教师缺乏教育激情，呈现低情感能量状态。诸多教师从选择职业之初，就对其缺少情感倾向，而更多的是被教师职业外部引力"拉入"或被职业选择的逆向淘汰"推进来"的。因此，诸多教师并不认可教师职业的神圣性和特殊性，而是将其纳入现代社会分工体系之中，并视其为与其他职业无本质差异的一份职业。而且，在当前社会环境和学校管理环境下，教师体验到的是职业身份错位、职业地位低和职业压力大。这些因素都在情感上将教师推离教师职业。就职业情感而言，教师总体上表现出对教师职业兴趣缺乏、倦怠感较高、不愿子女选择教师职业等负面情感。

第二，"教良心书"这一情感性话语具有多样性、类型复杂性和伦理性的内涵，更体现出教师基于职业道德和职业伦理的坚持和坚守。尤其是在教育激情下降的背景下，"教良心书"正是作为"专业人士"的教师的专业情感与专业伦理的彰显。

第三，伴随着社会转型，教师工作由"积极的情感劳动"逐步走向一般性的情感劳动，即从"志业"走向"职业"。这是因为，伴随社会转型，社会整体性的情感体制逐渐由理想信念走向现实主义。作为社会成员的教师群体，其情感能量内核也相应地发生着嬗变，那就是从注重教学实践的内在性、情感性报酬逐步走向更加关注外在的、物质性报酬。以此，教育工作的特殊性也在逐渐被消解。

第四，在现实主义这一总体性情感体制影响下，教育领域呈现"应试主义"和"安全第一"这两种具有张力的情感体制。"应试主义"情感体制下的县域生源流动与生源降级，使得教师较少感受到工作的意义，并获得成就感。伴随生源降级而来的是，家长对学校和教师教育期待的变化，这进而让处于社会转型背景下的西部县城中学的教师更多感受到"安全第一"情感体制的压力。"安全第一"情感体制下的弱势地位和高风险性感知，使得教师在工作中呈现以个人风险规避为主轴的特征。这些要素共同压缩了教师在情感劳动实践中获取情感性报酬的空间，并消耗了教师的情感能量，让教师在情感劳动过程中感受到更多压力。

第五，社会转型中的教师面临来自组织泛化的责任要求、严格的身心管理和激励与支持的弱化，它们侵占了教师的自主性空间，损伤了教师所秉持的理念和价值期望，继而消耗了教师的情感能量，并使得教师在情感劳动中面临动力不足的困境。

第六，育人导向的教育评价改革与社会整体性情感体制之间存在冲突，其并未赢得教师的青睐，反而让教师缺乏拼搏的动力。这是因为，在现实主义情感体制影响下的教师，长久以来持有的便是通过高考成绩来获得物质报酬和自我认同这一信念，进而在内心对"应试主义"持认同态度。而基于学生全面发展的目标而努力破除应试主义理念的教育评价体制改革则与教师内心所秉持的价值观存在明显的矛盾与冲突。

第七，学生是教师成就感和脆弱性的重要来源。伴随着社会转型而来是县域生源降级，目前，学生整体上呈现学习积极性弱化和目的性不强的状态，这使得教师在微观互动中难以获得成就感和意义感，继而使其在工作中更可能采取工作退缩的做法或进行情感伪装。

第八，处于社会转型背景下的教师，面临的更多的是内外规则不一致或内在感受不符合外在要求的情境，其需要消耗更多的情感能量去进行情感展演，进而带来了低成就感和高倦怠感，同时呈现工作退缩的状态，这也限制了教师的专业成长。当然，低成就感和高倦怠感状态下的教师教学实践，也会对学生造成不利的影响。教师和学生这二者之间互动的失序，也使得县中逐步走向衰败、县域教育走向衰落。

第二节　讨论

在上述结论的基础上，笔者在此对本书所涉及的相关议题进行延伸讨论。这一部分的讨论，主要从三个方面展开：一是再次讨论社会转型背景下教师情感能量内核的变化机制；二是尝试在社会转型背景下，探寻激发教师教育激情的可能性；三是深化有关研究对象的特殊性与一般性的讨论，并凸显该个案在类型学上和社会发展阶段上的典型性。这三个方面的讨论，既是在呼应研究问题，也是在深化研究意义。

一 激情的消减：从情感工作到情感劳动

现代化的进程正是韦伯信念伦理意义上的激情消亡的进程，也是赫希曼意义上利益驯服激情的过程。在此基础上，笔者也将尝试回应教师工作到底是情感工作还是情感劳动的争议。

几乎所有的研究者都同意教育是一项需要高情感投入的职业，但它到底属于情感劳动还是情感工作却存在争议。大多数研究者认可教育工作是一项情感劳动，而且情感劳动是教育的本质特征之一（Yin et al., 2017；高晓文、于伟，2018），但是也有部分研究者对此表示怀疑，认为其是一项情感工作（Winograd, 2003；Oplatka, 2007；陈晨，2019）或者是一种"积极的情感劳动"（Isenbarger & Zembylas, 2006）。这些说法或怀疑背后，都表明教师工作的特殊性，那就是教师工作具有内在的酬劳性，而非霍克希尔德所谓的"全然的压迫性"。这也正是尹弘飚（2009）所指出的，"教师情感劳动同时具备压迫性和酬劳性两个侧面"。那么，应该如何理解社会转型背景下的教师情感劳动实践呢？它给教师带来的是酬劳性还是压迫性？

前文已述，伴随着社会转型，教师情感能量的内核在发生着嬗变，那就是从追求情感报酬向物质报酬转变，即教育从"志业"到"职业"的变化。在韦伯看来，"志业"这一概念强调了信念或信仰的成分，它是献身于一项"事业"，类似于其"信念伦理"这一概念。即使到了现代社会，教师被视为专业人士，也强调"profession"的意涵，即一种使命。这使它一定是指向未来的、带有希望的。这意味着作为一个教师，必须有某种梦想、想象、可能。这些"梦想、想象、可能"所指向的是学生的未来，并通过教师"言说/表达"自己的希望与理想，给学生以希望，当然也给教师以希望。

那么，教师的志业是什么？志业包含一种情感承诺，背后最深沉的信念就是学生的成才，这是作为教师的天职。教师的教育工作是其自尊和价值的重要来源，也是其容易受到伤害的地方。可见，教师的信念更加强调了教师对学生的引导、改变，以及带给学生以希望，这才是教师获得成就感和价值感的重要途径，也是教育作为一种"志业"的神圣和特殊之处，因为这种成就感和价值感就是教师情感实践中重要的酬劳。当然，这种酬劳同时也是教师进行情感实践的重要情感能量和内在动力。

然而，社会转型的过程正是一个现代性增长的过程，而现代化的进程恰恰是一个消减激情的进程。一方面，现代化进程是一个理性化推进的过程。在这一过程中，数字化、可计算性、可预测性和控制性作为社会的基本组织原则而逐步推进。伴随增长的理性而来的是世俗化、物质化的价值观念，以及以物质成就为衡量标准的成就观。其必然后果在于：其一，不管是对于组织还是个人而言，其评价和考核必然由可客观量化、短期可见的指标体系构成。然而，从教育的本真性目标"培育伟大的心灵"的实现而言，它需要长时间的"灌溉"与"培育"，具有迟滞性。所以，当理性化体系侵入教育场域之后，就变形为应试主义而对学校和教师施加影响。在应试主义情感体制下，日益严格的身体管理与数字化的绩效考核制度也必然影响教师对教育本真性目标的追求。当然，个体由于受其所处外在环境的影响，日益理性化的外在环境也就限制了教师实现教育志业的空间。其二，当整个社会逐渐走向世俗化，以追求物质成就的价值体系大行其道时，作为被培育的主体——学生，本身也深陷其中。相应地，作为在物质评价体系中的"非成功者"，教师在对学生进行教育、引导的过程中，并不能给学生以看得见的希望。因为教师在对学生进行教育与引导的过程中感觉到的更多的是一种无力。

另一方面，现代化进程是一个社会日益分化与分工的进程，而分化带来的则是日益增长的专业化。"专业化需要庞大的专家队伍、大规模的政府组织、私人企业、工会和政党，这使得统一的训练标准变得必不可少……大规模组织运作需要理性地选拔训练有素的人员，这也需要与此一致的训练和选拔方法。"（曼海姆，2002：230）这种训练和选拔方法体现在现代学校教育中就是标准化（郑也夫，2013：139）。标准化不仅体现在考试中，还体现在教材等参考书中。学校教育的标准化客观上也影响了教师情感实践中的情感酬劳。这一说法可以从跟古代师徒之间浓郁情感的对比角度来剖析。在古代,师傅对德才兼备的弟子之所以喜欢:"一是有才华的弟子可以给自己带来无限的荣耀,能够体现自己教书育人的职业价值;二是师傅本人的学识可以传于弟子,有一种绝学可传、心灵知音之感。"(蒋威、王硕,2015)也就是说,这里面不仅涉及知识、技能的传授,还具有人格之间的关联,这内生性地生产着教师的情感能量,以及学生的尊敬与回报。但是,在由国家主导的、标准化(知识体系、教材、考点的标准化)的学校教育中,教师的自主性被大大削弱。教师仅起到将现有知识传递给学生的作用,其只有"授业"而无"传道""解惑"的功能。

不同于大学还承担着保存知识、生产价值观的功能(鲍曼,2002:160~161),中小学师生之间的关系就是很明确的知识传递,而非自己的思想、学识的传道。也就是说,现代化教育的目标追求在于通过教师讲授的手段来提升学生的知识占有,以及提升学生的智力,进而服务于经济发展和科学进步(郑也夫,2013:154)。当然,国家对于学生智力的重视,背后有着对于科学的"信奉",以及学术道德的内在假设(应星,2017:96)。当教师作为标准化体系下的知识传授者时,知识本身与教师的人格扯不上多少关系。学生不是在向某一个特定的教师学习,而更像是在向千人一面的机器学习。而且,学生也并不需要像古代的弟子一样通过传承师傅的绝学或血脉来获得生计机会,这也客观上割裂了学生对教师的依附性。尤其是在当今学生可以通过多种途径获取知识的条件下,学校中师生之间的这种紧密联系也就缺乏存在空间。概言之,当教师的工作变为传递特定知识时,对教师而言,教育就是一种与其他行业无异的职业,不再发生师生人格之间的紧密联系。因此,教育活动中本身所带有的某种情感关联也就不可避免地逐步消退。由此可见,社会转型的过程正是一个从奥普拉卡意义上的"情感工作"或"积极的情感劳动"逐步走向与其他情感劳动职业无异的转变过程。

具体而言,正如前文指出的,在改革开放初期或之前,教师对教育工作充满激情。在此阶段,学生坚信知识改变命运,而且这确实是一条有效实现社会流动的渠道。与此同时，就教师个体而言，通过对学生的关照与教导，能够实现个人教育理想以及为国家培养人才的目标，还能够真切地赢得学生和家长的尊敬与某种程度上的回馈。但是，这一阶段，不管是从主观意图还是客观现实而言，教育工作中的情感付出并非直接指向经济报酬，而是情感性回报。在此阶段，教师能够感觉到通过自己的教育工作，真正改变学生的命运，并给学生以指向光明未来的希望。这体现了教师职业的本真性价值，也是教师工作的内在动机。在这一内在动机的刺激下，教师呈现不为物质回报、诚心为学生付出的状态。这是一种典型的教师情感劳动，因为这背后体现出了教育工作的激励性，或者"情感的主体间性"。之所以如此，是因为在此阶段的总体性情感体制为理想信念，而现实主义在中国社会还没有如此狂飙猛进，没有以不可阻挡之势横扫一切理想和信念。在此阶段，不仅在教育领域，而且在社会各个领域，都能看到充满激情地去"弥补损失"、奉献青春和实现理想的景象。换言之，在此阶段的教师，之所以充满激情地投入教育活动之中，既有对该活动的内在价值的认可，也有来自社会外界的认可和尊敬。这些认可和尊敬成为个人意义和价值的重要来源，也是教师进行情感劳动的重要情感能量。

然而，随着总体性情感体制向现实主义转变而来的是理性化的增长，它内在地压缩了教师通过教育实践实现教育理想、获取情感回报的空间。教师个体也开始逐步地从追求情感回报到物质利益转变。进而，教师在教育工作中的情感付出也逐渐聚焦于经济回报。比如，诸多教师就明确表示，在当下环境中教师对学生的情感关照、谈心等活动，都服务于升学这一目标，进而换取自身的物质奖励、职称晋升和社会认同。也就是说，教师的情感付出指向物质性报酬。而这一转变背后的根源，则在于社会转型进程中意义和价值评定体系的单一化、表层化和客观可计量化转变。即价值锚定标准从过往丰富多样的意义体系、涉及深层情感体验的价值回报体系向以货币为基准的价值体系转变。这是因为，现代性的突飞猛进，抛弃了浪漫情感、超验信仰和终极关切（张凤阳，2012：261），使得人们面临终极现实坍塌的窘境（成伯清，2009b，2013），即个体处在无灵性和无意义的世界，灵魂变得漂泊无依。那么，在此阶段，还存留的部分情感，要么被理性化的组织捕获，被加以整饰而投入换取报酬的进程中，要么就是隐匿得无影无踪。情感在这二者之中的走向，取决于个体对于预期报酬的理性计算与组织环境的管理。如果逾期报酬可观或者组织的管理力度较强（比如服务员、空姐等职业），情感被商业化而变成一种典型的情感劳动；相反，本书所呈现的教师，在当前环境下，既缺乏可观的经济报酬，又没有来自组织的严格管理，那么其也就可能出现工作退缩行为。

概言之，在社会转型期，教师情感实践中的情感酬劳性的成分在逐步减少（包括来自学生或他人的赞许、尊重或鼓励）。同时，在应试主义下的县域生源降级和组织更加精细的管理，以及"安全第一"下教师所面临的巨大教育风险，都给教师带来更多的压迫性。在此意义上，教师的情感劳动正在逐步褪去特殊性，变得与其他职业无异，这也是其认为"教师就是一个职业"的重要原因。

二 "找回信念"：激发教育激情的一种展望

帕克·帕尔默（Parker Palmer）在《教学勇气——漫步教师心灵》一书的最后指出："还有另一种选择：我们可以找回对改变工作和生活的内部力量的信念。成为教师是因为我们一度相信内心的思想和洞察力至少和围绕我们的外部世界一样真实、一样强大有力。现在我们必须提醒自己，内部世界的真实性可以给予我们影响外部客观世界的力量。"（帕尔默，2005：166）那么，教师如何找回对于教育工作的信念和激情呢？正如罗卫东（2015）所言，基于赫希曼意义上的狭义激情已经衰微。因此，在此所谓的"找回激情"，更恰当地说，应该是呼唤一种新的激情，或者说是激发一种新型的激情。这一部分也是呼应笔者在研究意义部分所提出的探讨激情教育的可能性这一议题。

我们在探讨激情教育的可能性时，已然预设了一个前提条件，即在现代性"君临一切"的时代,还有激情生存的空间。且不论全社会的所有行业,至少在教育这一职业中,还存留一丝激情生存的空间。那么,这一空间是否存在呢?笔者的回答是肯定的。

具体而言,一方面,我们所呼唤的新型的教育激情,不是狭义的、纯然基于教育内在价值和意义的激情,即不纯粹是瓦勒朗等所界定的"和谐的激情"。因为,在现代性的发展下,活动的内在价值和深层意义已然被剥离开来。所以,我们所呼唤的新型教育激情是一种混合的激情,是广义上既包括内在信念成分又包括外在认可成分的一种激情,当然也是瓦勒朗等所谓的"和谐的激情"和"强迫的激情"的混合体。这种混合型激情,已然排除了通过活动内在意义赋予来获取激情这一不可完成之路,而主要是通过外在认可这一价值赋予方式来激发激情。因此,这种激情的激发也就存在空间。另一方面,也不可否认,在现代性发展中,依然存在韦伯意义上激情的存在空间。正如前文在讨论情感工作抑或情感劳动的问题时表明的,其背后依然存在情感的流动。而且,从教育的现实而言,师生之间的互动,或者说教育过程,并不能完全被标准化、监控化。这种不能,在某种意义上,既例证了情感的不可测量性(以及由此而来的不可严格标准化规制),又在实践中赋予了教师一定的自主空间,这也暗示了教育信念和内在激情仍然具有存在的一席之地。

既然存在激发新型教育激情的可能性。那么,应该如何点燃教师的这种激情呢?对于这一问题的回答,有必要首先倾听教师的心声。笔者在调研中发现,有的教师认为要首先提高物质待遇,有的教师认为要转变社会风气、提倡尊师重教,还有的教师认为应该改变教育体制、恢复教育活力……各种观点莫衷一是,但都指向了友好的从教环境,它们又指向激发教师情感劳动的动机。一个可喜的事实是,国家对于教育和教师问题日益重视。党的十八大以来,习近平总书记在多个场合强调要尊师重教,指出"教师是立教之本、兴教之源""师者,人之模范也"。中共中央和国务院还于 2018 年出台了《中共中央 国务院关于全面深化新时代教师队伍建设改革的意见》,对如何培养高素质教师队伍、如何强化师德师风建设以及提高教师待遇和社会地位等做出顶层设计和明确要求，并专门强调"要采取措施真正让教师成为令人羡慕的职业"（中华人民共和国教育部，2018）。2020年3月，教育部还专门发布文件督导教师工资收入的落实情况。而且，针对目前学校和教师面临重大安全风险的状况，2019年，教育部等五部门还联合发布了《教育部等五部门关于完善安全事故处理机制维护学校教育教学秩序的意见》，从法律法规层面上明确了学校（老师）和家庭的责任划分，进而实现为学校（含幼儿园）办学安全托底，解决学校后顾之忧，维护老师和学校应有的尊严之目标（中华人民共和国教育部，2019）。地方教育部门也出台了诸多提高教师福利待遇、减轻教师负担的政策。我们相信，随着整体教育环境的优化，包括教师物质待遇的提升、分配方式的更加合理化、安全风险的降低和舆论形象的转变等，这种外在的社会认可将有效提高教师对于教育职业的认同度和情感倾向，进而激发教师的职业激情，增强教师情感劳动的外在动力。

然而，教育本身是一个心灵培育的工程，需要借助教师这一中介将"伟大的心灵"传递给学生。除了外在的物质待遇和政策环境之外，有效激发教师的内在动机也是必要之举。内在动机与教师的深层表演和自然表达相连（Truta，2013），能够增加教师情感劳动的酬劳性。而且，内在动机更能强有力且持久地激励教师在教育工作中投入情感、进行情感劳动（Vallerand et al.，2003）。那么，如何激发教师的内在动机？其实，教师在有关成就感的论述中已经隐约点出这一问题的答案，那就是让教师能真正对学生（尤其是"问题学生"）进行塑造与转变，进而带给学生希望与美好的未来。这是教师最大的也是更高级的成就感。然而，在目前的环境下，教师很难对学生进行有效的管教，进而也就难以达成转变之目标。

笔者认为，激发教师内在激情的一个可能的方向在于恢复教师的管教权。所谓"管教权"，从字面意义来理解，就是强调教师对于学生管理和教育的权利。它强调的是教师的批评教育和惩戒的权利，而非对学生体罚的权力。尽管惩戒和体罚向来联系紧密，但它们不能等同（王辉，2001）。教师的管教权之所以重要，因为它涉及教育本真性目标的实现。必须明确，人类教育历程的开始便是为了服从与转变，这是确立意义的开始。康德将教育分成"规训"（Disziplin）和"塑造"（Bildung）两部分，并认为前者是"纯然否定性的"，后者是"教育的肯定部分"。而否定性的前者属于教育的第一阶段，在此阶段带了相当程度的强制性，以便令受教育者拥有服从的意识，克服天性之中那些可能危害秩序的"野蛮"品质（路文彬，2011）。事实上，德语 Disziplin 所具有的"纪律"和"学科"之本义也昭示了教育同束缚之间的某种天然联系。具体而言，教育本身要求的是对学生的引导与转变，或者说对学生的身心施加影响使其逐步社会化（程莹，2014），最终促进学生的全面自由发展，这就内在地要求教师要对学生所有的不规范行为予以规范。可以说，管教权是教育这一职业特殊性所内生的一种权利，它有助于教育终极目标的实现。

然而，在现实中，教师内心有愿意为学生付出的自然情感，而这种情感之所以被"隐藏"，以及表现为行为上的不敢管、不愿管，在根本上是整个社会对教师管教权的剥夺。尤其是目前对快乐教育的过分强调以及在实践中的异化（即快乐教育的庸俗化理解），使得教师失去了管教学生的自主权。须知，教育有自身的规律，教育过程并不完全是轻松和快乐的，而是时常伴有艰辛和痛苦的。但快乐教育的倡导，在某种程度上将自由和独立想象成了秩序之外的一种现代性幻象。因此，在教育工作中，学校和教师，也包括整个社会，都不能简单化、表面化和庸俗化地理解和贯彻快乐教育。当然，在强调教师的管教权时，不是在强调师生之间的地位不平等。师生之间在法律人格以及社会地位方面是平等的，但是他们的角色是有差异的。师生关系是一种教与学的关系，教师作为专业人员，其任务是帮助和促进学生发展；学生是不成熟的、发展中的人，其任务是学习并创新人类文化，并使自身获得可持续的健康发展（邵晓枫，2007）。这种角色的差异以及教育的内在目标要求赋予教师以管教权。

可喜的是，在对教育规律的认识逐步加深的情况下，国家和政府也逐步意识到教师管教权的重要性与必要性，并从法律法规的角度明确了教师的管教权。比如，早在 2009 年，教育部出台的《中小学班主任工作规定》中就明确了班主任教师具有批评教育权。2019 年 9 月，广东省公布的《广东省学校安全条例（草案）》中更是明确提出了惩戒权这一概念，并用立法的形式赋予教师教育惩戒权。该条例单独设立学生教育惩戒专章，其中规定学生违纪可由家长陪写检讨书。而且，针对一些违规行为，教师可以对学生进行"罚站罚跑"，并明确将之与体罚或变相体罚做出区分（《南方日报》，2019）。

在此，需要再次回答管教权与教师教育激情之关系。教师管教权的实现，让教师能够有效地引导和转变学生，但这是否能够激发教师的内在情感呢？这就涉及人的自然之情。正如裴斯泰洛齐在教育小说《林哈德和葛笃德》开篇所讲的故事，人在极端的情境下，会产生本真的自然情感（渠敬东，2017）。同样，在期待的情境下，个体的自然之情也会产生。在调研中，频频有教师表达出这种自然之情。比如，"只要他（学生）愿意学，我愿意倾其所有教他"、"看到学生的求知欲、对知识的渴望，你作为教师就很想去教他"以及"以前调皮捣蛋的，通过高中三年，教得成熟懂事了，那我很开心"等，都表明激发教师自然之情存在可能性。而友好的教育环境加上赋予教师的管教权，将能够有效促进教师自然情感的恢复与流露，进而也能激发教师的教育激情，提高成就感，进而唤醒自己作为教师的内在信念并激发其用心教学、关心关爱学生的自然情感。事实上，教师的价值不单单体现在学生的升学率这一方面，还体现在学生成绩的提升、价值观念的转变和行为的规范化等诸多方面。而且，这些方面的转变才是教师内在良心所认可的、真正能激发其持久激情的东西。

教师管教权是一把打开教师激情、推动其积极情感劳动的钥匙。要真正实现教师的管教权，就需要整个社会真正认识到教育的特殊性与重要性，并从法律规章制度、社会氛围等多方面进行努力，构建一个教师愿管、敢管的教育环境。一方面，学校需要为教师提供更多的情感性支持，而非一味地将应试和安全压力向下分解和传导。在教育理性化、工具化的现实语境下，学校需要意识到教师是作为"人"存在。对作为"人"存在的教师进行关心与支持，并卸掉教师所不能承受的责任与压力，方能创造更加和谐且有活力的学校氛围，激励教师创造性开展教学工作。另一方面，政府需要出台符合素质教育要求的教师评价机制和学校考评机制，通过政策导向来强化符合教育规律和时代要求的学校发展观和教师发展观。此外，整个社会要倡导并强调家校共育的现代教育观念。学校不是市场，教师也不是"服务者"，家长将子女送至学校，并不意味着管教责任和风险的全然转移。学校、教师和家长相互沟通、理解和支持，教师才能更用心地投入教学之中，进而更高效地推动学生成长成才。当然，赋予教师管教权并不意味着教师权力的无限扩大，而是明确而合理地规定，教师能够使用何种方式、方法来管教与规范学生的权利。

三　本书案例的类型意涵：兼论"新城乡二元"？

在延伸讨论了有关教师情感能量的相关议题之后，还需要进一步讨论本书研究对象的一般性与特殊性问题。这一部分的讨论，一方面，意在对本书研究对象的限制性条件及结论的可推及性进行说明，以实现结论审慎之目的；另一方面，也意在说明本书研究对象的典型性和研究结论的一般性意义，以及背后所反映出的知识类型。

本书所选择的研究对象可以被视为一个特殊的案例。因为它处于一个西部贫困的农业县内，也是县城中较为普通的市级示范中学。如果进行类型学划分，按照经济发展程度、城乡类型、学校级别等维度来进行组合的话，笔者所选择的类型属于经济不发达的西部地区，而且是贫困县县城中的市级示范中学。由此个案而得出的结论，笔者不敢确定是否能够代表其他类型学校的教师生存样态。

本书的个案及由此而做出的结论也具有一定的普遍性意涵。具体来说，一方面，正如笔者在第二章中所呈现的，以安汉市为例，在全市的中学类型分布中，还是以市级示范中学为多数，而省级示范中学为少数。因此，从类型的角度而言，它本身代表了一个数量巨大的类型。从教育质量而言，它与少部分省级示范中学相比也不遑多让，而与众多市级示范相比，更是处于优势地位，基本上能够较好地代表贫困地区县域的教育水平。当然，这一观点也得到相关新闻报道的印证。比如，不管是总体升学率还是一本上线人数，它与新闻报道中的诸多中西部贫困农业县相比，具有较高的同质性。因此，从教育水平的角度而言，笔者认为所选取的研究对象具有典型性。另一方面，从县域的社会经济结构来讲，朗水县与诸多中西部贫困县同样具有较高的同质性，如地方经济发展水平落后、区域吸纳劳动力就业能力弱、劳动力大量外流、县域以留守人口居多等。同样，在国家大力推动城镇化的背景下，诸多中西部县城通过教育城镇化的方式推动农民进城，实现县城人口的快速增长。但与此同时，在县城的家庭居住结构中，也呈现以留守家庭为主的特征。基于这两个方面的原因，笔者认为，本书的研究对象代表着中国经济不发达地区的教育现实状况，而基于此得出的研究结论也能推及广大中西部农业县城中学教师的生存境况和教育激情状态。在此意义上，该书的研究对象和结论具有一般性。

当然，在某种意义上，这种类型的县域和县域教育也代表着社会转型进程中的一个特殊阶段，那就是经济不发达地区在现代化道路上狂奔与追赶发达地区的阶段。处在这一阶段的县域和县域教育，也就具有了与其他经济发达的县域的显著差异。我们可以看到，随着城镇化的快速推进，县域教育的对象正在逐渐发生改变。一个明显的趋势就是，县域学校留守儿童的增加、班额的扩张（尤其是初中和小学）和学生家庭阶层的更替。结果便是，县域教师的工作强度、班级人数以及课堂之外的工作量都大大增加。而且，原本可能在农村或城乡接合部出现较多的家庭教育责任向学校和教师转移的现象，在县域教育中也逐渐显现并增多。与此同时，县域教育也在逐渐走向边缘化。不管是从升学人数与升学质量，还是家长对学生教育重视程度的角度，县域教育都正在走向衰落。

总体而言，处于现代性的这一阶段的县域，就目前县域教育的发展趋势而言，它与乡村教育更加趋同，而与城市（市区）教育的差异却逐渐增加。这给我们的启示在于，至少在教育领域，不能拘泥于传统意义上的城乡二元划分方式。相反，县域教育逐渐代表了一种类型，一种既不同于典型的城市教育，也不同于渐趋萎缩的乡村教育的类型，它恰好处于现代化、城市化进程中最具张力的区域。此节标题中的"新城乡二元"，代表了笔者对现有"城乡二元"的概念一种疑惑。这种疑惑，一是包含笔者对于现有城乡二元概念的怀疑，尤其是以户籍为标准的城乡二元差异的划分是否符合现实的怀疑；二是笔者加以"新"字，意在强调"城乡"之概念的新分化。尤其是在当前推进"镇改市"的时代背景下，部分改为（或可能改为）市的东部经济发达地区的乡镇，其经济发展水平、公共服务水平、基础设施建设水平、教育水平甚至已经超过部分中小城市。这折射出的问题是，原本的城乡差别更可能逐步让位于地区差异。这一时代背景再次凸显了处于现代化进程的不同阶段的区域的差异，也反向强调了对被忽视的中西部贫困地区县域教育展开研究的重要意义。当然，其后路为何，需要研究者对处于此阶段的县域教育和县域教师问题予以关注并深入研究。

参考文献

阿尔伯特·赫希曼，2015，《欲望与利益：资本主义胜利之前的政治争论》，冯克利译，浙江大学出版社。

埃·弗洛姆，1988，《为自己的人》，孙依依译，生活·读书·新知三联书店。

安德鲁·阿伯特，2016，《职业系统——论专业技能的劳动分工》，李荣山译，商务印书馆。

安东尼·吉登斯，2011，《现代性的后果》，田禾译，译林出版社。

安东尼·吉登斯，2013，《资本主义与现代社会理论——对马克思、涂尔干和韦伯著作的分析》，郭忠华、潘华凌译，上海译文出版社。

安汉市统计局，2017，《2016年安汉市国民经济和社会发展统计公报》，5月22日，https://www.nanchong.gov.cn/zwgk/sjfb/zxfb/201705/t20170522_748646.html。

安汉市人民政府，2021，《安汉统计年鉴2021年》，11月30日，https://www.nanchong.gov.cn/zwgk/sjfb/tjnj/202204/t20220427_889034.html。

半月谈，2018，《半月谈评论：三尺讲台是老师最好的扶贫场所》，9月20日，http://www.banyuetan.org/jrt/detail/20180920/1000200033134991537404628186209947_1.html。

贝迪阿·纳思·瓦尔马，1983，《现代化问题探索》，周忠德、严炬新编译，知识出版社。

贝克、邓正来、沈国麟，2010，《风险社会与中国——与德国社会学家乌尔里希·贝克的对话》，《社会学研究》第5期。

彼得·赫斯特洛姆，2010，《解析社会：分析社会学原理》，陈云松、范晓光、朱彦等译，南京大学出版社。

伯娜丁·徐，2016，《锦衣玉食，压力饱尝：北京的独生子女》，载景军主编《喂养中国小皇帝：食物、儿童和社会变迁》，钱霖亮、李胜译，华东师范大学出版社。

C. E. 布莱克，1989，《现代化的动力——一个比较史的研究》，景跃进、张静译，浙江人民出版社。

蔡辰梅、刘刚，2010，《"教师是一种良心活"——对教师职业认同方式的分析与反思》，《教师教育研究》第1期。

蔡禾，2014，《劳动自评、自主性与劳动者的幸福感——基于2012年中国劳动力动态调查的分析》，《社会学评论》第4期。

蔡笑岳、于龙，2007，《我国公众教育观念研究》，《教育研究》第4期。

曹永国，2012，《从信仰到职业——一个对教师专业化的省思》，《教育学报》第2期。

曹永国、母小勇，2012，《什么是教师？——一个始源上的疏证》，《教师教育研究》第2期。

常井项，2019，《县城中学的衰败：1998—2018》，10月8日，https://mp. weixin. qq. com/s?__biz = MzIzMzE5NjkyMA == &mid = 2649711655&idx = 1&sn = 0f4b7a45463ac0bb3e9c85de8b963a92&chksm = f0929830c7e5112665cf84fa6973ce79a27e72ec00f44afd4320c9b32cd12856f95ffc3bf73e&mpshare = 1&scene = 1&srcid = 0325i34xOjAtjCVVNS8wQE0p&sharer_sharetime = 1616670915940&sharer_shareid = 02c8559cb9b61d8c3c63d2a05adcd1ad#rd。

陈晨，2019，《规训与惩罚：工读教育中的情感体制》，《福建论坛》（人文社会科学版）第3期。

陈东利，2014，《中国公民慈善意识培育》，上海大学出版社。

陈辉，2015，《过日子：农民的生活伦理——关中黄炎村日常生活叙事》，社会科学文献出版社。

陈辉，2016，《公务员职业认知与公务员管理对策的完善》，《理论探讨》第2期。

陈嘉，2009，《学术还会是一种志业吗？——马克斯·韦伯的视角》,《教育评论》第 6 期。

陈鲁峰,2007,《"推门课"不能一棍子打死》,《中国教育报》5 月 1 日。

陈鹏、李以,2016,《中小学教师职业状况调查:收入不高 压力不小 责任重大》,《光明日报》11 月 10 日。

陈新汉,2010,《评价论视阈中的良心机制》,《上海大学学报》(社会科学版)第 1 期。

陈永明,2010,《教师社会地位:虚像还是实像》,《集美大学学报》(教育科学版)第 3 期。

陈元龙,2022,《中小学师生冲突形成机制与管理策略——基于互动仪式理论的视角》,《安徽师范大学学报》(人文社会科学版)第 2 期。

成伯清,1999,《格奥尔格·齐美尔:现代性的诊断》,杭州大学出版社。

成伯清,2007,《"风险社会"视角下的社会问题》,《南京大学学报》(哲学·人文科学·社会科学版)第 2 期。

成伯清,2009a,《没有激情的时代?——读赫希曼的〈激情与利益〉》,《社会学研究》第 4 期。

成伯清,2009b,《怨恨与承认——一种社会学的探索》,《江苏行政学院学报》第 5 期。

成伯清,2013,《情感的社会学意义》,《山东社会科学》第 3 期。

成伯清,2015,《代际差异、感受结构与社会变迁——从文化反哺说起》,《河北学刊》第 3 期。

成伯清,2016,《心态秩序危机与结构正义:一种社会学的探索》,《福建论坛》(人文社会科学版)第 11 期。

成伯清,2017,《当代情感体制的社会学探析》,《中国社会科学》第 5 期。

成伯清、李林艳,2017,《激情与社会——马克思情感社会学初探》,《社会学研究》第 4 期。

成梅,2007,《媒体调查:91.6% 的公众希望全社会最优秀的人当教师》,《云南教育》(视界综合版)第 9 期。

程莹，2014，《论教师惩戒行为的正当性——惩戒德性之异化与回归》，《教育科学研究》第 3 期。

大前研一，2018，《低欲望社会》，姜建强译，上海译文出版社。

代保民，2007，《"推门课"是回归教研本真》，《中国教育报》5 月 18 日。

戴杰思，2022，《教育与激情》，王琳瑶、连希译，华东师范大学出版社。

邓红、高晓明，2010，《"高墙"里的学校生活：一所寄宿制学校的教育民族志研究》，《教育科学研究》第 10 期。

邓小平，2018，《在武昌、深圳、珠海、上海等地的谈话要点》，《政策》第 12 期。

《邓小平文选》（第二卷），1994，人民出版社。

《邓小平文选》（第三卷），1993，人民出版社。

丁百仁、王毅杰，2018，《基础教育中的班主任工作特征与留岗意愿——以工作满意度为中介变量》，《教育科学》第 1 期。

丁钢主编，2010，《中国中小学教师专业发展状况调查与政策分析报告》，华东师范大学出版社。

丁小浩、翁秋怡，2015，《权力资本与家庭的教育支出模式》，《北京大学教育评论》第 3 期。

杜亮、刘奇，2018，《民族地区中小学教师的职业压力及其应对策略的社会学探析》，《民族教育研究》第 5 期。

杜屏、谢瑶，2018，《中小学教师薪酬满意度影响因素实证研究——基于公平理论的视角》，《华中师范大学学报》（人文社会科学版）第 2 期。

段成荣、吕利丹、王宗萍，2014，《城市化背景下农村留守儿童的家庭教育与学校教育》，《北京大学教育评论》第 3 期。

段仕君、陈科霖，2018，《人情、面子与权力的"私"化：单位制度变迁中的社会关系及其运作机制》，《地方治理研究》第 4 期。

樊浩，2001，《教育的伦理本性与伦理精神前提》，《教育研究》第 1 期。

范先佐、郭清扬，2015，《农村留守儿童教育问题的回顾与反思》，《中国农业大学学报》（社会科学版）第 1 期。

风笑天，2013，《社会研究方法》（第四版），中国人民大学出版社。

冯克利，2015，《中译者序》，载阿尔伯特·赫希曼《欲望与利益：资本主义胜利之前的政治争论》，冯克利译，浙江大学出版社。

冯文，2018，《唯一的希望：在中国独生子女政策下成年》，常姝译，江苏人民出版社。

傅莹，2007，《激情所关注与生命所坚持的——第六代导演王小帅访谈录》，《文艺研究》第 8 期。

高晓文、于伟，2018，《教师情感劳动初探》，《教育研究》第 3 期。

葛春，2010，《中国农村教师社会地位演进概述》，《江苏社会科学》第 S1 期。

古海波、顾佩娅，2015，《国际教师情感研究进展的可视化分析及其启示》，《外语电化教学》第 3 期。

谷学强，2018，《互动仪式链视角下网络表情包的情感动员——以"帝吧出征 FB"为例》，《新闻与传播评论》第 5 期。

顾明远，1994，《时代·期望·教育和教师》，《教育研究》第 3 期。

顾明远，2016，《中国教育路在何方——顾明远教育漫谈》，人民教育出版社。

郭德俊、刘海燕、王振宏编著，2012，《情绪心理学》，开明出版社。

郭戈，2015，《西方快乐教育思想之传统》，《课程·教材·教法》第 3 期。

郭景萍，2007，《西方情感社会学理论的发展脉络》，《社会》第 5 期。

郭景萍，2008，《情感社会学：理论·历史·现实》，上海三联书店。

何孔潮、杨晓萍，2015，《贫困县域幼儿教师单向流动：结与解》，《现代教育管理》第 4 期。

贺雪峰、刘岳，2010，《基层治理中的"不出事逻辑"》，《学术研究》第 6 期。

洪琼，2014，《西方"激情说"的演变历程》，《社会科学战线》第 5 期。

胡鹏辉，2016，《社会底层：结构机会与心态危机——以农民工和失地农民为例》，《福建论坛》（人文社会科学版）第 11 期。

胡亚琳、王蔷，2014，《教师情感研究综述：概念、理论视角与研究主题》，《外语界》第 1 期。

华特·司各特，1980，《爱丁堡监狱》，陈兆林译，吉林人民出版社。

黄行福、谢芝玥主编，2012，《将教育激情燃烧到底——为了追逐教育的尊严》，吉林大学出版社。

黄莹、王茂林，2017，《符号资本与情感能量：互动仪式链视角下网络直播互动分析》，《传媒》第 8 期。

霍然、吴翠丽，2017，《微博话题事件的情感演化机制分析——基于互动仪式理论的视域》，《天府新论》第 4 期。

加里·贝克尔，2007，《人力资本理论》，郭虹、熊晓琳、王筱、谭轶浩译，中信出版社。

贾江鸿，2013，《从笛卡尔对激情的界定来看"我思"的两种内涵》，《哲学研究》第 6 期。

蒋威、王硕，2015，《课业之外：清代塾师与弟子的师生情谊及其变异》，《长江师范学院学报》第 3 期。

蒋文宁、车越彤、陈振中，2022，《课堂教学中情感能量的发生、功能与激发》，《课程·教材·教法》第 8 期。

蒋昀洁、张绿漪、黄庆、蒋春燕，2017，《工作激情研究述评与展望》，《外国经济与管理》第 8 期。

金长泽、张贵新主编，2002，《师范教育史》，海南出版社。

景天魁，1999，《中国社会发展的时空结构》，《社会学研究》第 6 期。

景天魁，2015，《时空压缩与中国社会建设》，《兰州大学学报》（社会科学版）第 5 期。

巨晓山，2018，《一线城市中小学教师职业压力的现状、成因及对策——基于深圳市宝安区的调研分析》,《中国教育学刊》第3期。

瞿葆奎主编,1991,《教育学文集(教师)》,人民教育出版社。

卡尔·曼海姆,2002,《重建时代的人与社会——现代社会结构研究》,张旅平译,译林出版社。

克里斯托夫·戴,2009,《保持激情:成就优秀教师》,《教育研究》第3期。

兰德尔·柯林斯,2012,《互动仪式链》,林聚任、王鹏、宋丽君译,商务印书馆。

朗水县统计局,2017,《朗水县统计局关于2016年国民经济和社会发展情况的统计公报》,11月7日,https://www.yingshan.gov.cn/zwgk/fdzdgknr/tjxx/201712/t20171204_1246751.html。

朗水县县志编纂委员会编,2007,《朗水县志(1996—2007)》,成都时代出版社。

朗水县志编纂委员编,1989,《朗水县志》,四川辞书出版社。

乐志强、罗志敏,2017,《重思学校教育:基于三次"读书无用论"思潮的辨析》,《黑龙江高等教育》第3期。

雷蒙·阿隆,2000,《社会学主要思潮》,葛智强等译,华夏出版社。

李伯玲、孙颖,2011,《论我国农村教师身份变迁的路径及趋势》,《当代教育科学》第20期。

李春玲,2005,《当代中国社会的声望分层——职业声望与社会经济地位指数测量》,《社会学研究》第2期。

李存生,2013,《论教师的教育激情》,《宝鸡文理学院学报》(社会科学版)第4期。

李汉林,2008,《变迁中的中国单位制度 回顾中的思考》,《社会》第3期。

李金奇,2011,《农村教师的身份认同状况及其思考》,《教育研究》第11期。

李路路,2013,《"单位制"的变迁与研究》,《吉林大学社会科学学报》第1期。

李培林，1992，《另一只看不见的手：社会结构转型》，《社会学研究》第 5 期。

李鹏，2019，《评价改革是解决教育问题的"钥匙"吗？——从教育评价的"指挥棒"效应看如何反对"五唯"》，《教育科学》第 3 期。

李倩、王传美，2018，《我国中小学教师职业认同研究的元分析》，《教育研究与实验》第 4 期。

李强，2005，《"丁字型"社会结构与"结构紧张"》，《社会学研究》第 2 期。

李强、邓建伟、晓筝，1999，《社会变迁与个人发展：生命历程研究的范式与方法》，《社会学研究》第 6 期。

李升、方卓，2018，《社会转型背景下乡村教师发展的结构性困境——兼论乡村社会建设中的教育问题》，《教育学术月刊》第 10 期。

李涛、邬志辉，2015，《"乡土中国"中的新"读书无用论"——基于社会分层视角下的雍村调查》，《探索与争鸣》第 6 期。

李彦良，2013，《教师行为失范的表现及其原因探析》，《齐齐哈尔大学学报》（哲学社会科学版）第 4 期。

梁晨、李中清、张浩、李兰、阮丹青、康文林、杨善华，2012，《无声的革命：北京大学与苏州大学学生社会来源研究（1952—2002）》，《中国社会科学》第 1 期。

廖小平，2013，《改革开放以来价值观变迁与核心价值的建构》，《天津社会科学》第 6 期。

林聚任，2012，《译者前言》，载兰德尔·柯林斯《互动仪式链》，林聚任、王鹏、宋丽君译，商务印书馆。

林曦云，2015，《高校教师专业发展的影响因素及提升途径》，《教育评论》第 8 期。

林小英、杨蕊辰、范杰，2019，《被抽空的县级中学：县域教育生态的困境与突破》，《文化纵横》第 6 期。

刘贝贝、青平、肖述莹、廖芬，2019，《食物消费视角下祖辈隔代溺爱对农村留守儿童身体健康的影响——以湖北省为例》，

《中国农村经济》第 1 期。

刘昌亚主编，2017，《中国教育统计年鉴（2016）》，中国统计出版社。

刘朝、王赛君、马超群、刘沁薇，2013，《基于多层线性模型的情绪劳动、情绪状态和工作退缩行为关系研究》，《管理学报》第 4 期。

刘春花，2005，《对教育责任失衡的思考》，《教育发展研究》第 11 期。

刘春花，2006，《未成年学生家庭教育责任转移的思考》，《教育理论与实践》第 10 期。

刘冬风，2007，《"推门课"不能再推了》，《中国教育报》4 月 24 日。

刘冬梅，2016，《中小学教师惩戒权的调查与思考》，《教师教育研究》第 2 期。

刘凯、刘荣增，2017，《城镇化背景下中部农区县域中小学空间集中趋势与非均衡发展研究——以河南省泌阳县为例》，《地理研究》第 9 期。

刘月月，2015，《教学激情的内涵、特点和生成要素探析》，《苏州教育学院学报》第 3 期。

柳斌，1998，《柳斌谈素质教育》，北京师范大学出版社。

卢乃桂、王夫艳，2009，《教育变革中的教师专业身份及其建构》，《比较教育研究》第 12 期。

卢梭，2001，《爱弥尔：论教育》（上卷），李平沤译，人民教育出版社。

陆学艺，2003，《当代中国社会阶层的分化与流动》，《江苏社会科学》第 4 期。

路文彬，2011，《教育：情感的智慧》，载乐黛云、李比雄主编《跨文化对话》（第 27 辑），生活·读书·新知三联书店。

吕健伟、陈旭远，2018，《教师存在的现实困境和理性思考》，《东北师大学报》（哲学社会科学版）第 6 期。

罗维刚，2012，《从校长"推门听课"谈开去》，《思想理论教育》

第 24 期。

罗卫东，2015，《激情还是利益？》，《浙江社会科学》第 1 期。

洛尔·亚瑟，2012，《研究热情从何而来？——以"局内人-局外人"视角看国际比较教育研究的背景、话语与价值观》，焦阳译，《比较教育研究》第 2 期。

马克思，2000，《1844 年经济学哲学手稿》，中共中央马克思恩格斯列宁斯大林著作编译局译，人民出版社。

《马克思恩格斯选集》（第一卷），1972，人民出版社。

马克斯·韦伯，1998，《学术与政治》，冯克利译，生活·读书·新知三联书店。

马克斯·韦伯，2007，《新教伦理与资本主义精神》，康乐、简惠美译，广西师范大学出版社。

马克斯·韦伯，2016，《学术与政治》，冯克利译，生活·读书·新知三联书店。

马戎，2001，《试谈社会学学位论文的写作》，《学位与研究生教育》第 9 期。

马文静，2013，《中小城镇高中教师压力现状调查及对策研究——以陕西省安康市为例》，《陕西教育学院学报》第 1 期。

孟向京、姜凯迪，2018，《城镇化和乡城转移对未来中国城乡人口年龄结构的影响》，《人口研究》第 2 期。

孟照海，2016，《教育扶贫政策的理论依据及实现条件——国际经验与本土思考》，《教育研究》第 11 期。

米歇尔·福柯，2003，《规训与惩罚：监狱的诞生》，刘北成、杨元婴译，生活·读书·新知三联书店。

闵韡、阎光才，2018，《内部激发还是外部驱动？——高校教师激情研究述评》，《江苏高教》第 8 期。

《南方日报》，2019，《学校安全条例草案提交初审 广东拟立法赋予教师惩戒权 学生违规老师可"罚站罚跑"》，9 月 25 日，http://www.gd.gov.cn/zwgk/zcjd/snzcsd/content/post_2636607.html。

内尔·诺丁斯，2011，《学会关心：教育的另一种模式》（第二版），于天龙译，教育科学出版社。

诺尔曼·丹森，1989，《情感论》，魏中军、孙安迹译，辽宁人民出版社。

帕克·帕尔默，2005，《教学勇气——漫步教师心灵》，吴国珍、余巍等译，华东师范大学出版社。

庞丽娟、金志峰、杨小敏，2017，《新时期乡村教师队伍建设政策研究》，《中国行政管理》第5期。

戚务念，2019，《论应试主义的社会根源》，《华中师范大学学报》（人文社会科学版）第3期。

齐格蒙·鲍曼，2002，《个体化社会》，范祥涛译，上海三联书店。

齐燕，2020，《过度教育城镇化：形成机制与实践后果——基于中西部工业欠发达县域的分析》，《北京社会科学》第3期。

钱茂伟，2004，《国家、科举与社会——以明代为中心的考察》，北京图书馆出版社。

乔纳森·H.特纳，2009，《人类情感——社会学的理论》，孙俊才、文军译，东方出版社。

乔纳森·特纳、简·斯戴兹，2007，《情感社会学》，孙俊才、文军译，上海人民出版社。

乔治·爱略特，1987，《米德尔马契》，项星耀译，人民文学出版社。

乔治·瑞泽尔，2014，《汉堡统治世界?!——社会的麦当劳化》，姚伟等译，中国人民大学出版社。

秦伟平、赵曙明，2015，《真我型领导与员工创造力——基于工作激情的中介作用》，《软科学》第5期。

秦玉友，2017，《教育城镇化的异化样态反思及积极建设思路》，《教育发展研究》第6期。

渠敬东，2017，《父道与母爱——裴斯泰洛齐教育思想中的政治与宗教基础》，《北京大学教育评论》第1期。

渠敬东，2006，《现代社会中的人性及教育——以涂尔干社会理论为视角》，上海三联书店。

《人民日报》，2018，《牢牢把握教育改革发展的"九个坚持"——论学习贯彻习近平总书记全国教育大会重要讲话》，9月

14日。

人民网，2019，《中共中央国务院关于坚持农业农村优先发展做好"三农"工作的若干意见》，2月20日，http://politics.people.com.cn/n1/2019/0220/c1001-30806224.html。

任红梅，2017，《农村中小学工会维护职能对教师工作满意度影响的实证研究——基于陕西省四个地市农村中小学的调查》，《统计与信息论坛》第7期。

任克强、胡鹏辉，2020，《业主维权集体行动的微观机制分析——基于主体行动的视角》，《南京大学学报（哲学·人文科学·社会科学）》第2期。

任苏民编著，2004，《教育与人生：叶圣陶教育论著选读》，上海教育出版社。

三浦展，2018，《下流社会——一个新社会阶层的出现》，陆求实、戴峥译，上海译文出版社。

邵光华、纪雪聪，2015，《国外教师情感研究与启示》，《教师教育研究》第5期。

邵晓枫，2007，《百年来时代精神与中国师生关系观的变迁及重建》，《当代教育科学》第22期。

施瑞婷，2018，《情感体制视阈下情感社会化话语的嬗变——基于一个情感教育栏目的研究》，南京大学，博士学位论文。

史华罗，2009，《中国历史中的情感文化——对明清文献的跨学科文本研究》，林舒俐、谢琰、孟琢译，商务印书馆。

舒培钰，2018，《基于互动仪式链的IP剧粉丝群体研究——以IP剧〈花千骨〉粉丝群体为例》，华南理工大学，硕士学位论文。

四川在线，2017，《2016年四川省居民人均可支配收入18808元》，https://sichuan.scol.com.cn/dwzw/201701/55809019.html。

宋德孝，2018，《青年"佛系人生"的存在主义之殇》，《中国青年研究》第3期。

宋林飞，2002，《中国社会转型的趋势、代价及其度量》，《江苏社会科学》第6期。

搜狐网，2015，《【官员谈校园安全】遇事勿学范跑跑，教师做不了英雄就做……》，4月17日，http://www.sohu.com/a/11290826_126732。

苏霍姆林斯基，1981，《给教师的100条建议》，周蕖、王义高等译，天津人民出版社。

孙立平，2005，《社会转型：发展社会学的新议题》，《社会学研究》第1期。

孙立平，2002，《实践社会学与市场转型过程分析》，《中国社会科学》第5期。

孙立平，1993，《"自由流动资源"与"自由活动空间"——论改革过程中中国社会结构的变迁》，《探索》第1期。

孙向晨，2018，《佛系现象：披着美丽东方外衣的现代性消极后果》，《探索与争鸣》第4期。

孙一萍，2017，《情感有没有历史？——略论威廉·雷迪对建构主义情感研究的批判》，《史学理论研究》第4期。

孙迎光、徐青，2015，《马克思总体性视域中的德育探索》，上海三联书店。

陶东风，2008，《新时期三十年人文知识分子的沉浮》，《探索与争鸣》第3期。

田国秀、刘忠晖，2021，《教师情绪劳动：三类情绪的区分与关系协调》，《比较教育研究》第4期。

田文，2011，《对"推门听课"的几点思考》，《当代教育科学》第24期。

田毅鹏、汤道化，2012，《转型期单位内部个人与组织关系的变迁及其影响》，《吉林大学社会科学学报》第6期。

瓦·阿·苏霍姆林斯基，2003，《关于人的思考》，诸惠芳译，河北人民出版社。

汪明、全景月、王梦娇、殷向荣，2015，《中小学教师心理资本与教师职业倦怠关系研究》，《基础教育》第2期。

王炳照主编，2009，《中国教育改革30年》（基础教育卷），北京师范大学出版社。

王海迪，2018，《学术型博士生学术激情及其影响因素研究——基于我国研究生院高校的实证分析》，《学位与研究生教育》第2期。

王辉，2001，《论教师的惩戒权》，《教育研究与实验》第2期。

王会，2017，《农村学龄青年"混混"心态形成及其原因探析——以苏北农村两乡镇中学田野调研为例》，《中国青年研究》第1期。

王建国、邵月辉、梁进龙，2016，《中小学教师压力及压力源研究报告——基于河北省部分地区中小学教师样本》，《重庆三峡学院学报》第4期。

王杰、洪佩，2018，《情感能量与毒品认知：戒毒康复长效机制研究——基于上海同伴教育的经验》，《华东理工大学学报》（社会科学版）第1期。

王俊，2015，《教师职业的性别标识探论——兼谈师范类院校男女生比例失衡问题》，《高等教育研究》第6期。

王丽娟，2014，《名牌中学教师压力现状与应对研究——以河南省郑州外国语中学为例》，《中国教育学刊》第5期。

王明，2013，《学生课堂投入不足的形成机制分析——一种微观社会学的视角》，《中国教育学刊》第9期。

王宁，2002，《代表性还是典型性？——个案的属性与个案研究方法的逻辑基础》，《社会学研究》第5期。

王鹏，2010，《重新点燃老年教师的教育激情》，《教学与管理》第20期。

王鹏、林聚任，2006，《情感能量的理性化分析——试论柯林斯的"互动仪式市场模型"》，《山东大学学报》第1期。

王平，2017，《学前教师教育的困境及突破》，《中国成人教育》第22期。

王先谦撰，1988，《荀子集解》，中华书局。

王艳玲、苏萍、杨晓，2016，《中小学青年教师流动及流失意愿的实证分析：基于云南省的抽样调查》，《学术探索》第10期。

网易新闻，2019，《广西中小学老师"招人难"：近2千教师岗位无人报考》，4月1日，https://news.163.com/19/0401/14/EBMCB9N20001875P.html。

韦伯，2008，《经济与社会》，杭聪编译，北京出版社。

韦乡逢，2008，《城乡结合部初中生家庭教育责任转移研究》，广西师范大学，硕士学位论文。

魏友荣，2018，《热爱教育才是师者的硬件》，《中国教育报》7月6日。

乌尔里希·贝克，2008，《什么是全球化？全球主义的曲解——应对全球化》，常和芳译，华东师范大学出版社。

乌尔里希·贝克、伊丽莎白·贝克-格恩斯海姆，2011，《个体化》，李荣山、范譞、张惠强译，北京大学出版社。

吴飞，2007，《论"过日子"》，《社会学研究》第6期。

吴康宁，2009，《地位与利益：教师教育改革的两大制约因素》，《当代教师教育》第3期。

吴勇，2013，《教育需要激情》，《江苏教育报》3月1日。

习近平，2017，《决胜全面建成小康社会 夺取新时代中国特色社会主义伟大胜利——在中国共产党第十九次全国代表大会上的报告》，人民出版社。

徐晓林主编，2019，《中外教育名人名言》，企业管理出版社。

夏扉，2017，《心理资本对教师职业倦怠影响研究——基于528名在岗教师的调研》，《江西社会科学》第7期。

夏绍能，2012，《试论教师的教学激情》，《教育理论与实践》第20期。

项贤明，2004，《中国西部农村教师社会责任的功能性扩展》，《教育研究》第10期。

谢爱磊，2017，《"读书无用"还是"读书无望"——对农村底层居民教育观念的再认识》，《北京大学教育评论》第3期。

谢丽丽，2016，《教师"逃离"：农村教育的困境——从G县乡村教师考警察说起》，《教师教育研究》第4期。

谢彦君、徐英，2016，《旅游场中的互动仪式：旅游体验情感能量的动力学分析》，《旅游科学》第1期。

辛春晖，2013，《基于绩效工资制度下的高校收入分配机制研究》，《黑龙江高教研究》第 4 期。

新浪网，2007，《最好生源不报考师范院校 教师队伍出现逆向淘汰》，3 月 6 日，http://news.sina.com.cn/c/2007-03-06/044612438052.shtml。

熊征，2012，《藏族"赔命价"回潮的情感能量探源》，《青海社会科学》第 4 期。

徐贵权，1998，《论价值取向》，《南京师大学报》（社会科学版）第 4 期。

徐静、任顺元，2009，《探讨教师的社会地位》，《现代教育论丛》第 1 期。

徐雷，2014，《激情双模型理论及其在运动领域之应用》，《武汉体育学院学报》第 7 期。

徐一帆、曾荷茗，2018，《家庭教育责任转移对农村小学教师职业生存状态的影响研究——基于对 A 镇的调查》，《教学与管理》第 11 期。

许建美，2009，《"推门课"存废之争再议》，《上海教育科研》第 3 期。

许欣欣，2005，《社会、市场、价值观：整体变迁的征兆——从职业评价与择业取向看中国社会结构变迁再研究》，《社会学研究》第 4 期。

荀渊，2005，《现代化、教育及关于教育的神话》，《教育理论与实践》第 8 期。

亚当·斯密，2013，《道德情操论》，唐迅编译，广西师范大学出版社。

闫守轩、朱宁波，2011，《教师教育中生命体验的缺失及回归》，《全球教育展望》第 12 期。

严国荣、赵航，2017，《国内外激情研究回顾》，《乐山师范学院学报》第 7 期。

阎光才，2006，《教师"身份"的制度与文化根源及当下危机》，《北京师范大学学报》（社会科学版）第 4 期。

央广网,2016,《民政部:我国摸底排查农村留守儿童数量为902万人》,11月9日,http://china.cnr.cn/NewsFeeds/20161109/t20161109_523255671.shtml。

杨东平,2006,《师范教育当姓"师"》,《人民日报》11月28日。

杨凤平,2018,《王晓毅:教育扶贫需适当超前,以实现教育公平》,《财经界》第3期。

杨卫安,2016,《教师"铁饭碗"能打破吗》,《中国青年报》3月28日。

姚兴华,2009,《谈心——师生沟通的桥梁》,《新课程学习》第6期。

叶芳明,2001,《亚当斯公平理论的扩充性理解》,《社会科学》第7期。

叶敬忠、孟祥丹,2010,《外出务工父母视角的留守儿童》,《中国农村经济》第12期。

叶敬忠、张明皓,2019,《游戏将把留守儿童带往何方》,《中国青年报》1月7日。

叶菊艳,2013,《叙述在教师身份研究中的运用——方法论上的考量》,《北京大学教育评论》第1期。

叶菊艳,2014a,《从"学校人"到"专业人":教师流动与教育变革实现的源动力》,《全球教育展望》第2期。

叶菊艳,2014b,《农村教师身份认同的影响因素及其政策启示》,《教师教育研究》第6期。

叶菊艳,2015,《改革开放以来中小学教师身份认同的建构及其类型——基于历史社会学视角的案例考察》,《北京大学教育评论》第4期。

叶菊艳,2016,《各国教师教育取向及其核心素养主张》,《人民教育》第23期。

叶澜,1989,《发展社会主义商品经济与深化高等学校教育改革的关系》,《高等师范教育研究》第2期。

叶澜,2006,《"新基础教育"论——关于当代中国学校变革的探究与认识》,教育科学出版社。

伊万·伊利奇，1994，《非学校化社会》，吴康宁译，台湾桂冠图书股份有限公司。

尹弘飚，2007，《教师情绪：课程改革中亟待正视的一个议题》，《教育发展研究》第 6 期。

尹弘飚，2008，《教师情绪研究：发展、脉络与概念框架》，《全球教育展望》第 4 期。

尹弘飚，2009，《教师专业实践中的情绪劳动》，《教育发展研究》第 10 期。

尹弘飚，2011，《教师情绪劳动：一个象征互动论的解读》，《全球教育展望》第 8 期。

应星，2001，《大河移民上访的故事》，生活·读书·新知三联书店。

应星，2017，《新教育场域的兴起（1895—1926）》，生活·读书·新知三联书店。

于翠翠，2016，《建国以来教师价值取向的历史变迁》，山东师范大学，博士学位论文。

余富强、胡鹏辉，2018，《国外小学教师职业女性化话语研究及启示》，《教育科学》第 3 期。

余英时，2004，《中国知识人之史的考察》，广西师范大学出版社。

袁源、周燕，2017，《论幼儿教师专业情感的作用与培育途径》，《教育评论》第 6 期。

岳欣云，2012，《教育变革中的教师生命发展》，首都师范大学出版社。

曾文婕，2009，《"正视"教师情绪——教学公平研究的应有取向》，《中国教育学刊》第 7 期。

翟学伟，2004，《中国社会中的日常权威：关系与权力的历史社会学研究》，社会科学文献出版社。

张德胜、金耀基、陈海文、陈健民、杨中芳、赵志裕、伊莎白，2001，《论中庸理性：工具理性、价值理性和沟通理性之外》，《社会学研究》第 2 期。

张凤阳，2012，《现代性的谱系》，江苏人民出版社。

张剑、宋亚辉、叶岚、Zakaria Hocine，2014，《工作激情研究：理论及实证》，《心理科学进展》第 8 期。

张培，2008，《教师生存状态异化现象透视》，《教育发展研究》第 24 期。

张翔，2016，《中小学教师责任泛化与应然回归——兼论"教师遇事做不了英雄就做烈士"的主张》，《基础教育》第 4 期。

张晓溪，2016，《单位制变迁中工人与国企情感疏离研究》，《学海》第 4 期。

张旸，2011，《教育需要论》，教育科学出版社。

张一兵，2013，《资本主义：全景敞视主义的治安—规训社会——福柯〈规训与惩罚〉解读》，《中国高校社会科学》第 7 期。

张源源、邬志辉，2015，《我国农村青年教师的社会来源与职业定位研究——基于全国东中西 9 省 18 县的调查分析》，《教师教育研究》第 4 期。

赵钱森、吴彦彤、常亚慧，2018，《制度结构中的班主任——基于 Z 教师日常生活的个案研究》，《教育学术月刊》第 4 期。

赵鑫、熊川武，2012，《教师情感劳动的教育意蕴和优化策略》，《教育研究与实验》第 5 期。

赵兴奎，2018，《激情教学：涵义、意义与途径》，《当代教育科学》第 10 期。

郑欣，2003，《田野调查与现场进入——当代中国研究实证方法探讨》，《南京大学学报》（哲学·人文科学·社会科学版）第 3 期。

郑新蓉，1998，《论教师社会地位及法律地位》，《教育研究与实验》第 1 期。

郑也夫，2013，《吾国教育病理》，中信出版社。

中国网，2019，《朗水举全县之力向贫困宣战》，2 月 18 日，http://sc.china.com.cn/2019/nanchong_dynamic_counties_0218/308597.html。

中国新闻网，2018，《中国迎来第 34 个教师节：让教师享有应有的社会声望》，9 月 10 日，http://www.chinanews.com/gn/

2018/09-10/8623573.shtml。

中国新闻网,2019,《解码教育体制改革：唯分数、唯升学等现象需破除》,1月14日,http://www.chinanews.com/gn/2019/01-14/8727895.shtml。

中华人民共和国教育部,2009,《新中国60年教育改革发展成就》,9月11日,http://www.moe.gov.cn/jyb_xwfb/xw_fbh/moe_2069/moe_2590/moe_2949/moe_2951/tnull_40116.html。

中华人民共和国教育部,2018,《中共中央 国务院关于全面深化新时代教师队伍建设改革的意见》,1月31日,http://www.moe.gov.cn/jyb_xwfb/moe_1946/fj_2018/201801/t20180131_326148.html。

中华人民共和国教育部,2019,《教育部等五部门关于完善安全事故处理机制维护学校教育教学秩序的意见》,7月26日,http://www.moe.gov.cn/srcsite/A02/s7049/201908/t20190819_394973.html。

中华网,2023,《中国常住人口城镇化率突破65% 城镇化进入"下半场"》,3月29日,http://news.china.com.cn/2023-03/29/content_85197704.htm。

周皓,2002,《我国人口迁移研究的回顾、总结与讨论》,《人口与经济》第1期。

周晓虹,2009,《中国人社会心态六十年变迁及发展趋势》,《河北学刊》第5期。

周晓虹,2018,《培育与大变迁时代相适应的社会心态》,载《"转型与发展：中国社会建设四十年"笔谈》,《社会》第6期。

周序,2014,《"应试主义教育"的"应试规训"及其消解》,《华中师范大学学报》(人文社会科学版)第3期。

周序,2017,《应试主义》,厦门大学出版社。

周韵曦,2019,《完善家庭政策,为"留守娃"编织关爱网》,《中国妇女报》3月28日。

朱力、卢亚楠,2009,《现代集体行为中的新结构要素——网络助燃理论探讨》,《江苏社会科学》第6期。

朱新卓，2008，《教育的本体性功能：提升人的灵性》，《教育研究》第9期。

庄家炽，2018，《从被管理的手到被管理的心——劳动过程视野下的加班研究》，《社会学研究》第3期。

Akın, U., Aydın, I., Erdoğan, C., & Demirkasımoğlu, N. 2014. "Emotional Labor and Burnout among Turkish Primary School Teachers." *Aust. Educ. Res*, 41.

Ao, Y. 2011. "To Arouse the Passion of Teachers to Become Educators." In Wang, Y. (ed). *Education Management, Education Theory & Education Application*. Springer Berlin Heidelberg.

Beck, C., & Kosnik, C. M. 1995. "Caring for the Emotions: Toward a more Balanced Schooling." In Neiman, A. (ed), *Philosophy of Education* (pp. 161–169). Urbana, IL: Philosophy of Education Society.

Beijaard, D., Meijer, P. C., & Verloop, N. 2004. "Reconsidering Research on Teachers' Professional Identity." *Teaching & Teacher Education*, 20 (2).

Benekos, P. J. 2016. "How to be a Good Teacher: Passion, Person, and Pedagogy." *Journal of Criminal Justice Education*, 27 (2).

Bernard, R. 2002. "The Passionate Teacher: A Practical Guide." *Harvard Educational Review*, 72 (4).

Blackmore, J. 1996. "Doing 'Emotional Labour' in the Education Market Place: Stories from the Field of Women in Management." *Discourse: Studies in the Cultural Politics of Education*, 17.

Boler, M. 1999. *Feeling Power: Emotions and Education*. New York: Routledge.

Brotheridge, C. M., & Grandey, A. A. 2002. "Emotional Labor and Burnout: Comparing Two Perspectives of 'People Work'." *Journal of Vocational Behavior*, 60.

Carbonneau, N. et al. 2008. "The Role of Passion for Teaching in Intrapersonal and Interpersonal Outcomes." *Journal of Educational Psy-*

chology, 100 (4).

Cherkowski, S., & Walker, K. 2016. "Purpose, Passion and Play." *Journal of Educational Administration*, 54.

Cherniss, C. 1995. *Beyond Burnout: Helping Teachers, Nurses, Therapists and Lawyers Recover from Stress and Disillusionment.* New York: Routledge.

Chin, E. L., & Liew, W. M. 2016. "Voices from the Ground: The Emotional Labour of English Teachers' Work." *Teaching and Teacher Education*, 55.

Cottingham, M. D., Erickson, R. J., & Diefendorff, J. M. 2015. "Examining Men's Status Shield and Status Bonus: How Gender Frames the Emotional Labor and Job Satisfaction of Nurses." *Sex Roles*, 72.

Cross, D. I., & Ji, Y. H. 2012. "An Ecological Examination of Teachers' Emotions in the School Context." *Teaching and Teacher Education*, 28.

Csikszentmihalyi, M. 1975. *Beyond Boredom and Anxiety.* San Francisco: Jossey-Bass.

Cubukcu, F. 2013. "The Significance of Teachers' Academic Emotions." *Procedia-social and Behavioral Sciences*, 70.

Curran, T., et al. 2015. "The Psychology of Passion: A Meta-analytical Review of a Decade of Research on Intrapersonal Outcomes." *Motivation & Emotion*, 39 (5).

Dworkin, A. G. 1987. *Teacher Burnout in the Public Schools: Structural causes and Consequences for Children.* Albany, NY: State University of New York Press.

Eccles, J, B. 2012. "Changing 'Emotional Regimes': Their Impact on Beliefs and Values in Some Older Women." *Journal of Beliefs & Values*, 33 (1).

Albert, Einstein. 1950. *Out of My Later Years: The Scientist, Philosopher and Man Portrayed Through His Own Words.* Philosophical Library.

Farber, B. A. 1991. *Crisis in Education: Stress and Burnout in the American Teacher.* San Francisco: Jossey-Bass.

Felt, D. J. 2014. "Emotional Regime of the *Shishuo Xinyu*." *Early Medieval China*, 20.

Flam, H. 2013. "The Transnational Movement for Truth, Justice and Reconciliation as an Emotional (Rule) Regime?" *Journal of Political Power*, 6 (3).

Fried, R. 2001. *The Passionate Teacher: A Practical Guide.* Bosten, MA: Beacon Press.

Frijda, N. H. 2010. "Impulsive Action and Motivation." *Biological Psychology*, 84 (3).

Glomb, T. M., Kammeyer-Mueller, J. D., & Rotundo, M. 2004. "Emotional Labor Demands and Compensating Wage Differentials." *Journal of Applied Psychology*, 89 (4).

Golby, M. 1996. "Teachers' Emotions: An Illustrated Discussion." *Cambridge Journal of Education*, 26.

Goleman, D. 1995. Emotional Intelligence. London: Bloomsbury.

Grandey, A. A. 2000. "Emotion Regulation in the Workplace: A New Way to Conceptualize Emotional Labor." *Journal of Occupational Health Psychology*, 5 (1).

Gray, B. 2010. "Emotional Labour, Gender and Professional Stereotypes of Emotional and Physical Contact, and Personal Perspectives on the Emotional Labour of Nursing." *Journal of Gender Studies*, 19.

Guo, Y., Wu, X., Liu, X. 2018. "Changes in Parent-teacher Relationships under China's Market Economy." In Guo, Y. (ed). *Home-School Relations: International Perspectives.* Springer: Singapore.

Guo, Y. 2016. "The Impact of the Market Economy on English Teachers." In Guo, S., Guo, Y., (eds). *Spotlight on China: Changes in Education under China's Market Economy.* Sense Publishers:

Rotterdam, The Netherlands, 2016.

Hackman, J. R., & Oldham, D. R. 1976. "Motivation through the Design of Work: Test of a Theory." *Organizational Behavior and Human Performance*, 16 (2).

Halpin, D. 2003. *Hope and Education: The Role of the Utopian Imagination*. London: Routledge Falmer.

Hanisch, K. A., & Hulin, C. L. 1990. "Job Attitudes and Organizational Withdrawal: An Examination of Retirement and Other Voluntary Withdrawal Behaviors." *Journal of Vocational Behavior*, 37 (1).

Hargreaves, A. 1995. "Development and Desire: A Postmodern Perspective." In Guskey, T., & M. Huberman (eds). *Professional Development in Education: New Paradigms and Practices*. New York: Teachers College Press.

Hargreaves, A. 1998a. "The Emotional Practice of Teaching." *Teaching and Teacher Education*, 14.

Hargreaves, A. 1998b. "The Emotional Politics of Teaching and Teacher Development: With Implications for Educational Leadership." *International Journal of Leadership in Education*, 1.

Hargreaves, A. 2000. "Mixed Emotions: Teachers' Perceptions of their Interactions with Students." *Teaching and Teacher Education*, 16.

Hargreaves, A. 2001. "The Emotional Geographies of Teaching." *Teachers' College Record*, 103.

Harnett, P. 2010. "Life History and Narrative Research Revisited." In Bathmaker, A., & P. Harnett (eds). *Exploring Learning, Identity and Power through Life History and Narrative Research*. London & New York: Routledge.

Harre, R., & Parrott. W. G. 1996. *The Emotions: Social, Cultural and Biological Dimensions*. London: Sage.

Harre, R. 1986. *The Social Construction of Emotions*. New York: Basil Blackwell.

Hayes, D. 1996. "Aspiration, Perspiration and Reputation: Idealism

and Self-preservation in Small School Primary Headship. " *Cambridge Journal of Education*, 26 (3).
Herrero, M. 2010. "Auctions, Rituals and Emotions in the Art Market. " *Thesis Eleven*, 103 (1).
Hirschman, A. O. 1970. *Exit, Voice and Loyalty: Responses to Decline in Firms, Organizations and States.* Cambridge, MA: Harvard University Press.
Hirschman, A. O. 1974. "Exit, Voice and Loyalty: Further Reflections and a Survey of Recent Contributions. " *Social Science Information*, 13 (1).
Hochschild, A. R. 1979. "Emotion Work, Feeling Rules, and Social Structure. " *American Journal of Sociology*, 85 (3).
Hochschild, A. R. 1983. *The Managed Heart: Commercialization of Human Feeling.* Berkeley: University of California Press.
Hu, P. H. , Du, S. S. , & Tian, G. X. 2023. "Service Provider and "No Accident": A Study of Teachers' Discipline Risk from the Perspective of Risk Society. " *Sustainability*, 15.
Isen, A. M. , & Diamond, G. A. 1989. "Affect and Automaticity. " In Uleman, J. S. , and J. A. Bargh (eds). *Unintended Thought. Limits of Awareness, Intention and Control.* New York: Guilford Press.
Isenbarger, L. , & Zembylas, M. 2006. "The Emotional Labour of Caring in Teaching. " *Teaching and Teacher Education*, 22.
Jantzen, C. , et al. 2012. "Just for Fun? The Emotional Regime of Experiential Consumption. " *Market Theory*, 12 (2).
Jeffrey, B. , & Woods, P. 1996. "Feeling Deprofessionalised: The Social Construction of Emotions During an OFSTED Inspection. " *Cambridge Journal of Education*, 26 (3).
Johnson, C. 1982. *MITI and the Japanese Miracle—the Growth of Industrial Policy: 1925 – 1975.* Stanford University Press.
Kant, I. 1983. *Ethical Philosophy: The Metaphysics of Morals.* Indianapolis: Hackett.

Kelchtermans, G. 1996. "Teacher Vulnerability: Understanding its Moral and Political Roots." *Cambridge Journal of Education*, 26.

Kelchtermans, G. 1999. "Teaching Career: Between Burnout and Fading away? Reflections from a Narrative and Biographical Perspective." In Vandenberghe, R., & A. Huberman (eds). *Understanding and Preventing Teacher Burnout: A Sourcebook of International Research and Practice.* Cambridge: Cambridge University Press.

Kemper, T. 2006. "Power and Status and the Power-status Theory of Emotions." In Stets, J. E., & J. H. Turner (eds). *Handbook of the Sociology of Emotions.* NewYork: Springer.

Kemper, T. 1987. "How many Emotions are there? Wedding the Social and Autonomic Components." *American Journal of Sociology*, 93.

Kimberly, A. S. 2017. "Social and Emotional Learning and Teachers." *The Future of Children*, 27 (1).

Kubicek, B., Paškvan, M., & Bunner, J. 2017. The Bright and Dark sides of Job Autonomy. In Korunka, C., and B. Kubicek (eds). *Job Demands in a Changing World of Work.* Cham: Springer.

Kyung-Sup, C. 1999. "Compressed Modernity and its Discontents: South Korean Society in Transition." *Economy and Society*, 28 (1).

Kyung-Sup, C. 2010. "The Second Modern Condition? Compressed Modernity as Internalized Reflexive Cosmopolitization." *The British Journal of Sociology*, 61 (3).

Lasky, S. 2000. "The Cultural and Emotional Politics of Teacher-parent Interactions." *Teaching and Teacher Education*, 16.

Lavigne, G. V., Forest, J., & Crevier-Braud, L. 2012. "Passion at work and Burnout: A Two-study Test of the Mediating Role of Flow Experience." *European Journal of Work & Organizational Psychology*, 21 (4).

Little, J. W. 1996. "The Emotional Contours and Career Trajectories of (Disappointed) Reform Enthusiasts." *Cambridge Journal of Education*, 26.

Little, J. W. 2000. "Emotionality and Career Commitment in the Context of Rational Reforms." In the Annual Meeting of the American Educational Research Association, New Orleans, LA.

Lopez, S. H. 2006. "Emotional Labor and Organized Emotional Care: Conceptualizing Nursing Home Care Work." *Work and Occupations*, 33 (2): 133-160.

Lupton, D. 1998. *The Emotional Self: A Sociocultural Exploration*. London: Sage.

Lutz, C. 1988. *Unnatural Emotions: Everyday Sentiments on a Micronesian Atoll and Their Challenge to Western theory*. University of Chicago Press.

Macdonald, C. L., & Sirianni, C. 1996. "The Service Society and the Changing Experience of Work." In Macdonald, C. L. & C. Sirianni (eds). *Working in the Service Society*. Philadelphia, PA: Temple University Press.

MacLure, M. 1993. "Arguing for Yourself: Identity as an Organizing Principle in Teachers' Jobs and Lives." *British Educational Research Journal*, 19 (4).

Maloney, P. 2013. "Online Networks and Emotional Energy." *Information, Communication & Society*, 16 (1).

Mart, C. T. 2013. "A Passionate Teacher: Teacher Commitment and Dedication to Student Learning." *International Journal of Academic Research in Progressive Education and Development*, 2 (1).

McClelland, K. 1985. "On the Social Significance of Interactional Synchrony." Unpublished Paper, Department of Sociology, Grinnell College.

McLeod, D. B. 1988. "Affective Issues in Mathematical Problem Solving: Some Theoretical Considerations." *Journal of Research in Mathematics Education*, 19.

Moè, A. 2016. "Harmonious Passion and Its Relationship with Teacher Well-being." *Teaching and Teacher Education*, 54.

Mérida-López, S. , & Extremera, N. 2017. "Emotional Intelligence and Teacher Burnout: A Systematic Review. " *International Journal of Educational Research*, 85.

Nias, J. 1989. *Primary Teachers Talking: A Study of Teaching and Work*. London: Routledge.

Nias, J. 1993. "Changing Times, Changing Identities: Grieving for a Lost Self. " In Burgess, R. G. (ed) . *Educational Research and Evaluation: For Policy and Practice?* London: The Falmer Press.

Nias, J. 1996. "Thinking about Feeling: The Emotions in Teaching. " *Cambridge Journal of Education*, 26.

Nias, J. 1999. "Teachers' Moral Purposes: Stress, Vulnerability and Strength. " In Vandenberghe, R. , & A. Huberman (eds) . *Understanding and Preventing Teacher Burnout: A Sourcebook of International Research and Practice.* Cambridge: Cambridge University Press.

Noddings, N. 1996. "Stories and Affect in Teacher Education. " *Cambridge Journal of Education*, 26.

Olsen, R. E. , et al. , 2019. "Gendered Emotion Management and Teacher Outcomes in Secondary School Teaching: A Review. " *Teaching and Teacher Education*, 80.

Oplatka, I. 2007. "Managing Emotions in Teaching: Toward an Understanding of Emotion Displays and Caring as Nonprescribed Role Elements. " *Teachers College Record*, 109.

Orzechowicz, D. 2008. "Privileged Emotion Managers: The Case of Actors. " *Social Psychology Quarterly*, 1 (2): 143 – 156.

Osborn, M. 1996. "Book Reviews: The Highs and Lows of Teaching: 60 Years of Research Revisited. " *Cambridge Journal of Education*, 26.

Payne, J. 2009. "Emotional Labour and Skill: A Reappraisal. " *Gender, Work & Organization*, 16.

Peterson, C. , & Seligman, M. E. P. 2004. *Character Strengths and Virtues: A 8 Handbook and Classification.* New York: Oxford University Press.

Phelps, P. H., & Benson, T. R. 2012. "Teachers With a Passion for the Profession." *Action in Teacher Education*, 34.

Ping, R. A. 1993. "The Effects of Satisfaction and Structural Constraints on Retailer Exiting, Voice, Loyalty, Opportunism and Neglect." *Journal of Retailing*, 69 (3).

Plamper, J. 2009. "Introduction in Emotional Turn? Feelings in Russian History and Culture." *Slavic Review*, 68 (2).

Reddy, M. M. 2001. *The Navigation of Feeling. A Framework for the History of Emotions.* Cambridge: Cambridge University Press.

Revell, R. 1996. "Realities and Feelings in the Work of Primary Heads." *Cambridge Journal of Education*, 26 (3).

Salzberger-Wittenberg, I., Henry, G., & Osborne, E. 2005. *The Emotional Experience of Teaching and Learning.* London: Taylor & Francis E-Library.

Santoro, N., Pietsch, M., & Borg, T. 2012. "The Passion of Teaching: Learning from an Older Generation of Teachers." *Journal of Education for Teaching*, 38 (5).

Schmidt, M. 2000. "Role Theory, Emotions, and Identity in the Department Headship of Secondary Schooling." *Teaching and Teacher Education*, 16.

Simon, H. A. 1982. "Comments". In Clark, M. S., & S. T. Fiske (eds). *Affect and Cognition: The Seventeenth Annual Carnegie Symposium on Cognition.* Hillsdale, NJ: Erlbaum.

Stets, J. E., & Turner, J. H. 2007. *Handbook of the Sociology of Emotions.* New York: Springer.

Strauss, L. 2004. "What is Liberal Education?" *Academic Questions*, 17 (1).

Sutton, R. E., & Wheatley, K. F. 2003. "Teachers' Emotions and Teaching: A Review of the Literature and Directions for Future Research." *Educational Psychology Review*, 15 (4).

Sutton, R. E. 2004. "Emotional Regulation Goals And Strategies of Teachers." *Social Psychology of Education*, 7.

Takaki, R. 1990. *Iron Cage: Race and Culture in 19th-Century America*. New York: Oxford University Press.

Thoits, P. A. 1989. "The Sociology of Emotion." *Annual Review of Sociology*, 15.

Tickle, L. 1996. "New Teachers and the Emotions of Learning Teaching." *Cambridge Journal of Education*, 21.

Truch, S. 1980. *Teacher Burnout and what to do about it*. Novato, CA: Academic Therapy Publications.

Truta, C. 2013. "Emotional Labor and Motivation in Teachers." *Social and Behavioral Sciences*, 127.

Uitto, M., Jokikokko, K., & Estola, E. 2015. "Virtual Special Issue on Teachers and Emotions in *Teaching and Teacher Education* (*TATE*) in 1985–2014." *Teaching and Teacher Education*, 50.

Vallerand. R. J., et al. 2003. "Les Passions de l'ame: On Obsessive and Harmonious Passion." *Journal of Personality and Social Psychology*, 85 (4).

Vallerand, R. J., et al. 2010. "On the Role of Passion in Burnout: A Process Model." *Journal of Personality*, 78.

Vandenberghe, R., & Huberman, A. M. 1999. *Understanding and Preventing Teacher Burnout: A Sourcebook of International Research and Practice*. Cambridge: Cambridge University Press.

Watt, H. M. G. & Richardson, P. W. 2007. "Motivational Factors Influencing Teaching as a Career Choice. Development and Validation of the FIT-Choice Scale." *Journal of Experimental Education*, 75.

Wettergren, A. 2009. "Fun and Laughter: Culture Jamming and the Emotional Regime of Late Capitalism." *Social Movement Studies*, 8 (1).

Williams, M. 2000. "Interpretivism and Generalisation." *Sociology*, 34 (2).

Williams, M. L. , Michael A. D. , & Nhung, T. N. 2006, "A Meta-analysis of the Antecedent and Consequences of Pay Level Satisfaction. " *Journal of Applied Psychology*, 91.

Winograd, K. 2003. "The Functions of Teacher Emotions: The Good, the Bad, and the Ugly. " *Teachers College Record*, 105 (9).

Woods, P. , & Jeffrey, B. 1996. *Teachable Moments*. Buckingham: Open University Press.

Wu, J. J. , & Song, H. 2023. " 'Learn to Conserve Your Passion and Care': Exploring the Emotional Labor of Special-post Teachers in Rural China. " *Sustainability*, 15.

Yin, H. B. , & Lee, J. 2012. "Be Passionate, but be Rational as well: Emotional Rules for Chinese Teachers' Work. " *Teaching and Teacher Education*, 28.

Yin, H. B. , Huang, S. H. , & Lee, J. C. K. 2017. "Choose your Strategy Wisely: Examining the Relationships between Emotional Labor in Teaching and Teacher Efficacy in Hong Kong Primary Schools. " *Teaching and Teacher Education*, 66.

Yin, H. B. 2016. "Knife-like Mouth and Tofu-like Heart: Emotion Regulation by Chinese Teachers in Classroom Teaching. " *Social Psychology Education*, 19.

Yukhymenko-Lescroart, M. A. , & Sharma, G. 2018. "The Relationship between Faculty Members' Passion for Work and Well-being. " *Journal of Happiness Studies*, 1.

Zembylas, M. 2003. " Caring for Teacher Emotion: Reflections on Teacher Self-development. " *Studies in Philosophy and Education*, 22.

Zembylas, M. 2004. "The Emotional Characteristics of Teaching: An Ethnographic Study of one Teacher. " *Teaching and Teacher Education*, 20.

Zembylas, M. 2005. "Discursive Practices, Genealogies, and Emotional rules: A Poststructuralist View on Emotion and Identity in Teaching." *Teaching and Teacher Education*, 21.

Zembylas, M. 2016. "The Emotional Regimes of Reconciliation in History Textbook Revision: Reflections on the Politics of Resentment and the Politics of Empathy in Post-conflict Societies." *Pedagogy, Culture & Society*, 24 (3).

Zembylas, M. 2017. "Willful Ignorance and the Emotional Regime of Schools." *British Journal of Educational Studies*, 65 (4).

附　录

附录一　朗水中学关于上班打脸卡签到的规定 2017（3）文件

根据县教育局的统一要求，为进一步严肃工作纪律，严格工作考核，经学校行政会研究决定，我校从2017年4月5日起实行全体教职工上班打卡制度，打卡方式为脸部验证考勤。具体要求如下。

1. 职员工人：

每天正常工作时间：上午8：00—11：30，下午15：00—17：20。

打卡时间：上午8：00前，下午15：00前。只进行上班打卡签到，下班可以不打卡。

2. 行政人员：

每天必须上午和下午各打卡一次，不管是否有课，都得打卡签到。

打卡时间：上午8：00—11：40，下午15：00—16：40。只有在这个时间段内打卡有效，推迟打卡无效。

3. 早晚自习的教师：

早自习打卡时间：6：47前。

晚自习打卡时间：18：50—21：30。只有在这个时间段内打卡有效，推迟打卡无效（开机即可打卡）。

4. 普通教师：

打卡时间：上午8：00—11：40，下午15：00—16：40，只有在这个时间段内打卡有效，推迟打卡无效（开机即可打卡）。若上午（下午）无课的教师，上午（下午）可不打卡。

5. 班主任每天的三到场签字、元知楼放学的楼道值勤签字、行政人员每天值班的签字不在打卡规定范围，仍按原来的现场签字方式进行。

6. 打卡地点设在元知楼的 101 教室和德智楼底楼安保处办公室旁，打卡人员在任何一台机器上打卡均有效。

7. 请全体教职工在本周内联系信息装备处的同志录入脸部信息。

附录二　朗水中学高考升学奖及学业水平测试优秀奖考核方案

（朗水中学第一届教职工代表大会第一次会议通过，本条例从2013年6月1日起执行）

为实现学校的总体目标任务，较好地体现按劳分配原则，奖优罚劣，进一步调动全体教职工的积极性，提高教育教学质量，特制定本方案。

上线分以招办公布的本科录取分数线为准。根据高考全省收生比例、县城高中在全县的收生比例、人口情况和上级主管部门下达的任务等确定任务基数。每超额完成1%，各项均奖5%；每少完成1%，各项均扣减3%（特殊情况，视当年情况而定）。总奖金额＝毕业班数×1.2～1.5万元（不含培优特别奖及水平考试奖）。升学考试及学业水平测试优秀奖由三大部分组成。

一　高考奖

1. 班集体奖（本项要计系数）

（1）每班完成任务，奖该班任课教师共5000元；实验班和重点班完成计划数的85%及以上，奖4500元；完成计划数的85%～70%，奖4000元；完成计划数的70%～50%，奖3000元；完成计划数的50%（不含50%）以下，不给此项奖。普通班计划数每少1人扣500元，少2人扣1300元，少3人扣2300元，以此类推。无本科上线的班级，不得此项奖。

（2）每班超计划上线1人奖300元（超过3个，其超额部分纳入年级分配）。

（3）以上两项总金额按以下权重分到该毕业班任课教师，即

班主任占0.4；其余任课教师按权重——语、数、外占1.4，理占1.1，政、史、地、化、生占1.0。

（4）艺体生根据双上线任务完成情况按上述办法（1）（2）计奖（文化教师、艺体教师各占50%分配）。

2. 上线人数奖（本项要计系数）

（1）重本每上线1人奖300元。二本每上线1人奖200元，三本每上线1人奖150元。艺体生以双上艺体本科线按150元/人计奖。实验班未完成重本指标，每少1人扣200元。

（2）分配办法：

A：70%算到本班，班主任权重占0.4，其余科任教师权重：语、数、外占1.4；理占1.1；政、史、地、化、生占1.0。

B：艺体生上线人数奖按文化教师、艺体教师各占50%分配。

C：各班的另30%，分配到年级各升学考试科目教师（任课教师的权重均为1）。

3. 名次奖

学校某科平均分获全市示范高中A组第一名奖300元；第二、三名奖200元；第四、五、六名奖150元。2个或2个以上教师任同一学科不同班的课程所获名次的认定：实验班重点班权重为1，普通班各科权重为1.05。平均分乘权重，高于市平均分按学校名次算，低于市平均分降低1个名次。依此类推。实验班学科实际平均分低于任意1个重点班的学科实际平均分，降1个名次计奖；重点班学科实际平均分低于任意一个普通班学科实际平均分，降1个名次计奖；普通班学科实际平均分高于实验班学科实际平均分，升1个名次计奖。

4. 学科奖

（1）各科根据全县高考情况，文科单科进入前15名的，按第1～4名奖任课教师100元，第5～10名奖任课教师80元，第11～15名奖任课教师60元；理科单科进入前20名的，按1～5名奖任课教师100元，6～10名奖任课教师80元，11～20名奖任课教师60元。

（2）所教班学生的单科平均分高于县同科平均分，每高1分奖10元。

5. 补差奖

（1）补差奖：根据年级组确定的补差名单，按高考各科省平均分或上线分确定各任课教师完成任务情况给奖。上线1人奖任课教师50元（上线 学生指：总分上线，拜科上线）。

（2）未上我校高中录取线的学生每上线1人，奖该班任课教师300元，按1-（3）中的权重分配。

6. 培优特别奖

（1）被清华、北大正取的学生，每录取1人共奖该班任课教师65000元。

（2）文、理科学生总分列全县前五名，分别奖该班任课教师8000元、4000元、3000元、2000元、1000元。此项按升学奖中的学科、班主任权重分配。

二　管理奖

按升学奖金总额6%～8%提取管理奖，用于奖励各处室的工作人员和部门领导、年级组长及解决个别突出矛盾。

三　学业水平测试优秀奖

以下水平测试优秀奖为定额，不随超额奖增加。

优秀率40%及以上：奖100元/学科每年；优秀率20%～40%：奖60元/学科每年。

及格率85%及以上：奖80元/学科每年；及格率70%～85%：奖50元/学科每年。

体育学科按其他学科平均数计奖。

未尽事宜，由学校行政会议研究处理。

四川省朗水县朗水中学
二〇一三年五月

附录三　朗水中学晋升中、高级职称考核方案

（2017年10月10日教代会通过）

一　申报基本条件

1. 教师资格：取得高中教师资格及认证，且年度认证合格。

2. 教育教学工作：切实履行教师岗位职责和义务，岗职相符，并完成学校规定的教学工作量，有较好教学效果。

3. 思想政治条件：任现职以来年度考核至少一次"优秀"，其余均为"合格"以上。严格遵守《中小学教师职业道德规范》《四川省教师职业道德行为准则》《四川省教师职业道德"十不准"》《安汉市教师职业道德"十要"、"十不准"》《朗水县教育局"十条规定"》等有关规定。

4. 任职年限：申报高级、中级职称需任现职以来（以聘任证为准）分别为五、四周年及以上。

5. 普通话水平：二级乙等及以上。2019年起，语文教师，二级甲等及以上；其他教师，二级乙等以上。距法定退休年龄不足5年的，可不作要求。

6. 信息技术应用能力：2019年以前，需信息技术应用能力提升工程结业证或教师教育技术能力等级合格证或教育技术培训结业证。2019年起，需信息技术应用能力提升培训结业证。

7. 满意率：在我校教代会民主测评中，必须满意率≥80%。

8. 示范课、公开课：任现职以来，高级至少有一次市级及以上的示范课、公开课、研究课或专题讲座；中级至少有一次县级及以上示范课、公开课、研究课或专题讲座。

我校规定的校级公开课要求：中级在近四年、高级近五年度内至少上过一次组内公开课、一次校级示范课（含校级专题讲座）；上过三次组内公开课。以教科室记载、教研组活动记录，公开课记录三合一为准。

9. 继续教育：每学年90学时以上；公共科目继续教育培训取

得考核年度相应合格证书。

10. 教育教学研究能力：任现职以来，至少有一项教育教学成果获县级（中级只需校级）及以上二等奖，或至少一项县级（中级只需校级）课题获三等奖以上，或在公开发行的学术期刊发表本专业高水平论文或出版教育教学专著两篇（部）以上（中级一篇）。

11. 教育教学带头人作用：在指导、培养青年教师方面取得了明显成效。

12. 下列情况之一者，不能晋升

（1）借调县外，借调县内教育系统外、脱产学习，病休一年以上，晋升报名时尚未回校工作。

（2）违纪违规，受到党内警告或行政警告及以上处分，在学校晋升报名时尚未解除处分者。

（3）近三学年内，不遵守组织纪律，故意不服从安排和擅离职守者。

（4）申报评聘专业技术职务时，申报专业技术职务和所担任的学科教学工作不相符者。以上要求若有变化，以当年上级职评文件为准。未尽事宜，由职评领导小组研究决定。

二　考核量标

见附表。表中所含处室必须分学期或学年形成有分管领导签字的考核表，经校长复审后交教科室汇总。

三　特别说明

1. 诚信要求

参评者必须与我校签订诚信承诺书。所提供参评材料必须真实可信。否则，若因此被中、高级职评委员会审核未通过，三年内不得在我校申报参评。

2. 特别晋级

在满足申报基本条件的前提下，如果任职中一至少五届（至少 15 周年）的教师与其他申报人员同时参与拟任高级职称打分未被评上，获得此系列（任职中一至少 15 周年）第一名者，且该同志政治思想表现好，教学业绩较突出，对学校工作贡献较大，则可由学校支委和职评领导小组研究提名、教代会表决通过后作为候选人，拟任高级技术职务。若当年拟评高级指标有 3 个，占用当年一个指标；若当年只有 2 个指标，上述系列人员仍然没人评上，该系列的第一名按照程序表决通过后，占用下一年一个指标，若下一年拟评职务仅一个指标，不接受申报，由上年顺延指标人选直接上报。

四　本方案自通过之日起实施

附表考核标准：

考核标准		评分标准	考核得分	备注
A1 职业道德	A1 师德考核	此项基础分 5 分。在我校获得省、市、县、校级先进集体的班主任，校级优秀班主任，分别另加 2、1、0.5、0.5 分		各项累计加分，总分最多得 10 分
	A2 师德测评	此项基础分 5 分。工作以来，见义勇为或获得道德模范称号的老师，属国家、省、市、县、校级表彰分别加 18、8、4、3、2 分		取最高记一次
B 教学、科研	B1 教育教学研究能力	按任现职以来，学校通知参加的优质课活动获一、二、三等奖：①省级分别计 7、6、5 分；②市级分别计 4.5、3.5、2.5 分；③县级分别计 2.5、1.5、1 分；④校级一、二等奖分别计 1.5、1 分；⑤担任其他公开课的，按优质课获奖级别降一等次计分；⑥非我校通知的不计分		
	B2 教学过程	基础分 30 分。近五个学年度内：（1）备课检查，若发现没有备课或备课不达标的，每次扣 1 分（含随堂检查）；（2）作业批改不达标的，每少一次扣一分；（3）看课节次不达标的，每少一节扣 1 分；（4）考勤：每期旷课（含各类会议：教研组长会议、班主任会议、考务会议、年级工作会议、教代会、教职工会议、党员会议、行政会议等）、早晚自习缺席，每节（次）扣 0.5 分；每学期事假累计 7 个工作日（婚、丧、产假除外），扣 2 分，增加一天加扣 0.3 分；若为产假，扣满 10 分为止；累计请病假 14 个工作日扣 1 分，增加一天再扣 0.1 分；私自调课，每节课扣 0.25 分。病假、事假分别未达到 14、7 天的不扣分		

续表

考核标准		评分标准	考核得分	备注
B 教学、科研	B3 教学质量占位	（1）近六学年度：高考质量在全市示范高中 A 组中，以学科平均分和综合评价两者的分别排位相加除以 2 记。当年得分为： | 名次	1	1.5	2	2.5	3	3.5	4	4.5	5	5.5	6	6.5	7 | |---|---|---|---|---|---|---|---|---|---|---|---|---|---| | 计分 | 20 | 19 | 18 | 17 | 16 | 15 | 14 | 13 | 12 | 11 | 10 | 9 | 8 | 考核年度内高考业绩计分：超过两次的，其中最高两次按实得分计，其余年次若得分≥8 分的计 8 分，<8 分的计 6 分 高三体艺教师，以当年体艺术科上本科线总人数为依据计分：30 个或以上，每个计 0.2 分，当年最多计 10 分。信息技术结业合格率≥80％，当年计 10 分；70％≤合格率<80％，当年记 6 分。凡无上述计分的所有教师均计 4 分/年。（2）现任职以来，培养出高考总成绩属市、县状元的班级加分：班主任分别加 15、10 分，其他高考科目教师分别加 10、5 分；所教文、理科市状元的科任教师，结合该同志德、能、勤、绩表现，由学校研究决定是否破格晋升。培养出总成绩居全县第二、三名的班级，其科任老师分别加 3、2 分 （3）近六学年度：所教班学生高考成绩单科（含双上线的音、体、美总分）名列全县第一名的科任教师记 5 分（均以文件为据），此项最多记 10 分 （4）近六学年度，任教高考科目教师高考上线人数计分（至少完成下达任务 80％，才计算此项）：所教班级每上本科线一人记 0.1 分，最多记两届，每届取高考上线人数最多的一个班级，此项最多记 8 分		
	B4 工作量	以参评人员最近 5 学年度每期工作量总和为依据，总分最高者计 40 分，其余按百分比折算（精确到小数点后两位）。工作量计算方法是：教师每节正课、辅导分别记 1、0.5 个工作量单位；班主任、行政领导、教研组长、年级组长、备课组长、体育教师，每周分别计算 5、4、2、1、1、3 个工作量单位；其他职务（经审主任、女工委主任等）每周记 2 个工作量单位。未尽事宜由职评组研究决定		

续表

考核标准		评分标准	考核得分	备注
C 其他	C1 荣获表彰奖励	从教以来，（1）获各级党委、政府表彰奖励的，国家级、省部级、市厅级、县处级分别记 20、10、6、3 分。（2）与教育教学工作相关的，受教育厅、市局、县局表彰的分别记 6、3、2 分；近五学年度，被评为我校"先进工作者"或"师德标兵"的记 1 分。（3）获团中央、省团委、市团委表彰的分别记 10、6、2 分		取最高得分项记一次分
	C2 学历提升	研究生学历加 10 分（含函授）		
	C3 工/教龄	从事教育教学工作按 1 分/周年的标准给分。年数＝评职－任教起始年－离职进修、勤工俭学等年限		
	C4 担任专职	任现职以来，每周年（以聘任证为据）计 1.2 分 年数＝评职年－聘任起始年－离职进修、勤工俭学等年限		
	C5 民主测评	分教代会、职评组测评，各 3 分，均在职评考核前进行		

附录四 在全省2017年高考成绩发布和宣传工作视频会议上的讲话

四川省教育厅副巡视员 魏成松

（2017年6月21日）

同志们：

大家下午好！

2017年普通高考成绩发布在即，我们紧急召开全省视频会议，主要内容是贯彻落实教育部的有关规定和要求，坚持正确的育人导向，进一步规范高考成绩发布和相关宣传工作。下面，我受作安副厅长委托，就如何做好这项工作，讲四点意见。

一、加强组织领导，明确工作责任。考生高考成绩发布和相关宣传工作，事关育人导向和社会稳定。各级招生考试委员会是高考信息管理的责任主体，要统筹协调相关部门，加强监督管理，坚决刹住炒作"高考状元""高考升学率"等不良风气。各地教育行政部门和各级教育招生考试机构是高考信息管理的责任部门，要根据国家有关法律法规，加强对考生成绩、录取结果等阶段性保密信息的保管工作。市、县两级教育行政部门要会同教育纪检部门，落实对本行政区域内的教育行政部门、高中学校的监管责任，督促有关方面认真执行相关要求，严格规范地做好高考成绩发布和相关新闻宣传工作。

二、坚持令行禁止，严肃工作纪律。除国家招生政策规定必须向社会公示的特殊类型招生信息外，各地教育行政部门和各级教育招生考试机构，只能将考生的报名信息、高考成绩、名次以及录取信息提供给考生本人及有关投档高校，不得向考生所在中学及其他任何单位和个人提供。各级各类学校及其工作人员不得公布、提供考生成绩、名次等信息，不得在校外或校内摆放、悬挂、张贴关于高考成绩的条幅、宣传板等宣传物品。省教育考试院要加强信息安全管理，严防考生志愿填报账号被他人盗用或非法操控；高中教育阶段学校和教师不得代替或干预考生填报高考志愿。

各级教育行政部门要坚持正确的育人导向，建立科学系统的教育评价体系。各地教育行政部门不得以任何形式向所属高中学校下达升学指标，不得以任何形式统计、公布各市、县（市、区）及所属高中学校的升学人数、升学率、升入985/211高校及一本高校情况等高考信息，不得以高考成绩对各市、县（市、区）及高中学校进行排名排队，不得以任何形式对各市、县（市、区）及高中学校进行高考表彰奖励，不得以高考成绩为标准奖惩局长、校长、教师等。

三、规范新闻报道，营造良好氛围。各级招生考试委员会要统筹协调好当地宣传部门、新闻单位以及网络媒体，坚持以正面宣传为主，坚持素质教育导向，加强对考生的信息服务，营造良好舆论氛围。要协调本地新闻媒体不报道各市、县（市、区）和各高中学校的升学率、升学人数、升入"985"/"211"高校及一本高校等情况，不公开按高考成绩给学校和学生排名，不宣传炒作所谓"高考状元"等。

四、强化监督检查，严查违规行为。对于擅自向社会、无关单位和个人公布、提供考生高考成绩和名次的单位、学校和个人，以高考成绩对考生、中学等进行排队的教育行政部门、考试机构、学校，要依据有关规定严肃追究责任。对于出售、非法提供考生信息的机构和个人，依法移送司法机关处理。各地要将有关工作要求纳入高校招生录取督查范围，对违规的教育行政部门、招生考试机构和中学给予通报批评。教育厅将会同有关部门组织招生录取专项督查，对纪律执行不严，打折扣、搞变通的教育行政部门、招生考试机构和中学，视其情节轻重，分别给予相应的处理，依据有关规定严肃追责。省教育考试院设立监督举报电话：028-85156581。

同志们，今年是政治大年，改革大年，做好2017年高考成绩发布和宣传工作责任重大。各级教育行政部门和招生考试机构一定要从讲政治的高度，牢固树立"四个意识"，始终保持清醒头脑，立足全局、着眼大局，勇于担当，攻坚克难，全力以赴，狠抓落实，以实际行动迎接党的十九大胜利召开。

谢谢大家！

图书在版编目(CIP)数据

教育与激情：社会转型背景下县城高中教师情感能量研究 / 胡鹏辉著. -- 北京：社会科学文献出版社，2023.12

(华中科技大学社会学文库. 青年学者系列)

ISBN 978-7-5228-2783-4

Ⅰ.①教… Ⅱ.①胡… Ⅲ.①高中-中学教师-师资培养-研究 Ⅳ.①G635.12

中国国家版本馆 CIP 数据核字(2023)第 218429 号

华中科技大学社会学文库·青年学者系列

教育与激情：社会转型背景下县城高中教师情感能量研究

著　者 / 胡鹏辉

出 版 人 / 冀祥德
组稿编辑 / 谢蕊芬
责任编辑 / 孟宁宁
文稿编辑 / 王　敏
责任印制 / 王京美

出　　版 / 社会科学文献出版社·群学出版分社 (010) 59367002
　　　　　地址：北京市北三环中路甲29号院华龙大厦　邮编：100029
　　　　　网址：www.ssap.com.cn

发　　行 / 社会科学文献出版社 (010) 59367028
印　　装 / 三河市尚艺印装有限公司

规　　格 / 开　本：787mm×1092mm　1/16
　　　　　印　张：22　字　数：314千字

版　　次 / 2023年12月第1版　2023年12月第1次印刷
书　　号 / ISBN 978-7-5228-2783-4
定　　价 / 128.00元

读者服务电话：4008918866

版权所有 翻印必究